대한민국 국민이
꼭 알아야 할
일제강점기 역사

대한민국 국민이 꼭 알아야 할

일제강점기 역사

초판 인쇄 2024년 2월 1일

초판 발행 2024년 2월 13일

지은이 이영

발행인 김태웅

기획 김귀찬

편집 유난영

표지 디자인 남은혜

본문 디자인 이해선

표지 일러스트 김동호

마케팅 나재승

제작 현대순

발행처 (주)동양북스

등록 제 2014-000055호

주소 서울시 마포구 동교로22길 14 (04030)

구입 문의 전화 (02)337-1737　팩스 (02)334-6624

내용 문의 전화 (02)337-1763　이메일 dybooks2@gmail.com

ISBN 979-11-7210-005-6 03910

대한민국 국민이 꼭 알아야 할 일제강점기 역사

이영 지음

동양북스

추천 댓글

@user-***8qb5s**

지금의 대한민국이 존재할 수 있는 이유는 순국선열 및 애국지사분들 덕입니다. 항상 감사하고 또 감사하며 그들을 잊지 않기 위해, 또 역사를 잊지 않기 위해 노력해야 합니다.

@mir_c**7**

일제강점기 역사는 근현대사에 속하며 우리가 꼭 잊지 말아야 할 아픔과 국민이 주권을 가진 나라로 향하는 발걸음을 떼는 첫 단계라 생각합니다.

@user-***6yl9n**

선조들의 기쁨과 슬픔의 기록이 역사가 되어 현재를 살아가는 우리 후손들이 실패를 반복하지 않고 성공하도록 교훈을 주십니다.

@ri*jj**

일제강점기 부분은 한국인이라면 어떤 일들이 있었는지 충분히 궁금증을 가질 만하다 생각합니다.

@user-***3bn8z**

한국인이라면 누구나 알고, 분개하지만 정확히 알기에는 분하면서도 학습으로 치부되어 두루뭉술 알고 있는 시대. 일제침략기에 대하여 좀 더 자세히 알고 싶습니다.

차례 ————

추천 댓글 ————— 004

프롤로그 ————— 010

제1장

단 한 번도 겪어 보지 못했던 주권 침탈

❶ 일제의 무단통치 ————— 017

헌병경찰 통치 / 중추원과 역사 왜곡/ 105인 사건

❷ 토지 조사 사업과 자원 수탈 ——— 022

토지 조사 사업 / 소작농들의 경제권 박탈 / 역둔토 강제 귀속 / 자원 수탈을 위한 각종 행정 명령

❸ 독립운동의 태동 ————— 027

국내 비밀 결사 단체 운동 / 대한독립의군부 대한광복회

❹ 신흥무관학교 설립 ————— 030

미주의 대한인국민회 / 중국의 신한청년당 / 연해 주 항일 독립운동 / 간도 지역 항일 민족운동 신흥 무관학교

❺ 3.1운동 ————— 036

국제 정세와 민족자결주의 / 독립선언서 / 민족대 표 33인 / 기미독립선언서 낭독 / 만세 시위 확산 / 유관순과 아우내 만세 운동 / 만세 시위와 민간인 학살 / 3.1운동의 원인과 의의

❻ 임시정부 수립 ————— 054

대한국민의회 / 한성정부 / 상하이 임시정부/ 3개의 임시정부를 하나로 / 이승만의 국제연맹 위임통치 청원 사건

✚ 독립운동가들의 어록 1 ————— 061

유인석 / 이상설 / 이석영 / 이회영 /손병희 / 강기 덕 / 유관순 / 이동휘 / 이동녕 / 박은식 / 김규식

제2장

독립전쟁의 시작

7 교활한 문화통치 ———————— 067
조선총독부의 유화책과 기만

8 산미 증식 계획: ———————— 071
일제의 식량 수탈
일본의 쌀 부족 / 식민지 조선의 쌀 증산과 수탈

9 김원봉과 의열단 ———————— 074
약산 김원봉 / 의열단의 초기 활동 / 신채호의 <조선
혁명선언서> / 의열단의 후기 활동 / 의열단의 마지
막 / 의열단원들의 모습

10 봉오동 전투 ———————— 087
여천 홍범도 / 봉오동 전투

11 청산리 대첩 ———————— 091
훈춘 사건 / 독립군 부대들의 이동

12 자유시 참변 ———————— 096
간도 참변 / 러시아 이동

13 3부 통합 운동 ———————— 100
3부 독립군 기지 | ① 신민부 / 3부 독립군 기지 |
② 참의부 / 3부 독립군 기지 | ③ 정의부 / 3부 통
합 운동

＋ 독립운동가들의 어록 2 ———————— 105
강우규 / 김원봉 / 박재혁 / 최수봉 / 김익상 / 김상옥
/ 김지섭 / 나석주 / 김좌진 / 홍범도 / 이범석 / 서일

제3장

민족의식의 각성

14 민립 대학 설립 운동 ——— 111

실력 양성 운동 / 제2차 조선교육령 / 이상재의 민립 대학 설립 운동

15 도산 안창호의 흥사단 ——— 117

연설가, 도산 안창호 / 흥사단 설립 / 안창호의 교육론

16 민족 자본의 성장 ——— 123

조선총독부의 회사령 / 김성수의 경성방직주식회사

17 물산 장려 운동 ——— 127

조선총독부의 관세 철폐 / 물산 장려 운동의 전개 / 물산 장려 운동의 부작용

18 공산당 창당 ——— 131

김알렉산드라와 한인사회당 / 고려공산당, 이르쿠츠크파와 상해파 / 조선공산당 창당

19 소작쟁의와 노동쟁의 ——— 138

소작쟁의 / 노동쟁의

20 민족의 변절자, 자치론 ——— 144

식민지 조선인의 참정권 논의 / 연정회 / 자치론 vs 비타협적 민족주의 / 자치론자의 이중성

21 신간회의 좌우 합작 운동 ——— 157

6.10 만세운동 / 정우회 선언 / 신간회 결성 / 신간회 해소

22 대중운동 1 – 학생운동 ——— 165

대중운동 / 광주 학생 항일 운동 / 학생 독립운동기념일

23 대중운동 2 – 여성운동 ——— 170

애국부인회 / 근우회 / 일제강점기의 기생

24 대중운동 3 – 어린이운동 ——— 179

소파 방정환 / 어린이날 제정

25 대중운동 4 – 형평운동 ——— 186

가장 천한 신분, 백정 / 형평운동

26 식민 사관 vs 민족주의 사관 ——— 191

사회경제 사학 vs 실증 사학

식민 사관 / 민족주의 사관 / 사회경제 사학 / 실증 사학

27 모더니즘 문학과 카프 문학 ——— 197

모더니즘 문학 / 카프 문학 / 근대적 연극과 영화의 태동 / 대중가요의 시작

28 관동대학살 ——— 214

관동대지진 / 관동대학살

+ 독립운동가들의 어록 3 ——— 218

이상재 / 안창호 / 조만식 / 김마리아 / 정정화 / 신채호 / 안재홍 / 정인보 / 한용운 / 나운규

제4장

일제의 파쇼화

㉙ 문맥 퇴치 운동과 ――― 223
브나로드 운동

식민지 조선인의 문맹률 / 동아일보의 글장님 없애
기 운동 / 조선일보의 문자 보급 운동 / 동아일보의
브나로드 운동

㉚ 식민지 조선을 살찌우다 ――― 230

만주사변 / 조선총독부의 농촌 진흥 운동 / 군국주
의의 확산 / 조선총독부의 남면북양 운동 / 조선총
독부의 병참기지화 정책

㉛ 이봉창과 윤봉길 의거 ――― 235

김구의 한인애국단 결성 / 이봉창 의거 / 윤봉길 의거

㉜ 한중 연합 작전 ――― 244

만주의 독립군 – 한국독립당과 조선혁명당 / 지청천
의 한국독립군 / 양세봉의 조선혁명군 / 5개당 통합!
민족혁명당 결성

㉝ 국가 총동원령 ――― 249

공출과 배급 제도 / 강제 징용과 강제 징병

㉞ 중앙아시아 강제 이주 ――― 255

소련 내 스탈린의 집권 / 고려인 강제 이주

➕ 독립운동가들의 어록 4 ――― 259

최용신 / 김구 / 이봉창 / 윤봉길 / 이화림 / 지청천
/ 양세봉 / 신익희

제5장

마지막 싸움

㉟ 민족 말살 정책 ——————— 265

조선어 금지 / 언론 탄압 / 황국신민화 정책

㊱ 한글을 지켜라, 조선어학회 ——— 269

언어결정론 / 대한제국의 국문연구소 / 지석영과 주시경 / 사전 편찬 작업 / 조선어연구회 창립 / 조선어학회 / 조선어학회 사건

㊲ 문화 대통령 간송 전형필 ——— 277

간송 전형필과 위창 오세창 / 간송의 문화재 환수 / 훈민정음 해례본

㊳ 임시정부의 마지막 라운드 ——— 286

대한민국 건국 강령 / 김원봉의 임시정부 합류 / 한국광복군의 활약

㊴ 해방 직후의 뒷이야기 ——————— 292

여운형의 건국준비위원회 / 잔류 일본인의 일본 귀국 문제

㊵ 재일 조선인 ——————————— 298

일본으로 넘어간 식민지 조선인들 / 우키시마호 폭침 사건 / 우토로 마을 / 조총련과 민단 / 재일조선인의 현재

➕ 독립운동가들의 어록 5 ——————— 306

지석영 / 주시경 / 최현배 / 전형필 / 조소앙 / 장준하 / 김준엽 / 여운형 / 박열 / 가네코 후미코

에필로그 ——————————————— 309

그날의 치욕,
경술국치

1910년 8월 22일 창덕궁 흥복헌 어전회의를 앞두고 용산 주둔 일본군 중 1개 사단이 한양 도성 안으로 들어왔다. 이어 일본 헌병들이 거리 곳곳에 배치되면서 알 수 없는 긴장감이 도성 곳곳으로 음습하게 퍼져 나갔다. 도성 안 백성들은 정확한 내막은 알 수 없었지만 참담한 일이 벌어지리라는 것을 막연하게나마 감지할 수 있었다.

반면 흥복헌에 모인 각료 대신들은 사뭇 다른 분위기였다. 나라의 명운을 끝내려는 친일 각료들이 뿜어내는 검은 기운 앞에 심장을 옥죄인 듯 순종 황제의 안색은 심하게 어두웠다.

대한제국을 일본에 병탄시키려는 계획은 친일 각료 대신들에 의해 일찌감치 진행되고 있었다. 1905년 을사늑약으로 외교권을 완전히 박탈당하고 통감부 설치로 사실상 자치권마저 빼앗긴 상태가 지속되고 있었으며, 1910년 8월 22일의 어전회의는 이 비극의 결말에 종지부를 찍는 자리였다.

학부대신 이용직은 목이 달아나도 대한제국의 망국에 찬성할 수 없다며 회의장을 박차고 나가버렸다. 소신을 비춘 이용직의 용기는 가상했으나, 이미 친일파들이 득세한 조정에서 바뀌는 건 아무것도 없었다.

내각 총리대신 이완용, 시종원경 윤덕영, 궁내부 대신 민병석, 탁지부 대신 고영희, 내부 대신 박제순, 농상공부 대신 조중응, 친위부 장관 이병무, 승녕부 총관 조민희 등 이른바 경술국적이라 불리는 10인은 주권을 일본에게 넘기는 것이 불가피한 결정이며 백성의 안위를 위해서도 현명한 결정이라고 순종 황제를 겁박했다. 한일병합 조약문 서명에 동의할 것을 강요당한 순종 황제는 더 이상 버티지 못했다.

어전회의가 끝난 뒤 내각 총리대신 이완용은 한일병합 조약문의 서명을 위해 곧바로 남산에 자리한 통감 데라우치 마사타케 관저를 찾았다. 조약문의 내용은 이러했다.

'대한제국 황제와 일본국 황제는 두 나라 사이의 특별히 친밀한 관계를 고려하여 상호 행복을 증진시키며 동양의 평화를 영구히 확보코자 하는 바, 이 목적을 달성하기 위해서는 대한제국을 일본국에 병합하는 것이 낫다는 것을 확신하고 이에 두 나라 사이에 합병 조약을 체결하기로 하였다.'

대한제국의 국권을 조건 없이 일본에 넘긴다는 내용을 담은 조약문은 며칠 전 데라우치 마사타케가 이완용 등과 함께 이미 완성을 해 놓은 상태였다. 끝끝내 이완용과 데라우치 마사타케는 조약문에 서명했다.

조약문이 곧바로 공포되진 않았다. 민심이 폭발하고 저항이 거세질 우려가 있었고, 순종 황제의 서명이나 대한제국 국새가 찍혀 있지 않은 반쪽짜리 조약문이었기 때문이다. 통감부는 약 일주일간 군 병력과 경찰력을 강화하면서, 국권 찬탈을 합리화하기 위해 순종 황제의 서명과 대한제국의 국새 날인을 강요했지만, 순종 황제는 이를 완강히 거부했다.

별수 없이 친일파 대신들은 순종 황제의 서명이나 대한제국의 국새를 대신해 행정 업무에 사용하는 '칙명지보'라는 옥새를 찍기로 했다. 이를 눈치챈 순종 황제의 황후 순정효황후 윤씨는 몰래 칙명지보 옥새를 빼내와 치마폭에 숨겼다.

친일 각료 대신들이 당황하자 경술국적 10인 중 한 명인 시종원경 윤덕영이 순정효황후 윤씨의 치마를 강제로 들춰내고 옥새를 빼앗았다. 이런 회한을 안고 결국 조약문에 도장이 찍혔다. 순종 황제의 서명이나 대한제국의 국새를 대신해 칙명지보 옥새가 날인된 한일병합 조약은 이처럼 정당성을 인정받을 수 없다.(이후 조약문에 순종 황제의 서명이 적혔으나 이는 일제가 위조한 서명일 뿐이다.)

마지막 어전회의가 열리고 일주일이 지난 8월 29일, 서명이나 국새 날인을 하지는 않았지만 순종 황제는 결국 5천년 한국 역사상 가장 치욕적이었던 조칙을 반포해야 했다.

황제는 이르노라. 짐이 부덕으로 간대한 왕업을 이어 받들어 임어한 이후로 오늘에 이르기까지 유신 정령에 관하여 속히 도모하고 여러모로 시험하여 힘써온 것이 일찍이 지극하지 않음이 없었으되 줄곧 쌓여진 나약함이 고질을 이루고 피폐가 극도에 이르러 단시일 사이에 만회할 조처를 바랄 수 없으니, 밤중에 우려가 되어 뒷갈망을 잘할 계책이 망연한지라. 이대로 버려두어 더욱 지리하게 되면 결국에는 수습을 하지 못하는 데에 이르게 될 것이니, 차라리 대임을 남에게 위탁하여 완전할 방법과 혁신의 공효를 이루게 하는 것만 못하겠다. 짐이 이에 구연히 안으로 반성하고, 확연히 스스로 판단하여 이에 한국의 통치권을 종전부터 친근하고 신임하던 이웃나라 대일본 황제 폐하께 양여하여 밖으로 동양의 평화를 공고히 하고, 안으로 팔도 민생을 보전케 하노니, 오직 그대 대소 신민들은 나라의 형편과 시기의 적절함을 깊이 살펴서 번거롭게 동요하지 말고, 각각 그 생업에 편안히 하며 일본 제국의 문명 신정에 복종하여 모두 행복을 받도록 하라. 짐의 오늘 이 거조는 그대들을 잊어버린 것이 아니라 그대들을 구활하자는 지극한 뜻에서 나온 것이니, 그대 신민 등은 짐의 이 뜻을 잘 체득하라.

– 〈승정원일기〉 순종 4년 경술(1910)

이렇게 우리는 나라를 빼앗겼다. 대한제국의 이름은 식민지 조선이 됐고, 대한제국의 황실은 이(李) 왕가로 격하됐다. 통감부는 조선총독부로 이름을 바꾸었다. 일제강점기(1910~1945년) 슬프고 잔혹한 지옥의 역사가 시작되었다.

제
1
장

—

단 한 번도
겪어 보지 못했던

주권 침탈

—

1 일제의
무단통치

2 토지 조사 사업과
자원 수탈

3 독립운동의
태동

4 신흥무관학교
설립

5 3.1운동

6 임시정부
수립

1 일제의 무단통치

대한제국이 일제의 식민지가 되면서 남산에 있던 일본 공사관을 조선총독부 건물로 사용하였고, 통감부 건물은 조선총독부의 별관 기능을 하게 됐다. 조선총독부의 초대 총독으로 통감부 통감을 지낸 데라우치 마사타케가 부임했다. 그를 포함한 이후 조선총독부 총독들 모두는 무관 출신이었다.

데라우치 마사타케는 일본 메이지유신을 주도한 조슈번 출신으로 메이지유신 이후 근대화된 일본 군대에서 교육을 받고 육군 소위로 임관했다. 이후 프랑스로 군사 유학을 다녀왔으며 일본육군사관학교의 교장을 맡기도 했다. 일본의 각종 내전, 청일전쟁, 청나라 의화단 운동 진압전 등에 참가하여

한걸음 더!

📖 **조슈번**

현 야마구치현. 정한론을 주창한 요시다 쇼인, 이토 히로부미 등이 이곳 출신으로 일본 제국주의와 현 일본 우익의 중심 근거지이다. 아베 전 일본 총리(90대, 96~98대)와 제2차 세계대전 A급 전범으로 총리까지 역임했던 그의 외조부 기시 노부스케(56~57대 일본 총리)의 지역구로도 유명하다.

두루 많은 전투 경험을 쌓았으며 보수적이고 강경한 사상을 가진 인물이었다.

헌병경찰 통치

초대 총독 데라우치 마사타케는 폭압적인 정책으로 식민지 조선을 통치하였다. 그는 육군 소속 헌병경찰들에게 치안을 담당케 했다. 경찰이 아닌 군인들이 민간인들을 통제함으로써 일상적 공포 분위기가 조성됐다. 한 예로 헌병경찰들에게는 행정적 절차나 사법적 과정 없이 현행범들을 현장에서 처벌할 수 있는 즉결 처분권이 있었다. 이 중 가장 악명 높았던 즉결 처분은 태형이었다. 헌병경찰들은 단지 마음에 들지 않는다는 이유로 조선인을 회초리로 때려도 문제가 되지 않았다.

총독부는 구한말 통감부 시절 존재했던 4대 악법 등을 유지시켜 조선인의 언론, 출판, 집회, 결사의 자유를 근본적으로 제한했다. 보안법은 조선인들이 특정 단체를 만들거나 여러 군중이 모여 있으면 국가 보안을 위협하는 행위로 간주하여 처벌하는 법이었으며, 신문지법과 출판법은 언론을 통제하는 법이었다.

사립학교령의 목적은 조선인의 민족의식이 함양되지 못하도록 사립학교 설립을 방해하는 데 있었다. 식민지 조선 내 모든 학교는 총독부가 통제 관리했으며, 총독부가 임명한 일본인 교사들은 제복을 입고 칼을 찬 채로 수업에 임했다.

1911년 조선총독부는 1차 조선교육령을 반포해 보통학교(오늘날 초등학교)의 수업 연한을 6년에서 4년으로 축소했으며, 실업계 학교를 장려하여 가급적 조선인들은 실업학교로 입학

◆ 4대 악법
보안법, 신문지법, 사립학교령, 출판법을 말한다.

시켰고, 전국적으로 모든 학교의 조선어 교육 수업을 대폭 축소했다. 조선총독부의 노골적인 조선인 우민화 정책이었다. 이같은 1910년대 조선총독부의 식민지 조선 통치 방식을 '무단(武斷)통치' 혹은 '헌병경찰 통치'라고 부른다.

중추원과 역사 왜곡

한편 나라를 일제에게 넘겨준 대한제국의 친일 각료들은 일제로부터 고위 작위와 함께 막대한 재산과 토지를 하사받았다. 조선총독부는 이들을 중추원에 소속시켜 식민 통치에 활용했다.

　조선총독부는 중추원으로 하여금 한국의 역사를 다시 편찬하도록 했다. 조선의 위상을 깎아내리고 일본의 조선 식민 지배를 정당화하기 위해 역사를 왜곡하려는 목적이었다. 1916년 조선총독부는 중추원 산하에 조선사편찬위원회를 조직했고, 조선사 왜곡에 앞장섰다. 이 단체는 1922년 조선사편수회로 단체명을 변경하고 지속적으로 활동하다 1945년 광복과 더불어 해산되었다. 일제강점기 조선의 역사를 왜곡하고 폄훼했던 역사관을 식민 사관이라고 한다. 조선사편수회의 감독관은 이완용, 권중현,

한 걸음 더!

📖 중추원

갑오개혁 때 관직을 잃은 고위관료의 불만을 무마하기 위해 설립된 내각 자문기관으로 출발했으나, 일제는 중추원을 조선총독부의 자문기관으로 변모시켜 통치 명분, 선전 도구로 활용했다. 일제 말기 조선인의 전쟁 참여를 독려하는 데 앞장선 곳도 중추원이었다. 조선총독부의 자문기관이었다고 하지만 신설 후 약 10년간 단 한 번도 회의가 소집되지 않았다.

박영효, 이윤용 등으로, 대한제국의 대표적인 친일파들이었다.

부역한 구 대한제국 각료들과 달리, 일제가 친일 행위자 모두를 챙겨 준 것은 아니었다. 대한제국이 일본에 병합된 직후 조선총독부가 친일에 적극 앞장섰던 단체였던 일진회를 일거에 해산해버렸다. 일진회는 통감부의 앞잡이 노릇을 자처하며 한일 합방 여론을 조성하고, 일본 의회에 대한제국을 합병해 달라는 청원까지 주도한 조직이었으나 강제 병합 후에는 더 이상 필요가 없어진 것이다. 일진회의 회장이었던 이용구는 과거 안중근 의사가 이토 히로부미를 제거했을 당시 이토 히로부미의 장례식을 주관하기도 했으니, 그로서는 토사구팽을 당한 셈이었다. 이용구는 일제에게 속았다고 땅을 치고 후회하면서 자괴감으로 여생을 보냈다고 한다.

◆ 일진회

1904년 러일전쟁이 발발하자 일본의 도움을 받아 국권을 회복하려는 동학 일부 세력과 독립협회 일부 세력이 결합해서 창립한 단체.

105인 사건

일제강점기 총독부의 첫 민족운동 탄압 사건은 105인 사건이었다. 아직은 일제강점기가 시작되기 전 국권을 빼앗긴 시련기에 사회의 지식인들과 유력인사들이 모여 1907년 비밀 민족운동 단체인 신민회를 결성했다. 신민회는 주로 한반도 북부지방을 중심으로 학교나 회사를 설립하는 등 민족운동에 힘쓰고 있었다. 일제강점기 우리를 지켜 줄 공식 군대가 있을 리 없었기에, 신민회는 만주 지역에서 독립군을 양성하기 위한 독립군 기지 건설에 박차를 가했다. 신민회의 회원들은 다양한 곳에서 자금을 모으고 있었는데, 그만큼 비밀을 유지하기에 어려움도 컸다.

1910년 천주교 서울대교구 교구장이었던 프랑스인 선교사

뮈텔 주교가 일본 헌병대를 찾아가 안중근의 사촌인 안명근이 데라우치 총독을 암살하려 한다고 신고했다. 발칵 뒤집힌 헌병대는 황해도 일대의 민족지식인들을 대거 체포했고, 혹독한 심문을 통해 신민회의 정보를 캐내는 데 성공했다. 황해도 안악에서 군자금을 마련하던 안중근의 사촌 안명근이 체포됐다. 이 사건을 일명 '안명근 사건' 혹은 '안악사건'이라고 한다. 총독부와 헌병대는 안악사건을 더 키우기로 했다.

신민회의 주 활동지는 평안도였으며 평안도 내에서도 가톨릭 신자들이 상당수였다. 1911년 헌병대가 평안도에서 가톨릭 신자들을 체포했는데, 대부분이 신민회 간부들이었다. 체포 죄목은 암살 미수였다. 평안도의 민족 가톨릭 신자들이 압록강 철교 준공식에 참여한 데라우치 총독을 암살하려 했다는 것이다. 그러나 신민회는 데라우치 암살 계획을 세운 바 없었다. 데라우치 암살 미수 사건은 민족운동가들을 체포하기 위해 헌병대와 총독부가 꾸민 자작극이었다. 총독부는 총 600여 명을 검거하고 모두에게 모진 고문을 가한 뒤 128명을 기소했는데, 그중 105명이 유죄판결을 받았다. 이를 '105인 사건'이라 불렀고, 이 사건으로 신민회는 해체되었다.

105인 사건 이후 조선총독부의 민족 탄압은 점점 더 그 강도가 세졌다. 서대문 형무소는 증축과 개축을 반복해 갔고 우리 민족을 탄압하는 섬뜩한 지배 기구가 되었다. 1916년 일본 육군참모총장 출신의 하세가와 요시미치가 2대 총독으로 부임하면서 일제의 탄압은 훨씬 더 혹독해져만 갔다.

한 걸음 더!

📖 서대문 형무소

일제강점기 민족운동가들을 구금, 고문하던 감옥은 두 곳이었다. 서대문 경성감옥에 105인 사건 관계 수감자들이 너무 많이 몰리자 총독부는 마포 공덕동에 감옥을 신설한다. 이후 기존 서대문 경성감옥을 '서대문 형무소'라고 명칭 변경하고, 신축한 마포 공덕동의 감옥을 '경성감옥'이라 했다.

2 토지 조사 사업과
자원 수탈

제국주의 국가들이 식민지 국가를 경영하는 가장 큰 이유는 경제적 이득 때문이다. 일제 역시 식민지 조선의 모든 경제권을 예속화했고, 그 첫 대상이 토지였다. 일제는 국권 피탈 2년 전이었던 1908년 '동양척식주식회사'라는 국책 회사를 설립했다. 대한제국으로 넘어오는 일본인들의 자유로운 경제 활동을 지원하고, 한반도의 자본과 재산을 착취하기 위한 사전 준비였다.

토지 조사 사업

1910년 식민지 병합 직후, 조선총독부는 동양척식주식회사를 통해 토지 조사 사업을 시행했다. 당시 한반도의 가장 큰 물적 토대인 토지를 조선총독부가 완전하게 파악하고 장악하기 위한 표독스런 토지 정책이었다. 조선총독부는 약 2년간의 철저한 양전(量田)을 통해 한반도 전국의 토지 소유 실황을 확인했고, 이어 1912년 토지 조사령을 반포하면서 토지 조사 사업을 본격화했다.

토지 조사 사업의 핵심은 땅의 소유자에게 기한 내에 반드시 소유권을 신고하고 이를 증빙토록 하는 것이었다. 증빙이 승인된 토지에 한해 총독부는 소유권을 공증하는 지권(地券)을 발행해 주었다. 기한 내에 신고를 하지 못했거나 소유권을 증빙하지 못하면 해당 토지는 동양척식주식회사 소유 토지로 귀속됐다. 글을 모르는 조선 농민들이 많아서 신고를 하지 못하거나, 신고를 하더라도 증빙 자료 부족 등의 이유로 승인되지 못한 일들이 비일비재했다. (일제가 의도적으로 해당 사업을 제대로 공지해 주지 않아 기한 내에 소유자들이 신고를 하지 못해 토지를 수탈당했다는 주장이 있어 왔지만 근래 연구에 의하면 신고 자체는 거의 이루어진 것으로 보고 있다.)

◆ 양전(量田)
농지를 조사 측량하여 실제 작황을 파악하는 일.

소작농들의 경제권 박탈

토지 조사 과정의 더 큰 문제는 전통적인 우리의 토지 관례와 제도의 특성이 고려되지 않았다는 점이다. 조선에서는 소유권 못지않게 소작권, 혹은 경작권이라는 권리가 중시되었다. 토지 조사 사업이 근대적 토지 소유권에 목표를 두었기에, 소작농의 경작권은 고려되지 않았다. 정확하게 말하면 토지 조사 사업은 경작권 부정 정책이었다. 이는 소작농의 생존을 직접적으로 위협하는 문제였는데, 땅의 소유권자인 지주보다 소작농들의 수가 압도적으로 많았기 때문이다.

지주가 소작농보다 높은 지위를 누리는 것이 당연하지만, 그렇다고 해도 지주가 소작농을 함부로 내쫓지 못하는 것이 그간 조선의 문화였다. 토지 조사 사업으로 경작권이 부정되면서, 소작농은 불가피하게 지주와 계약에 따라 농사를 짓게 되었다. 기한부 계약제 소작농으로 전환되자 지주의 권력은 더 커졌고 소작농의 지위는 더 열악해졌다. 훗날 지주 다수는 친일 지주가 되면서 소작농들에게 악행을 일삼게 된다. 일제강점기 농촌 소설에서 지주들이 악인으로 묘사되는 건 이런 맥락 때문이다.

역둔토 강제 귀속

소작농들의 경작권 박탈에 따른 문제는 다른 곳에서도 벌어졌다. 일제 강점 이전 조선 조정에서 관리하던 국유지와 황실 관리의 토지에서도 문제가 발생했다. 그간 조선에서는 역둔토(驛屯土)라 불리던 토지에서도 소작농들이 경작할 수 있도록 하였다. 역둔토에는 지주가 없고 소유권이 국가에 있었기에 이 토지를 경작하는 소작농들은 세금처럼 소작료를 납부했다. 조선 시대 법에는 소작료가 세금을 넘지 못한다는 내용이 있기에 오히려 역둔토의 소작농들은 지주들이 내는 세금보다 더 적은 액수의 소작료를 납부하고 있었다. 그러나 토지 조사 사업으로 경작권이 부정되면서 역둔토를 경작하던 소작농들은 모두 쫓겨났고, 해당 토지는 동양척식주식회사로 강제 귀속되었다. 토지 조사 사업으로 귀속된 역둔토 면적만 약 1,338km(약 4억 4백만 평)였다.

◆ **역둔토(驛屯土)**
본래 역토(역 운영 경비를 충당하는 토지)와 둔전(역에 주둔하는 군대가 자급자족하기 위해 경작하는 토지) 등을 합쳐 이르는 말이었으나, 일제는 국유지를 총칭하는 말로 대신해 사용했다.

토지 조사 사업은 1918년까지 진행되었다. 이 동안 조선총독부는 양전 사업도 꾸준히 진행하면서 지주들에게 갖은 잡세와 높은 토지세를 부과했다. 1918년의 평균 토지세가 1910년에 비하여 8년 만에 2배가 뛰었다. 그리고 토지 조사 사업이 끝날 무렵이 되면 일본인 지주의 수가 토지 조사 사업 이전에 비해 10배 가까이에 육박했다. 하지만 토지 조사 사업의 가장 큰 피해자는 소작농이었다. 이들은 토지에서 내쫓기거나 생활이 매우 불안정해졌다. 토지 조사 사업은 이처럼 조선 농민들에게 경제적 불안정이라는 치명적 타격을 주었다.

한 걸음 더!

📖 **향교와 서원의 토지**

근대적 개념으로 보면 교육 기관인 향교와 서원의 토지의 경우 그 소유권이 모호했다. 이를 이유로 일제는 토지의 매매, 양도 등을 금지시켰고 향교와 서원의 위상도 따라 추락했다.

자원 수탈을 위한 각종 행정 명령

일제의 토지 착취는 식민 지배의 시작일 뿐이었다. 일제는 식민지 조선의 각종 자원을 수탈하는 행정 명령들을 연이어 발표했다. 1911년에는 어업령과 산림령을, 1915년에는 조선 광업령을 공포하여 조선총독부에 의해 법인으로 등록된 사업자에게만 각 분야별 사업권이 부여되었다. 이들 행정 명령의 혜택 대부분은 일본인들에게 돌아갔다. 조선인들은 어업권, 임야에 대한 재산권, 광물 자원에 대한 소유권 등을 빼앗겼다.

1910년 발표하여 1911년부터 시행한 회사령도 같은 맥락이었다. 일제는 조선 민족 자본의 성장을 막기 위해 식민지 조선 내에서 회사를 설립할 경우 반드시 조선총독부의 허가를 받도록 했다. 조선인 회사 허가 비율과 일본인 회사 허가 비율은 너무나 큰 차이가 있었다. 조선총독부의 일본인 회사 설립 허가 비율은 80퍼센트에 육박했고, 조선인 회사 설립 허가 비율은 겨우 절반을 웃돌았다. 기존에 설립된 회사의 경우 조선인 회사는 6개월 이내에 총독부에 계출서(屆出書)등을 제출해 등기하도록 하고 기한을 넘기면 강제 폐업 조치했다. 1912년에는 조선은행령이 시행됨으로써 조선인들의 일반 은행 설립도 힘들어졌다.

◆ **계출서(屆出書)**
'신고서'의 옛말.

이제 갓 식민지가 된 조선이라는 땅은 일본인 사업가들에게 너무나도 매력적인 시장이었다. 조선총독부의 정책 지원이라는 막강한 힘이 배경이 되었기에 성장 가능성은 실로 무궁무진했다. 투기 과열을 막아야 할 정도였다. 조선총독부는 회사령과 조선은행령으로 한반도 내에서 유통되는 모든 자본의 운영에 자연스레 개입하려는 의도도 있었다.

조선총독부는 토지 조사 사업, 회사령, 어업령, 산림령, 조선 광업령 등으로 일본인의 유입 환경을 조성한 뒤, 한반도로의 이주를 적극 장려했다. 1918년 조선식산은행 건립으로 조선 내 일본인들의 경제 활동이 더 용이해졌다. 이것으로 일제의 의도는 어느 정도 관철되었다. 식민지 경영 완성을 위해 다수 일본인들이 식민지 조선으로 넘어가고, 일본에 동화된 조선인이 2등 신민으로 살아가도록 함으로써 한반도가 완전히 일본에 복속되게 하는 것이 일제의 최종 목표였다.

하지만 우리 민족운동가들이 가만히 당하고만 있을 리 없었다.

③ 독립운동의 태동

1910년대 일제의 무단통치로 국내 독립운동 민족 단체는 비밀 결사체로 운영될 수밖에 없었다. 아직 독립운동이 본격적으로 진행되기 어려운 시기였기에 일제강점기 이전 결성된 민족 학교 학생들이나 졸업생들이 중심이 되어 각 지역 단위로 비밀 결사 단체를 결성했다.

국내 비밀 결사 단체 운동

비밀 결사 단체들은 다양한 활동을 했다. 대표적으로 1913년 평양 숭의여학교 출신의 여성들끼리 조직한 송죽회가 군자금 확보에 나서면서 민족 교육 사업을 진행했고, 1914년 평양 대성학교 출신들이 주축이 된 기성단은 야구 단체를 표방하면서 군사 교육을 받았으며, 1915년 함경도 단천에서는 기독교인들이 자립단을 결성해 민족 교육 및 농촌 계몽에 힘썼다. 이 외에도 평양 숭실학교 출신들이 결성한 조선국민회와 서울 경성고등교원양성소 출신들이 결성한 조선산직장려계 등이 있었다.

이들 비밀 결사 단체는 대부분 한반도 북부, 그중에서도 평양 인근의 서북지역에 몰려 있었는데, 이는 일제강점기 이전 가장 큰 규모의 비밀 민족 단체였던 신민회가 주로 서북지역에서 집중적으로 민족학교를 설립하는 등 활동했기 때문이다. 기성단은 1915년, 자립단은 1916년, 조선산직장려계는 1917년, 조선국민회는 1918년 일제에 발각되어 해산되었다.

한반도 남부지방은 대한독립의군부와 대한광복회 등 무장단체들이 있었다. 이들은 북부지역의 민족 단체와는 다르게 신민회와 큰 연관이 없어서 민족 교육이나 농촌 계몽보다는 직접적으로 일제와 싸우는 일종의 군부대였다.

대한독립의군부

1912년 임병찬이 호남지역에서 궐기한 대한독립의군부는 고종 황제의 밀명으로 설립되었다. 유림 출신의 임병찬은 일제강점기 이전부터 의병활동에 뛰어든 의병장 출신으로 최익현과 함께 을사의병에 가담했다가 실패한 적이 있었다. 임병찬은 유림계 큰 어른 중 한 명이었기에 그가 대한독립의군부를 설립하자 호남지역은 물론 충청-경기-강원을 아우르는 유생들과 의병 출신들이 대한독립의군부에 참여했다. 임병찬은 조선총독부에 국권반환요구서를 보내면서 한국 침략의 부당함을 비판했지만 받아들여지지 않았다. 임병찬의 대한독립의군부는 1914년 군대를 조직해 전투에 나서려고 했으나 사전에 발각되어 지도부가 체포되면서 해산되었다. 이후 임병찬은 거문도에 유배되었는데, 과거 의병활동을 함께 했던 최익현처럼, 일제가 주는 밥과 물을 거부하며 단식하다가 1916년 사망했다. 대한독립의군부의 '의(義)' 자에서 추론되듯이, 구성원 대다수는 유림 혹은 유생들이었다. 이들은 대한제국의 부활을 주창했다.

대한광복회

국권이 피탈되기 이전의 민족 단체들은 '대한제국' 혹은 '조선'이라는 명백한 국가 정부가 있었기에 외세로부터 우리의 국가를 지키고자 했다. 일제 강점으로 국가 정부가 사라지자 독립운동 목표가 달라졌다. 왕정 국가였던 대한제국 혹은 조선의 부활이 아니라 공화정을 설립하는 것이 새로운 목표였다. 그 일례가 1915년 대구에서 결성된 대한광복회였다. 허위, 박상진 등이 중심이 되어 결성한 대한광복회는 고종 황제나 순종 황제가 복귀하는 왕정복고가 아닌 공화정을 기치로 내걸며 친일 부호를 습격하거나 해외에 독립군을 결성하기 위해 군자금과 무기들을 공수했다. 조직을 전국으로 확대할 무렵, 뚜렷한 성과를 보이지 못한 채 1918년 조직이 발각되어 대한광복회는 와해되었다.

④ 신흥무관학교 설립

아무래도 국내에서는 일제의 서슬 퍼런 감시와 탄압으로 공격적인 독립운동이나 싸움을 준비하기가 어려웠다. 의병 출신들이나 민족 단체 출신들 대부분이 만주, 러시아, 중국, 미주 등지에서 단체를 만들고 활동했다.

미주의 대한인국민회

먼저 미주 지역의 대표적 독립운동 단체로는 대한인국민회(大韓人國民會)가 있었다. 캘리포니아의 샌프란시스코에 본부를 둔 이 단체를 이끈 대표적 인물로 이승만, 박용만, 안창호 등이 있다.

　안창호는 신민회 출신으로 오래도록 샌프란시스코에서 유

학하며 재미 동포들 사이에서 명망이 높았다. 총회장을 역임한 그는 재미 동포의 민족의식 고취를 위해 다방면으로 노력했다. 박용만과 이승만은 대한인국민회 하와이 지부를 이끌었다. 박용만은 일제와의 전쟁을 주장하며 대한인국민회 하와이 지부를 일종의 군부대로 조직하려 했다. 반면 이승만은 외교를 중심에 둔 독립운동을 주장했다. 105인 사건을 피해 하와이로 온 이승만과 대한인국민회 하와이 지부를 사실상 창설한 박용만의 노선 대립은 이승만의 승리로 끝났다. 이승만은 하와이 지방총회를 장악했고, 박용만은 지지자들과 함께 대한인국민회를 나와 1918년~1919년 대조선독립단을 조직했다.

한 걸음 더!

📄 **대한인국민회(大韓人國民會)**

일제 강점 직전인 1908년 샌프란시스코에서 친일 미국 외교관 더럼 스티븐스를 사살한 장인환, 전명운의 의거를 계기로 조직된 단체가 모태였다. 미국 샌프란시스코의 공립협회와 대동보국회, 하와이의 합성협회가 통합하면서 1910년 대한인국민회가 되었다. 대한인국민회는 해외 한인을 총망라하고자 북미 지방총회, 하와이 지방총회, 멕시코 지방회, 쿠바 지방회, 시베리아 지방총회, 만주 지방총회 등을 설립했다. 대한인국민회는 샌프란시스코 주지사로부터 사단법인 인가를 받은 조직이었다.

중국의 신한청년당

중국 상하이에서는 1918년 여운형 등이 한국 최초의 정당이라 할 수 있는 신한청년당을 창당했다. 김구, 김규식, 이광수 등이 신한청년당의 일원이었다. 신한청년당은 대한민국이 부당한 식민 지배를 받고 있고, 한민족은 식민 통치에 동의하지 않았으며 독립적인 정부 운영을 이어 나가고 있음을 전 세계에 알

리려 했다. 1919년 제1차 세계대전 이후 전후 세계 질서 재편을 논의하기 위해 파리강화회의가 개최되자, 신한청년당은 각국 정상들이 모이는 이 자리에 독립국가의 대표자 자격으로 김규식을 파견하고 이를 널리 알렸다.

연해주 항일 독립운동

국외 지역 중 민족 독립운동이 가장 활발했던 지역은 만주와 연해주였다. 오늘날 블라디보스토크로 불리는 연해주에는 일찍이 한인들이 모여들면서 신한촌이 형성되어 있었다. 1910년 신한촌에서 유인석, 이상설, 이범윤 등이 성명회를 결성했다. 성명회는 기존 한인촌에 거주하던 한인들이 주축이었지만 항일운동을 지속하려고 국경을 넘어온 구한말 의병들도 다수 있었다.

유인석은 유림의 대학자 출신으로 한때 을미의병을 지휘했던 인물이다. 이후 그는 연해주로 넘어와 의병부대 13도의군을 창설했다. 이상설은 고종이 을사늑약의 부당함을 알리고자 헤이그평화회의에 파견했던 헤이그 특사 3인 중 한 사람이다. 이범윤은 을사늑약 훨씬 전부터 간도 지방의 관리로 파견되어 그곳에서 적극적으로 의병대를 조직하고 후원하다 블라디보스토크로 넘어온 거두였다.

성명회는 일제의 항의를 받은 러시아 경찰의 체포로 금세 와해되었지만, 연해주의 민족운동가들은 1914년 새로운 항일단체인 권업회를 만들었다. 권업회의 핵심 간부였던 이상설은 임시정부의 필요성을 피력하며 대한 광복군 정부를 수립했다. 이

역시 러시아 경찰들의 탄압으로 얼마 가지 못하고 권업회와 더불어 강제 해산당했다. 13도의군도 1915년 유인석이 사망하면서 자연스레 소멸하였다.

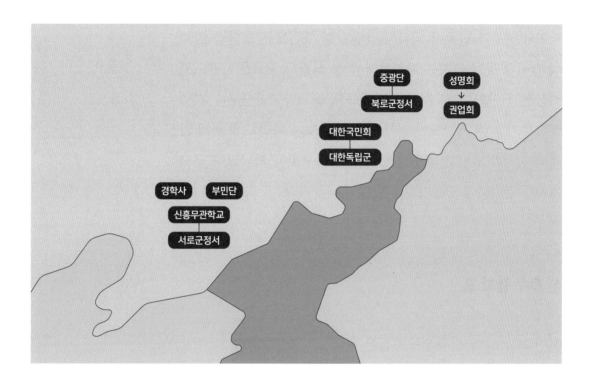

간도 지역 항일 민족운동

우리가 흔히 만주라 부르는 간도는 두만강 너머의 북간도와 압록강 너머의 서간도로 나뉜다. 이 두 곳은 지역별로 항일 민족운동이 전개되었다. 일제와 맞서기 위해서는 군 기지와 조직을 건설해야 했다. 북간도와 서간도 모두 독립군의 기지를 건설하고 독립군 부대를 창설하는 데 힘을 모으고 있었다.

북간도 용정은 한인들이 가장 많이 모여 살던 지역이었다. 용정에 있던 서전서숙과 명동학교에서는 민족의식에 고취된 젊

◆ 명동학교
서전서숙 폐교 후 이를 계승한 학교.

은 청년들을 양성해 냈다. 1911년 민족 토착 종교인 대종교에서 서일을 단장으로 한 중광단이 만들어지고 '북로군정서'라는 산하 군대를 운영했다. 이어 1919년 3월 기독교에서 대한국민회가 조직되면서 '대한독립군'이라는 산하 군대도 창설했다.

오래 전부터 민족적 의식이 남달랐던 북간도는 그만큼 일제의 감시나 통제도 다른 지역보다 훨씬 심했다. 105인 사건으로 해산된 신민회 회원 출신들은 대규모 군사학교와 군사기지를 설립하기 위해 서간도에 정착했다. 서간도는 북간도에 비해 일제의 감시가 덜했고, 북간도에서는 큰 규모로 군사학교나 군사기지를 건설하기 힘들다고 판단했기 때문이다.

신흥무관학교

신민회 출신의 민족운동가들은 군사학교 설립을 위해 '경학사'와 '부민단'이라는 일종의 재단을 먼저 만들었다. 경학사와 부민단의 창설을 포함해 서간도의 군사학교 설립에 가장 앞장선 독립운동가들이 이회영을 필두로 한 6형제였다.

이회영 6형제의 자금으로 경학사–부민단에서 설립한 군사학교가 바로 신흥무관학교였다. 1911년 정식 개교한 신흥무관학교는 처음에는 '신흥강습소'라는 이름으로 유하현 삼원보에 있던 허름한 옥수수 공장에서 개교했다. 이듬해 1912년 삼원보에서 합니하로

> **한 걸음 더!**
>
> 📖 이회영 6형제
>
> 이회영 일가는 백사 이항복 등 정승, 판서를 여럿 배출한 조선 최고 명문가이자 재력가였다. 국권이 피탈되자 지금의 명동 일대 토지를 팔아 현 환산 기준 600억 원을 마련해 6형제 일가 50여 명이 서간도로 넘어갔다. 이후 독립운동 과정에서 형제 4명이 빈곤, 아사, 고문 등으로 사망했고, 살아남은 가족은 20여 명이었다.

대한민국 국민이 꼭 알아야 할 일제강점기 역사

이동해 정식으로 '신흥무관학교'의 이름을 사용하였고, 이후로 입학 지원생이 꾸준히 늘면서 1919년 5월 3일 다시 합니하에서 고산자로 이전하며 학교를 확장했다. 신흥무관학교의 교수진들은 국권 피탈 전 대한제국 육군무관학교 출신들이었으며, 신흥무관학교의 졸업생들을 주축으로 조직한 독립군이 '서로군정서'였다.

한 걸음 더!

📖 **해방 이후 신흥무관학교**

1920년 신흥무관학교는 폐교됐지만, 이회영 형제 중 유일하게 해방을 맞이한 이시영(대한민국 초대 부통령)은 자랑스러운 그 역사와 전통을 잇고자 1947년 신흥전문학원(이후 신흥대학)을 설립했다. 이후 한국전쟁의 혼란과 재단의 재정난이 겹치며 소유권이 넘어갔고, 1960년에는 교명이 경희대학교로 바뀌었다.

⑤ 3.1운동

1919년 1월 21일 고종이 사망했다. 잠들기 전 식혜를 마신 고종은 새벽에 목이 마르다며 잠시 깨서 차를 마시고 다시 잠을 청했다. 뒤척이던 고종은 복통을 호소하다 해가 밝기 전 타계했다. 고종 사망 원인을 놓고 독살 여부에 대한 논쟁이 지금까지 이어지고 있다. 당시 많은 사람들은 고종이 독살됐을 것이라 믿었다. 죽음의 진위를 떠나, 고종의 사망 소식만으로도 조선의 민심은 꿈틀거렸다. 강제로 황제에서 퇴위한 지 13년, 주권을 일본에게 빼앗긴 지 10년이 됐지만 고종의 존재는 여전히 상징적이었다. 고종의 죽음으로 주권국가인 조선과 대한제국의 마지막 흔적이 사라지면서 식민지 조선인들의 민족의식이 일렁이기 시작했다.

국제 정세와 민족자결주의

당시 국제 정세의 흐름도 식민지 조선인들의 민족의식에 영향을 주었다. 1918년 미국 윌슨 대통령은 각 민족의 정치적 운명은 외국이 아닌 스스로 결정해야 한다는 민족자결주의 원칙을 발표했다. 이 발표에는 한 민족이 다른 민족의 간섭을 받을 이유가 없다는, 식민 통치를 부정하는 뜻이 담겨 있었다. 물론 이는 제1차 세계대전 패전국을 겨냥한 것이라 승전국에 속하는 일본의 식민 통치까지 부정하는 것은 아니었다. 그럼에도 민족자결주의가 지니는 숭고한 이념은 식민 지배를 받고 있던 조선인들에게 큰 울림을 주었다. 여기에 더해 제1차 세계대전 도중이었던 1917년 사회주의 혁명이 발발한 러시아에선 피압박 약소민족을 적극적으로 지원해 주겠다는 레닌의 약속도 있었다.

독립선언서

1919년 2월 1일 만주에 있던 민족운동가들이 독립선언을 발표했다. 최초의 독립선언이었다. 음력을 기준으로 1918년(무오년)에 발표되었기에 이 선언서를 '무오독립선언서', 혹은 '대한독립선언서'라고 한다. 무오독립선언서는 일본에 있던 조선 유학생들에게 가장 먼저 자극을 주었다. 무오독립선언서는 만주의 독립운동가들이 주도했다면 일본에서 울려 퍼진 독립선언은 학생들이 힘을 모아 일구어냈다.

조선 최초 근대소설을 썼다고 알려진 이광수는 당시 와세다대학교 철학과에 재학 중이었다. 그는 조선인 유학생들을 규합했고 직접 독립선언서를 작성했다. 1919년 2월 8일 오후 도쿄에 있는 YMCA 강당에서 메이지대학교 유학생이었던 백관수가 선언서를 낭독했다. 이 두 번째 독립선언을 '2.8독립선언'이라고 한다. '2.8독립선언'을 주도한 일본 유학생들은 낭독에 앞서 오전 외국 공사관들과 현지 신문사, 일본 국회 심지어 조선총독부에 선언서를 보냈다.

2.8독립선언 직전, 와세다 대학교 정치과 유학생 송계백이 자금 확보를 위해 경성에 들어온 적이 있었다. 그는 모교인 보성중학교의 선배이자 중앙학교에서 교사로 근무하던 현상윤에게 2.8독립선언서의 초고를 보여 주었다. 이후 현상윤은 보성중학교 교장 최린, 중앙학교 교장 송진우와 상의했고, 세 사람은 다시 천도교◆ 교주 손병희를 찾아갔다.

손병희는 독립을 요구하는 간단한 탄원서를 작성해 조선총독부에 제출하는 정도로 끝내려고 했다. 반면 최린은 선언서 낭독의 의의를 강조했다. 최린에게 설득된 손병희는 최남선을 찾아가 새로운 독립선언서 작성을 부탁했다. 초고가 완성될 즈음 손병희는 이 독립선언서가 큰 파장을 일으킬 수 있게 하려면 권세가들의 참여가 필요하다고 생각했다. 손병희, 최린, 송진우, 최남선, 현상윤 등은 박영효, 윤치호, 김윤식 등 몇 명을 후보로 꼽았다. 비록 이들 모두가 국권 피탈을 앞당겼던 친일인사들이었지만 대한제국 최고위 각료 출신들이었다. 이들이 서명에 참여한다면 독립선언서는 강력한 영향력을 발휘할 수 있을 것이었다. 하지만 이들 모두가 서명을 거절했다. 손병희의 입장이 난처해졌다. 최남선은 이 모의에서 발을 뺐다. 최린은 4인의 힘만으론 거대한 움직임을 일으킬 수 없다고 생각해 모의를 포기하려 했다.

◆ 천도교
동학농민운동 패배 이후 재기를 위해 동학의 3대 교주 손병희가 종교의 이름을 '천도교'로 바꾸었다.

며칠 후 도쿄에서 2.8독립선언서가 낭독되었다. 학생들의 열의에 고무된 현상윤은 기독교와의 연대를 제안했다. 현상윤과 송진우는 최남선에게 기독교 대표들과의 연결을 부탁했다. 최남선은 신민회의 회원 출신으로 평안북도 정주에 오산학교를 설립했던 이승훈을 떠올렸다. 일제의 감시를 피하기 위해 인촌 김성수의 별장에서 이승훈, 송진우, 현상윤, 김성수 4인이 모였다. 송진우, 현상윤은 이승훈에게 선언서를 보여 주며 선언서를 낭독하려고 했던 천도교 측의 계획을 말해 주었다. 이승훈 역시 선언서 낭독의 필요성을 절감하고 있던 터라 환하게 웃으며 천도교 측과의 연대도 환영한다고 했다. 이들에게 회담 장소를 마련해 준 인촌 김성수는 운동에 필요한 자금을 제공하기로 했다.

　회담 후 평안북도로 돌아온 이승훈은 운동에 참여할 기독교 대표들을 모으기 시작했다. 천도교 측에서도 손병희의 지시로 최린이 움직였다. 자금을 모으면서 천도교 대표도 섭외했다. 며칠 뒤 이승훈과 손병희가 직접 만나 두 종교의 연대는 더 단단해졌다. 여기에 보태 최린은 만해 한용운에게 함께할 것을 제안했고 불교계의 연대로 확산됐다. 최남선의 기미독립선언서를 본 한용운은 공약 삼장을 덧붙였다. 천도교, 기독교, 불교 3개 종교계가 독립운동이라는 일념으로 뭉친 것이다.

　2월 11일 독립선언서가 확정되고, 2월 20일부터 27일까지 약 일주일간 선언서 약 3만 5천여 부가 인쇄됐다. 인쇄소는 천도교도인 이종일이 운영하는 '보성사'였다.

　손병희, 이승훈 등 종교 대표자들은 3월 1일을 거사일로 잡았다. 고종의 인산일인 3월 3일에 많은 인파가 몰리겠지만 장례식장에서 벌어질 혼란을 피하려 했기 때문이다. 장소는 종로

탑골공원으로 정했다. 만세 시위 계획은 국내 청년 학생들에게 퍼져 나갔고 선언서 배포 과정에 국내 청년 학생들도 적극 참여했다. 기미독립선언서 낭독을 추진한 종교 대표자들은 대한제국의 정치인이나 조선을 지탱해 왔던 사대부 출신의 유림들이 서명자 명단에 없다는 것을 아쉬워했다. 대한제국 말기 정계와 사회에서 높은 지위에 있던 사람들의 참여가 선언서의 위상을 더 높게 할 수 있다고 생각했기 때문이다.

대한제국 각료 출신 대다수가 일찌감치 서명을 거절한 상황이었지만 손병희는 마지막이라는 심정으로 이완용을 찾아갔다. 자신의 과오를 씻을 수 있는 기회라며 이완용을 설득했다. 이완용은 이미 매국노가 된 상황에서 함께할 수 없으며, 설사 본인이 나서더라도 맞아죽을지 모른다며 서명하기를 거부했다. 한편 오세창 등 천도교 대표들은 이완용 서명이 들어가는 순간 오히려 선언서의 위상이 깎일 것이라고 반대했고 정보만 새어 나갈 것이라 우려했다. 손병희를 만난 이완용은 거사 내용을 경찰에 신고하지 않았다.

> **한 걸음 더!**
>
> 📖 **독립선언서 발각**
>
> 인쇄 기간인 일주일은 비밀을 지켜 내기에 무척 긴 시간이었다. 한번은 최린이 인쇄된 선언서를 숨긴 채 귀가하다 종로경찰서 고등계 신철 형사에게 선언서가 발각되었다. 최린은 신철에게 "자네는 조선 사람인가, 일본 사람인가. 자네가 조선 사람이라는 의식이 조금이라도 있다면 제발 며칠간만 입을 다물어 주게."라고 하며 5천 원을 건넸다. 신철 형사는 이 일을 상부에 보고하지 않았다.

민족대표 33인

1919년 2월 27일 서명에 참여하기로 했던 각 종교계 대표들이 모였다. 불교계 한용운의 설득에도 유림 대표들은 약속했던 장소에 나타나지 않았다. 33명의 종교계 대표들은 민족대표를 자임하며 독립선언서에 서명했다. 거사 하루 전인 2월 28일 손병희의 집에서 민족대표 33명 중 23명이 마지막 준비 모임을 가졌다. 예정된 장소인 탑골공원에서 선언서 낭독을 할 경우 소요 사태가 발생하고 일제가 강경 진압할 우려가 있다는 의견이 제시됐다. 3월 3일 고종 인산일을 앞두고 예상보다 훨씬 많은 사람들이 전국에서 몰려들고 있었기 때문이다. 이런 우려에 대표들 모두가 동의하여 계획 일부를 변경하기로 했다. 선언서 낭독은 예정대로 하되, 장소를 태화관으로 바꾸기로 했다.

◆ 태화관
서울 종로구 인사동 194에 자리했던 요릿집. 이곳에서 탑골공원까지의 거리는 600m 정도였다.

기미독립선언서 낭독

3월 1일, 날이 밝았다. 독립선언서 인쇄 과정에도 참여하고 낭독식에 함께하기로 했던 학생들은 전날 장소가 바뀐 사실을 알지 못했고 탑골공원에서 민족대표들을 기다렸다. 탑골공원은 종로의 중심부. 탑골공원 밖은 이틀 뒤 있을 고종의 장례식을 구경하려는 인파로 빼곡했다.

시간이 되어도 민족대표들이 보이지 않자 학생들은 당황했다. 전날 한 약속대로 민족대표 33명 중 29명이 오후 2시 태화관에 모였다. 뒤이어 민족대표들이 태화관에 있다는 소식을 듣고 보성전문학교 학생 강기덕이 문을 열고 들어왔다. 낭독 준비를 하던 민족대표들은 강기덕에게 사태가 걷잡을 수 없이 커질 수 있다는 우려를 전하고 돌려보냈다.

이어 독립선언서를 낭독하지 않고 각자 개인적으로 묵독했다. 이때 태화관에 종로경찰서로부터 전화가 한 통 걸려 왔다. 조선의 종교계 대표들이 와 있느냐는 확인 전화였다. 민족 대표 중 누군가가 미리 종로경찰서에 선언서를 보냈고 태화관에 그들이 모여 있음을 알렸던 것이다. 이는 내부 고발이 아니라 민족대표들이 스스로 모든 책임을 뒤집어쓰기 위해 사전에 합의한 결과로 보인다.

태화관 직원은 전화를 끊고 민족대표들에게 와서 어떻게 해야 할지 물었다. 손병희는 최린으로 하여금 종로경찰서에 종교계 대표들이 모여 있음을 알리라고 전했고, 최린의 말을 들은 태화관의 직원은 종로경찰서에 전화를 걸어 종교계 대표들이 태화관에 있음을 시인했다. 곧이어 80여 명의 경찰들이 출동해 민족대표들을 체포해 갔다.

강기덕 학생이 탑골공원에 모인 학생들에게 이 소식을 전하자, 학생들 사이에서는 해산하자는 의견과 자신들끼리 진행하자는 의견 둘로 갈렸다. 선언서는 어차피 학생들에게도 있었던 상황인지라 경신학교의 정재용 학생이 큰 소리로 기미독립선언서를 낭독했다.

오늘날의 탑골공원

기미독립선언서

우리는 우리 조선이 독립한 나라이고 조선 사람이 자주적인 민족임을 선언한다. 전 세계에 알려 인류 평등의 큰 도의를 분명히 하는 바이며, 우리 후손들이 민족의 독자적 생존이라는 정당한 권리를 영원히 누리게 하는 바이다.

이 선언은 오천 년 동안 이어 온 우리 역사의 힘으로 하는 것이며, 이천만 민중의 정성을 모은 것이다. 우리 민족이 영원히 자유롭게 발전하려는 것이며, 인류가 양심에 따라 만들어 가는 세계 변화의 큰 흐름에 발맞추려는 것이다. 이것은 하늘의 뜻이고 시대의 흐름이며, 전 인류가 함께 살아갈 정당한 권리에서 나온 것이다. 이 세상 어떤 것도 우리 독립을 가로막지 못한다.

침략주의의 강권에 희생되어 천 년 역사 만에 처음으로 다른 민족의 압제에 뼈아픈 괴로움을 당한 지 어언 10년이 지났다. 그동안 우리의 생존권을 빼앗겨 잃은 것이 얼마이며, 정신상 발전에 장애를 받은 것이 얼마이며, 민족의 존엄과 영예에 손상을 입은 것이 얼마이며, 새롭고 날카로운 기운과 독창성을 가지고 세계 문화에 이바지하고 보탤 기회를 잃은 것이 그 얼마인가!

아, 그동안 쌓인 억울함을 떨쳐 내고 지금의 고통을 벗어던지려면, 앞으로 닥쳐올 위험을 제거하고 억눌린 민족의 양심과 사라진 국가의 정의를 다시 일으키려면, 사람들이 저마다 인격을 발달시키고 우리 가여운 후손들에게 고통스러운 유산 대신 완전한 행복을 주려면, 우리에게 가장 급한 일은 민족의 확실한 독립이다.

오늘, 우리 이천만 조선인은 가슴에 칼을 품었다. 모든 인류와 시대의 양심은 정의의 군대와 인도의 방패가 되어 우리를 지켜 주고 있다. 그러므로 우리는 나아가 싸우면 어떤 강한 적도 꺾을 수 있고, 설령 물러난다 해도 이루려 한다면 어떤 뜻도 펼칠 수 있다.

우리는 일본이 1876년 강화도조약 뒤에 갖가지 약속을 지키지 않았다고 해서 일본을 믿을 수 없다고 비난하는 게 아니다. 일본의 학자와 정치가들이 우리 땅을 빼앗고 우리 문화 민족을 야만인 대하듯 하며 우리의 오랜 사회와 민족의 훌륭한 심성을 무시한다고 해서, 일본의 의리 없음을 탓하지 않겠다.

스스로를 채찍질하기에도 바쁜 우리에게는 남을 원망할 여유가 없다. 우리는 지금의 잘못을 바로잡기에도 급해서, 과거의 잘잘못을 따질 여유도 없다. 지금 우리가 할 일은 우리 자신을 바로 세우는 것이지 남을 파괴하는 것이 아니다. 양심이 시키는 대로 우리의 새로운 운명을 만들어 가는 것이지 결코 오랜 원한과 한순간의 감정으로 샘이 나서 남을 쫓아내는 것이 아니다. 우리는 단지 낡은 생각과 낡은 세력에 사로잡힌 일본 정치인들이 공명심으로 희생시킨 불합리한 현실을 바로잡아 자연스럽고 올바른 세상으로 되돌리고자 함이다.

처음부터 우리 민족이 바라지 않았던 조선과 일본의 강제 병합이 만든 결과를 보라. 일본이 우리를 억누르고 민족 차별의 불평등과 거짓으로 꾸민 통계 숫자에 따라 서로 이해가 다른 두 민족 사이에 화해할 수 없는 원한이 생겨나고 있다. 과감하게 오랜 잘못을 바로잡고, 진정한 이해와 공감을 바탕으로 사이좋은 새 세상을 여는 것이, 서로 재앙을 피하고 행복해지는 지름길임이 분명하지 않은가!

또한 울분과 원한에 사무친 이천만 조선인을 힘으로 억누르는 것은 동양의 평화를 보장하는 길이 아니다. 이는 동양의 안전과 위기를 판가름하는 중심인 사억만 중국인들이 일본을 더욱 두려워하고 미워하게 하여 결국 동양 전체를 함께 망하는 비극으로 이끌 것이 분명하다. 오늘 우리 조선의 독립은 조선인이 정당한 번영을 이루게 하는 것인 동시에, 일본이 잘못된 길에서 빠져나와 동양에 대한 책임을 다하게 하는 것이다. 또 중국이 일본에 땅을 빼앗길 것이라는 불안과 두려움으로부터 벗어나게 하는 것이며, 세계 평화와 인류 행복의 중요한 부분인 동양 평화를 이룰 발판을 마련하는 것이다. 조선의 독립이 어찌 사소한 감정의 문제인가!

아, 새로운 세상이 눈앞에 펼쳐지는구나. 힘으로 억누르는 시대가 가고, 도의가 이루어지는 시대가 오는구나. 지난 수천 년 갈고 닦으며 길러온 인도적 정신이 이제 새로운 문명의 밝아오는 빛을 인류 역사에 비추기 시작하는구나. 새봄이 온 세상에 다가와 모든 생명을 다시 살려 내는구나. 꽁꽁 언 얼음과 차디찬 눈보라에 숨 막혔던 한 시대가 가고, 부드러운 바람과 따뜻한 볕에 기운이 돋는 새 시대가 오는구나.

온 세상의 도리가 다시 살아나는 지금, 세계 변화의 흐름에 올라탄 우리는 주저하거나 거리낄 것이 없다. 우리는 원래부터 지닌 자유권을 지켜서 풍요로운 삶의 즐거움을 마음껏 누릴 것이다. 원래부터 풍부한 독창성을 발휘하여 봄기운 가득한 세계에 민족의 우수한 문화를 꽃피울 것이다.

우리는 이에 떨쳐 일어난다. 양심이 우리에게 있고, 진리가 우리와 함께 나아가고 있다. 남녀노소 할 것 없이 어둡고 답답한 옛 보금자리로부터 활발히 일어나 삼라만상과 함께 기쁘고 유쾌한 부활을 이루겠다. 우리의 먼 조상들이 우리를 돕고, 온 세계의 새로운 형세가 우리를 밖에서 보호하고 있나니 이는 시작이 곧 성공이다. 앞길의 광명을 향하여 힘차게 곧장 나아갈 뿐이다.

공약 삼장

하나. 오늘 우리의 독립 선언은 정의, 인도, 생존, 존영을 위한 민족의 요구이니, 오직 자유로운 정신을 드날릴 것이요, 결코 배타적 감정으로 함부로 행동하지 말라.

하나. 마지막 한 사람까지, 마지막 한 순간까지, 민족의 정당한 뜻을 마음껏 드러내라.

하나. 모든 행동은 질서를 존중하여 우리의 주장과 태도를 떳떳하고 정당하게 하라.

기미독립선언서를 완독한 후 정재용 학생은 독립 만세를 외쳤고, 이어진 함성은 옆의 학생들에게로, 또 그 옆의 학생들에게로, 그리고 마침내 탑골공원 밖 거리에 있던 수많은 사람들에게로 퍼져 나갔다. 만세 외침이 종로 전체를 메우는 데 걸린 시간은 그리 길지 않았다. 만세 시위대는 둘로 나뉘어 한쪽은 보신각으로, 한쪽은 지금의 시청광장으로 향했다. 총독부는 급히 대규모 헌병경찰들을 투입했고 저녁 6시가 되어서야 시위대는 해산했다. 증언에 의하면 기마병들 때문에 도저히 시위를 계속할 수 있는 상황이 아니었다고 한다. 그럼에도 시위대들은 총칼을 찬 경찰들에게 모자를 던지고, 손가락을 깨물어 피로 태극 문양을 그렸다고 한다.

만세 시위 확산

3월 1일 당일, 만세 시위가 서울에서만 일어난 것은 아니었다. 선언서 인쇄 작업을 함께 했던 평안도 출신의 학생들에게도 독립선언서가 있었다. 3월 1일 당일 한반도 북부의 평양, 의주, 해주, 원산 등지에서 만세 시위가 동시다발적으로 벌어졌다. 이튿날부터 한반도 북부지역에선 시위가 빠르게 확산되었다. 시위의 불씨, 아니 화염은 꺼질 줄 몰랐고 매일같이 만세 시위가 일어났다. 각 학교들은 동맹휴학에 나섰고 각종 상점들은 파업 등의 철시(撤市) 시위를 벌였다. 여성들은 만세 시위와 더불어 학생들에게 차와 물을 날랐다.

   3월 초순에서 중순까지는 만세 시위가 주로 한반도 북부지역에 집중되어 있었다. 당시 서울로 유학 와 있던 지방 출신 학생

◆ 철시(撤市)
시장이나 가게 등이 문을 닫고 영업을 하지 않는 것.

들도 굉장히 많았는데, 이들은 3.1운동의 현장을 두 눈으로 목격했다. 학교들은 동맹휴학에 나선 학생들에게 잠시나마 집으로 돌아갈 것을 권고했고, 이 학생들이 고향으로 내려가면서 만세 시위도 남쪽으로 퍼지기 시작했다. 그중 충청도 천안의 아우내(병천)에서 만세 시위를 주도한 16살의 여학생이 있었다. 바로 유관순이었다.

유관순과 아우내 만세 운동

개신교 집안에서 태어난 유관순은 충청도에서 나고 자랐다. 학당을 다닐 무렵 그녀는 미국인 감리교회 여성 선교사의 권유를 받고 서울의 이화학당(현 이화여고)으로 유학했다. 이화학당과 가까운 정동제일교회를 다닌 그녀는 독실한 신앙인이기도 했다. 유관순은 3.1운동을 목격했다. 3.1운동의 열화에 크게 감동받은 그녀는 고향 아우내에 만세 소식을 전하려 했다. 학교 휴학에 맞춰 고향으로 내려간 유관순은 가족, 친척 및 동네의 어른, 선배들과 함께 아우내 만세 운동을 기획했다. 아우내 장날인 4월 1일 약 3천 명의 군중이 '대한독립'이라고 적힌 깃발을 흔들며 만세를 외쳤다. 일제는 순사들을 동원해 이들을 강경 진압했으며, 현장에서만 19명이 사망했다. 이들 가운데 유관순의 부모님 두 분도 있었다.

체포된 유관순은 공주지방법원에서 재판을 받았다. 유관순은 재판 도중 판사의 굴욕적인 질문에 의자를 집어던져 법정모독죄로 5년형을 구형 받았고, 항소심에서 최종 3년형이 선고됐다. 1919년 6월 30일 형이 확정되자 유관순은 경성의 서대문 형무소로 압송되어 7월부터 수감 생활을 시작했다. 만세 시위를 하던 중 체포된 일반인들은 통상 6개월~1년형을 선고받은 것에 비해 무척 과도한 형량이었다.

만세 시위와 민간인 학살

시간이 지나면서 시위는 한반도의 북부보다는 남부에 집중됐다. 가장 격렬했던 3월 말에서 4월 초를 지나 4월 말~5월 초까지 시위가 끊이질 않았다. 약 1,900건의 시위가 있었고 누적 시위 참여자는 120만 명 정도로 추정한다. 박은식의 <한국독립운동지혈사>에는 200만 명으로 기록되어 있고, 총독부는 106만 명으로 집산했다. 진압 과정에서 일제는 더욱 강경하고 잔혹해졌다. 화성 '제암리 학살 사건'과 같은 끔찍한 민간인 학살도 있었다. 밝혀지지 않은 학살 사건은 더 많을 수도 있다. 한 달여 사이에 서대문 형무소의 수감자들이 기하급수적으로 늘어났고, 이루 말할 수 없는 비인간적인 고문이 자행됐다.

서대문 형무소

3.1운동의 원인과 의의

3.1운동은 민족대표 33인에 의해 최초로 기획되었고 주도되었지만 이 격랑을 일으킨 주체는 학생 청년들이었다. 최종적으로 농민들과 노동자들이 합세하면서 만국민이 우리의 주권을 당당히 요구했던 최초의 민중 시위가 되었다. 하지만 3.1운동 이후로 일제강점기 동안 이런 규모의 전국 시위는 더 일어나지 못했다.

이 거국적 운동이 왜 일제에게 강제 병합되고 10년이 지난

1919년에 이르러서야 일어났는지 주목할 필요가 있다. 3.1운동이 거국적인 움직임으로 확대될 수 있었던 가장 결정적인 이유는 일제가 식민지 조선인들의 공공의 적이었기 때문이다.

국권 피탈 10년간 조선인들은 계층, 재산, 성별, 직업, 계급 등을 막론하고 피지배 식민 백성들이라는 이유만으로 탄압받으며 생존권을 위협받았다. 1910년에서 1918년까지 무려 9년에 걸친 조선총독부의 토지 조사 사업으로 땅을 빼앗기기도 하고, 자영농은 몰락하고, 소작농도 방랑해야만 했다. 조선인 노동자에게 열악한 노동 환경과 저임금이 강요되고 복지 차별은 노골적이었다. 1910년 회사령 발표로 자산가들이라 해도 재산을 온전하게 보존 운영할 수 없었다. 온갖 조치령으로 조선의 경제권은 침탈당했다. 재산의 많고 적음을 떠나 식민지 조선인 모두가 식민 지배에 시달렸다.

1910년대 호의호식하던 조선인은 소수 친일파뿐이었다. 나라를 빼앗겼다는 상실된 자존심에 더해 치명적인 생존권의 위협에 조선인들은 더 이상 가만히 있을 수 없었다. 3.1운동으로 촉발된 조선 민중의 저항은 일제를 뒤흔들 만큼 거셌다. 시간이 지나면서 시위의 열기와 흥분은 더욱 고조되었고 일제가 더 강경하게 나오자 시위대들도 폭력화될 수밖에 없었다.

곳곳에서 안타까운 유혈 사태도 벌어졌다. 비록 3.1운동으로 조선의 독립을 이룰 수는 없었지만 그 뜨거운 열기는 당시 독립운동을 준비하던 운동가들에게 깊은 감명을 주었다. 이들은 더 탄력을 받아 독립군 양성에 박차를 가했고 독립운동에 몸담으려는 사람들의 수도 부쩍 늘었다. 민족주의의 기둥이 세워진 것이다. 이 기둥은 임시정부로 이어진다.

3.1운동은 세계 각국의 언론에도 소개되었다. 3.1운동에 자극

을 받아 중국에서는 5.4운동이 일어났고, 인도의 네루도 3.1운동에 큰 감화를 받는다. 이렇듯 3.1운동은 한반도 밖 제국주의에 시달리던 피지배 타민족들에게 영향을 주었다. 외부적 충격도 충격이지만 무엇보다 3.1운동은 내부적으로 모든 조선인들에게 독립의 가능성을 심어 주었다는 점에서 큰 의의가 있다. 3.1운동을 기점으로 한반도에서는 본격적인 '독립운동'이 시작되었다.

> 1919년 3월 1일은 우리나라 2천만 한국 민족이 정의·인도의 기치를 높이 들고 충과 신을 갑옷으로 삼고, 붉은 피를 포화로 대신하여 창세기 이래 미증유의 맨손 혁명으로 세계 무대에서 활동한 특기할 만한 날이다.
>
> 박은식 <한국독립운동지혈사 하편>

6 임시정부 수립

3.1운동을 계기로 국내외에서 활동하던 독립운동가들은 임시정부 수립의 필요성을 깨달았다. 3.1운동으로 독립의 가능성을 봤고, 훗날 광복이 되었을 때 체계적인 국가 운영을 하려면 만반의 준비가 필요했다. 또한 3.1운동의 한계와 실패를 되풀이하지 않으려면 독립운동의 구심이 될 조직도 있어야 했다. 임시정부 수립이 독립운동의 뜨거운 화두가 되었다.

대한국민의회, 한성정부, 상하이 임시정부

최초의 임시정부는 대한국민의회라 할 수 있다. 대한국민의회는 3.1운동의 열기가 한창이었던 1919년 3월 17일 러시아 연해주 신한촌에서 문창범, 이동휘 등이 창설했다. 의장으로 문창범, 부의장에 김철훈이 추대됐다. 행정부는 대통령 손병희, 부통령 박영효(대한제국 각료 출신), 국무총리 이승만, 내무총장 안창호, 그리고 군무총장 이동휘가 각각 임명됐다. 상당수가 명예직이었기에, 실질 운영은 문창범과 이동휘가 맡았다. 이동휘는 특정 출신 지역에 치우치지 않고 두루 인물을 선발하려 했지만 아쉽게도 대한국민의회 실무자들은 함경도 출신으로 국한되었다. 이동휘는 대한국민의회의 정체성을 두고 깊은 고민에 빠졌다.

1919년 4월에는 국내에서 한성정부가 수립되었다. 한성정부는 일제의 식민 지배를 받지 않은 한민족만의 독립된 정부야말로 진정한 정부라며 우리 한민족 국가의 이름을 대조선공화국이라 선포했다. 한성정부 수립의 실무자들은 이승만을 집정관총재로 추대했다. 국무총리에는 연해주에 있던 이동휘를 임명했다. 한성정부는 외신에도 소개가 되었고, 조선의 수도였다는 상징성을 위해 일제 식민 통치의 심장부인 경성에서 국민대회를 열면서 민주주의와 공화정을 지향하는 모습을 적극적으로 내보였다.

한성정부 수립보다 며칠 앞서, 중국 중남부 지방에 있던 민족 운동가들은 상하이에서 임시정부를 수립했다. 이들은 본격적인 정부 수립에 앞서 입법 기관으로 임시의정원을 만들고 1919년 4월 11일 국가명을 '대한민국'으로 선포하면서 임시헌장을 발표하고 이승만을 국무총리로 추대했다.

3개의 임시정부를 하나로

3개의 임시정부(대한국민의회, 한성정부, 상하이 임시정부)는 서로 겹치는 인물들이 많았다. 세 임시정부 모두 실무자들이 따로 있고 서로 명예직을 교환해 주는 식이었다. 임시정부를 일원화하자는 의견이 나왔고 다수가 동의했다. 독립운동가들은 민주주의 공화국으로서 한성정부의 의의를 높게 샀지만 국내에 소재하고 있는 만큼 자유로운 활동이 어려웠기에, 한성정부로 모이기는 불가능했다. 대신 한성정부의 법통성을 계승한다는 명목을 내세워 상하이 임시정부가 중심이 되기로 하였다. 대한국민의회의 편중된 지역성을 문제 삼던 대한국민의회의 군무총장 이동휘도 적극적으로 동참하였고, 대한국민의회의 의장 문창범 역시 이동휘의 뜻을 따르기로 하였다.

1919년 9월 11일 대통령 이승만과 국무총리 이동휘가 취임하면서 통합정부로서의 대한민국 임시정부가 문을 열었다. 대한민국 임시정부는 삼권분립의 원칙을 고수했다. 입법기관인 임시의정원은 의원 51명으로 구성됐다. 행정부인 '국무원'은 대통령과 국무총리, 그 아래 7개의 부처(내무부, 법무부, 재무부, 교통부, 외교부, 군무부, 학무부)와 별도로 1개의 국(노동국)을 두었다.

체계적인 조직을 갖춘 대한민국 임시정부였지만 조직이 강고하진 않았다. 독립운동가들마다 생각과 이해, 활동 범위와 경험이 너무 달랐다. 임시정부의 방향성을 두고 다양한 견해가 쏟아졌다. 상하이 임시정부 출신들과 대한국민의회 출신 사이에 의견 대립이 크게 나타났다. 기존 상하이 임시정부 출신들은 국제 정세에 발맞추어 외교적 방식으로 독립을 준비하고자

📖 임시정부 주요 부처의 기능과 역할

① 행정부
국외에 소재한 임시정부의 한계를 보완하기 위해 내무부장 안창호의 주도로 '연통제'라는 연락망을 구축했다. 연통제를 통해 국내외 연락을 주고받는 업무는 물론 자금 조달의 업무도 담당했다.

② 교통부
산하에 교통국을 두어 내무부의 연통제와 함께 자금을 조달했지만, 국내외 소식들을 수집하는 정보 업무 비중이 더 컸다. 교통국은 국내 각 지역별로 기지를 두고 상회사(商會社)로 위장하여 운영했다.

③ 외교부
대통령 이승만의 적극적인 추천으로 미국과의 외교에 방점을 두고자 미국의 수도 워싱턴D.C에 구미위원부를 설치해 미국과의 외교를 전담했다.

④ 군무부
'참의부'라는 임시정부 직속 군대를 운영했다.

⑤ 기타
이외에도 임시정부는 각종 사료들을 모으는 사료편찬소와 언론 업무를 수행할 독립신문을 편찬했다.

했다. 반면 대한국민의회 출신들은 대대적인 무장 투쟁으로 일제와 싸워 독립을 쟁취하고자 했다. 통합된 대한민국 임시정부는 두 가지 방향성을 모두 갖추려고 했지만 아무래도 상하이로 통합된 만큼 외교 독립론이 대세였다.

대한국민의회 출신의 문창범과 이동휘는 대한민국 임시정부의 방향성에 공감하지 못했다. 교통부 부장이었던 문창범은 1920년 다시 만주와 연해주로 넘어가 무장 투쟁에 뛰어들었다. 부통령이었던 이동휘는 공산주의자라는 이유로 정치적 입지가 좁아졌다. 결국 이동휘는 1921년 국무총리를 사임, 임시정부를 탈퇴한 후 본격적으로 공산주의 활동에 전념했다.

이승만의 국제연맹 위임통치 청원 사건

대한민국 임시정부의 가장 큰 위기는 대통령 이승만의 돌발 행동이었다. 제1차 세계대전 이후 미국의 우드로 윌슨 대통령이 범국가적 국제기구를 만들자고 제창하여 1920년 스위스 제네바에 본부를 둔 국제연맹(LN)이 창립되었다. 국제연합(UN)의 전신인 국제연맹은 42개국으로 시작하여 시간이 지나면서 회원국 수가 최대 60개국까지 늘었다. 정작 미국은 국제연맹에 참여하지 않았지만, 미국의 주도로 창립된 기구라는 이유에서인지 미국과의 외교를 신봉했던 이승만은 우드로 윌슨 대통령에게 식민지 조선을 해방시킨 뒤 이후 한반도의 통치를 국제연맹에 위임하고 싶다는 청원서를 보냈다.

이승만은 임시정부의 대통령이 되기 이전부터 줄곧 우드로 윌슨 대통령에게 청원서를 보냈으나 번번이 실패한 경험이 있었다. 제1차 세계대전 전후 처리 문제를 논의하는 파리강화회의에 참석하기 위해 이승만은 정한경과 함께 파리를 방문하려고 했지만, 일본 측의 비자 발급 거부로 파리행은 좌절되었다. 이를 대신해 신한청년당에서 상하이에 있던 김규식을 파리강화회의에 조선 대표로 파견했다.

이승만이 임시정부의 대통령이 되자 우드로 윌슨 미국 대통령에게 국제연맹 위임통치 청원서를 보낸 그의 행적은 숱한 비난에 직면했다. 하와이에서 민족운동을 했던 박용만이 이승만 대통령의 청원을 강하게 비판하면서 문제가 불거졌다. 박용만은 조선인이 원하는 건 일제 식민지에서 벗어난 독립자주국가의 건설인데, 국제기구의 식민지가 되기를 자발적으로 청원하는 행위라며 힐난했다. 이승만 대통령에 대한 비난 여론이 거

◆ 정한경
샌프란시스코에서 활동하던 독립운동가. 파리강화회의 참석을 계획했을 때부터 이승만과 정한경은 국제연맹에 보낼 위임통치 청원서를 작성해 두었다고 한다.

세계 일어났다.

　신채호는 "이완용이 있는 나라를 팔았다면, 이승만은 없는 나라를 팔았다."라고 하며 강도 높게 비판했다. 무장 투쟁을 주장하며 임시정부의 외교 노선에 강한 불만을 품고 있던 국무총리 이동휘도 이승만을 맹비난했다. 이승만에 대한 부정적 여론이 번지며 임시정부를 이탈하려는 사람들이 여기저기서 나타났다. 이승만의 행동을 비판하고 그를 징계하는 것에 동의하면서도 임시정부의 분열을 막고자 중재에 나선 사람들도 많았지만 별반 소득은 없었다. 설상가상 임시정부의 국내 연락망인 내무부의 연통제와 교통부의 교통국이 일제에 발각됐다. 이동휘 등 공산주의자들에 대한 부정적인 여론까지 겹치면서 임시정부에 큰 혼란이 일었다.

　이승만의 국제연맹 위임통치 청원 사건은 임시정부 수립 초기부터 기저에 존재해 왔던 대립의 싹을 수면 위로 끌어올렸다. 독립운동가들은 창조파와 개조파로 나뉘었다. 확실한 이념에 기초해 임시정부를 다시 수립하자는 주장(창조파)과 지금의 임시정부를 존속시키며 내적 쇄신을 하자는 주장(개조파)이 대립했다. 신채호, 박용만, 문창범 등이 적극적인 창조파였고, 안창호, 박은식, 이동휘 등은 개조파였다. 합의점을 찾기 위해 이들은 여러 차례 논의 자리를 가졌다.

　1923년 창조파와 개조파가 참여하는 국민대표회의가 열렸다. 국민대표회의라는 거창한 이름으로 협상이 진행됐지만, 창조파와 개조파는 합의점을 찾지 못했다. 국민대표회의가 성과 없이 끝나자 대다수의 독립운동가들이 임시정부를 이탈했다.

　임시정부에 남아 있던 이들은 1925년 이승만을 탄핵하고 박은식을 새로운 대통령으로 추대했다. 하지만 노년의 박은식이 몇 개월 뒤 사망하면서 임시정부는 활동력을 잃어버렸다. 오늘날의 경찰청에 해당하는 경무국의 국장 출신이었던 김구를 비롯해 극소수의 사람들이 임시정부를 꾸역꾸역 지켜 나갈 뿐이었다.

독립운동가들의 ─── 어록

동지들은 합세하여
조국 광복을 기필코 이룩하라!

이상설

아무리 어렵고 위태한 곳이라도
뛰어들어 기어코 망해가는
나라와 천하의 도의(道義)를 다시
다시 일으켜 하늘의 태양이
다시 밝도록 하여야 합니다.

유인석

대의가 있는 곳에서
죽을지언정 구차하게
생명을 구걸하지 않겠다.

이상설

마음을 한데 모으고,
마음을 모으면서도 정성스러우면,
그 지극한 정성은 금석도 뚫을 수 있으니,
대의를 펴고 일을 이룰 수 있다.

유인석

인간으로 세상에 태어나면
누구에게나 자기의 목적이 있다.
목적을 달성한다면 그보다
더한 행복은 없을 것이다.
설령 목적을 달성하지 못하더라도
그 목적을 달성하기 위해서 노력하다가
그 자리에서 죽는다면
이 또한 행복 아니겠는가.

이회영

이제 제왕의 시대는 갔고
사민 자유평등의 시대가 왔으니
우리의 전통과 습성을 생각하면서
시대의 흐름에 따라 새 나라
건설 이론을 확립해야 한다.

이석영

나라를 잃어 슬프고,
가정을 잃어 슬프고,
또 나 자신을 잃어 슬프다.

이상설

우리가 만세를 부른다고
당장 독립이 되는 것은 아니오.
그러나 겨레의 가슴에 독립을
일깨워야 하기 때문에
이번에 꼭 만세를 불러야겠소.

손병희

우리나라의 문제는
우리 스스로 해결해야 합니다.

유관순

살아서도 독립 만세,
죽어서도 독립 만세다.

유관순

나는 이 세상이 뒤바뀌기를
바라는 사람이다.
혼자 난리를 피해 편안하게 산다면
의미 없는 인생이다.

손병희

일본은 조선을 두려워합니다.
우리는 맨손뿐입니다.
그런데도 우리를 겁내어 총과 칼을
꺼내어 난리를 피웠습니다.
여러분! 조선의 해방이 눈앞에
다가왔습니다. 용기를 가지고
다 함께 일어나세요!

유관순

나라를 위해 바칠 목숨이
하나밖에 없는 것만이
이 소녀의 유일한 슬픔입니다.

유관순

민족자결주의에 입각해
조선의 독립을 얻어내려는 움직임이
지식인들 사이에서 진행 중이다.
그 움직임을 실행에 옮기기 위해서는
학생들이 맡아야 할 역할이 크다.

강기덕

우리나라가 온전한 자유를 누리며
굳건한 독립을 되찾기 위해서는
첫째 내 동지들의 단결이,
둘째 우리 동포들의 단결이,
셋째 모든 대한민족의
대동단결이 필요하다.
뭉치면 살고 길이 열리지만,
흩어지면 멸망만이
기다리고 있을 것이다.

이동녕

나누면 망하고 합하면 흥하니,
만경창파에 풍도가 위험한데,
같이 탄 배 안에서 서로 돕고
구제하는 것이 당연하지 않은가?

이동휘

우리의 최고기관으로부터
각 단체 또는 전 민족의 합심과
준비 여하에 달렸나니, 이것이 있으면
우리에게 독립이 있고, 그렇지 않으면
우리에게는 파멸이 있을 따름이오.

김규식

이천만 동포 최후의 1인이
죽을 때까지 독립을 도와
이루게 할 줄로 확신하노라.

이동휘

삶과 죽음은 인생의 일면인데,
죽음을 두려워해가지고
무슨 일을 하겠는가?

이회영

독립운동은 민족 전체의 공공사업이니
독립운동을 하는 동지 간에는
사랑과 미움, 친하고 친하지 않음의
구별이 없어야 한다.

박은식

오늘은 원수라도
광복을 위해 서로 나뉘지 말자.

이동휘

제
2
장

—

독립전쟁의
시작

—

⑦
교활한
문화통치

⑧
산미 증식 계획 :
일제의 식량 수탈

⑨
김원봉과
의열단

⑩
봉오동
전투

⑪
청산리
대첩

⑫
자유시
참변

⑬
3부
통합 운동

7 교활한 문화통치

3.1운동은 일제에 크나큰 충격을 주었다. 일제는 그 책임을 물어 조선의 2대 총독 하세가와 요시미치를 해임하고, 1919년 8월 해군 출신의 사이토 마코토를 3대 총독으로 임명했다.

탄압만이 능사가 아님을 깨달은 일제는 사이토 총독 임명을 계기로 식민 통치 방식에 변화를 꾀하기로 했다. 일정 부분 자유를 허용하며 유화적인 태도를 보이기로 한 것이다. 3.1운동에 더해 '다이쇼 데모크라시(大正 Democracy)'라 부르는 일본 내부의 민주적 분위기도 이런 변화에 영향을 주었다.

> **한걸음 더!**
>
> 📖 **강우규 의거**
>
> 사이토 마코토가 신임 총독으로 부임하기 위해 서울역에 도착했을 때 민족지사 강우규가 폭탄을 던졌다. 사이토 총독은 살아났지만 일제 관리 37명이 죽거나 다쳤다. 현재 서울역 앞에는 당시 의거를 기념하는 강우규 의사 동상이 있다.
>
> ---
>
> ◆ **다이쇼 데모크라시**
> **(大正 Democracy)**
>
> 1920년을 전후해 일본의 정치, 사회, 문화 각 방면에서 인권과 민권을 강조하며 전개된 민주주의, 자유주의 운동.

조선총독부의 유화책과 기만

조선총독부가 새로운 통치를 시작한 1920년대를 무력과 공포를 기반으로 한 무단통치와 구분해 '문화통치' 시기라 한다. 변화된 특징 몇 가지를 살펴보면 이렇다.

첫째, 군인 출신만 조선총독부의 총독이 될 수 있다는 원칙을 철회, 문관 출신도 총독이 될 수 있게 하였다. 둘째, 일상적 공포를 조성했던 헌병경찰제도를 보통경찰제도로 바꾸었다. 셋째, 식민지 조선인들에게 언론·출판·집회·결사의 자유를 부분적으로 인정하기도 했다. 조선인 주도의 신문 발행을 허용하여, 1920년 3월 <조선일보>에 이어 4월에는 <동아일보>가 창간되었다.

<조선일보> 창간 주축은 친일 단체였으나, 실무진과 기자 전원이 민족 지식인으로 구성되었다. 1924년 민족주의 진영의 독립운동가 신석우가 조선일보사를 인수하고 민족운동 진영의 거물 이상재가 사장으로 부임하면서 <조선일보>는 대표적 민족지로 자리를 굳혔다.

<동아일보>는 민족 교육 및 민족 자본을 육성하고 있던 인촌 김성수가 창간한 신문이다. 조선총독부는 신문 창간의 인가 조건으로 친일파였던 박영효를 사장으로 앉히라고 종용했다. 하지만 창간주 김성수의 압력으로 박영효가 사장직에서 사임하면서 창간주인 김성수가 그 직을 맡게 된다. 민족 지식인들은 <조선일보>와 <동아일보>에 취직하여 총이 아닌 펜으로 민족 운동에 투신했다.

넷째, 조선총독부는 또한 식민지 조선인들의 의견이 반영되도록 전국 13개 도에 도평의회를 설치했다. 도평의회는 주민

투표 방식으로 선출되거나 도지사가 임명한 조선인들로 구성됐다. 부, 군, 면의 행정 단위에도 협의회가 설치되었다.

언뜻 일제의 문화통치는 식민지 조선인들에게 유화적으로 보이지만, 그 이면에는 교묘하고 기만적인 내용이 숨겨져 있었다. 문관 출신 조선총독으로 부임할 수 있다고 했지만 해방될 때까지 문관 출신 총독은 단 한 명도 없었다. 헌병경찰을 대신한 보통경찰의 수는 1910년대보다 무려 3배 이상 많아지면서 경찰 기관의 힘은 오히려 비대해졌다.

조선총독부의 허가를 받은 언론 역시 통제받는 것은 마찬가지였다. 검열 및 정간 조치가 반복됐다. 조선총독부는 <조선일보>와 <동아일보> 경영진에 어떻게든 친일파들을 심어 두려고 했다.

지방자치를 보장한다고 했으나 실질적으로는 도평의회와 부·군·면 협의회에 부분적으로만 자치가 허용되었을 뿐이다. 일제가 불령선인(不逞鮮人)이라 낙인찍은 사람은 의회에 참여할 권한을 박탈했다. 독립운동을 한 당사자, 가족 중에 독립운동가가 있는 사람, 간접적으로 독립운동을 지원한 사람들은 모두 의회 참여를 배제시킨 것이다.

투표권도 사실상 제한했다. 투표권을 행사하려면 5원을 세금으로 납부해야 했다. 일본 내에서 투표권 납세액이 3원이었던 것과 비교해 보면, 조선인들의 지방의회 투표를 제한하기 위한 술책이라는 것을 알 수 있다. 시간이 흐를수록 의회를 구성하는 의원들은 친일파로 꾸려질 수밖에 없는 구조였다.

문화통치의 가장 기만적인 행위는 바로 친일파 집중 양성이었다. 3.1운동을 통해 일제는 모든 식민지 조선인들을 억압하면 조선인들의 단결력과 저항이 강해진다는 것을 실감했다. 조

◆ 불령선인(不逞鮮人)
원한을 품고 소요를 일으키는 사람.

선총독부는 조선인들을 분열시키기로 했다. 일제 식민 통치로 혜택을 받는 조선인들을 육성키로 한 것이다. 이런 혜택을 받은 조선인은 스스로 민족운동과 독립운동을 방해, 억제할 것이라 판단했다. 3.1운동과 같은 거국적 운동의 싹을 없애겠다는 계획이었다. 총독부는 각 방면의 지식인, 종교계, 지주, 자산가, 명망가문 등 사회 유력 계층을 포섭하여 그들에게 혜택을 주었고 점차 친일 부역자로 만들었다. 총독부의 악덕한 친일파 육성은 효과가 매우 강력했다. 1920년 이후 일제강점기 내내 3.1운동 수준의 전국 단위의 폭발적 저항이 일어나질 못했다.

한 걸음 더!

📄 조선총독부 건물

사이토 총독은 그간 사용하던 조선총독부 건물이 지나치게 협소하다는 구실로 신청사를 건립하기로 하였다. 새로 지은 조선총독부 청사는 조선 왕실을 대체해 일본이 통치한다는 의미를 담았다. 경복궁 광화문을 뜯어내고 1926년에 들어선 이 건물은 일본을 뜻하는 '일(日)'자 형태를 띠고 있었다.

⑧ 산미 증식 계획 : 일제의 식량 수탈

일본의 쌀 부족

1920년대 통치 방식이 문화통치로 전환되었지만, 경제적 자원 수탈은 변함없이 계속되었다. 제국주의 국가들이 식민지를 경영하는 가장 큰 이유는 이를 통해 경제적 이익을 획득하기 위함이다. 제국주의 국가들은 기후, 지리, 사회적 환경 등의 차이로 자국에서 얻기 힘든 경제적 이점들을 식민지 국가들에서 보완했다.

일본은 조선의 쌀을 귀한 자원으로 여겼다. 국토의 90%가 산지인 일본에서는 농사를 지을 만한 평야가 절대적으로 부족해서 자체 생산하는 곡식의 수확량으로는 일본 내 쌀의 수요를 도저히 맞출 수가 없다. 비단 일제강점기뿐만 아니라 부족한 쌀을 얻기 위해 일본이 조선을 침범해 온 역사는 매우 길다.

도요토미 히데요시가 임진왜란을 일으킨 배경 중 하나도 조선을 통해 쌀을 확보하는 것이었다. 중국 대륙 진출을 꿈꾸었던 도요토미 히데요시는 먼저 조선을 무력화한 뒤 보급 기지로 삼으려 했다. 강화도조약 체결로 조선이 강제 개항한 이후 일본은 조선의 쌀을 최대한 편하게 일본으로 가져가려고 혈안이 되었다. 그리고 한반도를 식민화한 일제는 대대적인 식량 수탈 사업을 계획했다. 이른바 산미 증식 계획이었다.

식민지 조선의 쌀 증산과 수탈

일본은 제1차 세계대전 이후로 경제 호황기를 맞이했다. 인구가 증가하고 각종 산업 시설들이 폭발적으로 늘어났다. 공업화로 농업 인구가 줄어들면서 쌀 수확량이 인구 증가 속도를 따라가지 못했다. 쌀 부족으로 식량 폭동까지 일어났다. 평야가 적은 일본에서는 농업 장려책을 펼치더라도 한계가 분명했다. 일본은 식민지 조선의 쌀을 최대한 증산시켜서 일본으로 수탈하려 했다.

조선총독부는 1920년, 1926년 두 차례에 걸쳐 산미 증식 계획을 세우고 실행했다. 우선 전국의 각종 수리 시설을 개선하고, 종자와 비료를 공급했다. 두 차례의 산미 증식 계획으로 식민지 조선의 쌀 생산량이 획기적으로 늘었다. 그렇지만 조선 농민들에게 돌아가는 혜택은 전혀 없었다. 늘어난 쌀 생산량보다 일제가 수탈해 가는 양이 훨씬 많았기 때문이다. 오히려 식민지 조선 농민들은 산미 증식 계획 이전보다 더 먹을 게 없었다. 조선인들은 값싸고 질이 떨어지는 만주산 잡곡을 먹어야만 했다.

조선에서 생산한 쌀은 전라도 목포와 군산 항구 등을 통해 일본으로 갔다. 항구에 일본으로 갈 엄청난 양의 쌀이 쌓이면서, 군산 구도심에는 '쌀이 쌓여 있다'는 뜻을 지닌 장미동(臧米洞)이란 지명까지 생겼다. 수리 시설, 관개 시설을 개선하는 데 들어간 비용과 종자, 비료 대금 또한 전부 조선 농민이 부담해야 했다.

산미 증식 계획의 폐단은 이게 끝이 아니었다. 조선총독부는 목표로 하는 생산량을 맞추고자 쌀을 단작화하도록 했다. 밭을 논으로 바꾸라고 강요한 것이다. 밭과 논이 적당 비율로 있어야 생존에 필요한 식량이 충족되는 법인데, 쌀로 단작화하고 그 쌀은 빼앗아 가니 조선인들이 먹을 수 있는 것이 더 줄어들었다.

쌀 수출이 쉬워지면서 일본 자본가들과 친일 자본가들은 부담 없이 조선의 땅을 사들였다. 악덕 지주가 늘어나고 소작농들의 삶은 더 피폐해졌다. 1925년 식민지 조선 농가 중 약 46%가 적자를 냈고, 농촌을 떠난 인구가 약 15만 명에 달했다. 농촌을 떠난 사람 대부분은 대도시의 노동자가 되었다. 일자리를 찾아 일본, 만주, 연해주 등으로 건너간 경우도 있었다.

하지만 상당수가 일자리를 구하지 못해 화전민이나 걸인이 되었다. 1926년 조선총독부는 조선인 걸인들을 1만 명으로 집계했다. 5년 후인 1931년 조선총독부가 집계한 조선인 걸인의 수는 무려 16만 명이었다.

9 김원봉과 의열단

1920년대 들어 본격적인 독립운동 전쟁이 시작됐다. 독립운동의 양상은 다양했다. 민족운동의 형태로도, 전투 형태로도 전개되었다. 독립운동가들은 각자 최선을 다할 수 있는 분야에서 목숨을 내던졌다. 국외에서는 병력 대 병력으로 맞붙는 전쟁도 있었고, 조선총독부의 직접적인 지배를 받는 국내에서는 의열 투쟁이 치열하게 전개되었다.

♦ **의열 투쟁**
주적을 암살하거나 기관을 폭파하는 독립운동을 말한다.

약산 김원봉

밀양 출신의 독립운동가 약산 김원봉은 3.1운동을 목격한 뒤 조직적이고 체계적인 의열 투쟁의 필요성을 느꼈다. 1919년 11월, 그는 같은 신흥무관학교 출신 13명과 함께 중국 지린성에서 의열 투쟁 전문 단체인 의열단을 조직했다. 김원봉은 신흥무관학교에서 폭탄 제조에 특히 두각을 보였다고 한다. 의열단 단장으로 추대됐을 당시 그의 나이는 23세였다. 의열단은 지린성에서 만들어졌지만 곧바로 중국 베이징으로 근거지를 옮겼다. 활동 특성상 의열단은 비밀 단체였다. 당시 사람들은 의열 투쟁을 무정부주의, 혹은 아나키즘이라고 불렀다.

프랑스에서 처음 생긴 아나키즘이란 사상을 일본인들이 '무정부주의'라고 번역했다. 이 사상은 정부·종교·자본 등 일체의 지배 형태를 부정한다. 아나키즘 추종자들은 지배 체제를 완전히 끝내기 위해 테러가 불가피하다고 생각했다. 아나키즘의 투쟁 방식이 의열 투쟁과 유사했기에, 세간에선 의열 투쟁을 하는 이들을 아나키스트라고 불렀다.

아나키즘은 사전적으로나 이념적으로나 부정적인 뉘앙스가 강하다. 그러나 한반도의 아나키즘은 본래의 뜻과는 조금 다른 개념으로 사용되었다. 식민지 국가라는 상황에서 아나키즘은 모든 지배 체제를 부정한다기보다 일본 제국주의 식민 지배를 거부하는 것으로 받아들여졌다. 김원봉과 의열단 창립 대표 13인은 자신들의 활동을 '테러'라고 생각하지도 않았고, 사전적 의미의 아나키스트라고도 생각하지 않았다. 김원봉과 의열단은 일제 타도와 주권 회복이라는 목표를 실현하기 위해 모든 수단을 동원했다. 의열단의 최종 목적은 암살, 파괴, 폭탄 공작 등 극단적인 방법을 통해 민중 혁명의 불을 지피는 것이었다.

의열단원으로는 단장 김원봉을 비롯해 강세우, 곽경, 권준, 김상윤, 배동선, 서상락, 신철휴, 이성우, 이종암, 한봉근, 한봉인 등이 있었다. 이들은 10대 강령을 내세우고 조직 세를 불려 나갔다.

[의열단 공약 10조]

① '세계의 정의'를 맹렬히 실행하기로 함.

② 조선의 독립과 세계의 평등을 위하여 몸과 목숨을 희생하기로 함.

③ 충의의 기백과 희생의 정신이 확고해야 함.

④ 의열단의 목적을 가장 우선시하고 단원의 의로움에 급히 함.

⑤ 의백(義伯) 1인을 선출하여 단체를 대표함.

⑥ 특정한 장소, 특정한 시간에 매월 1차씩 사정을 보고함.

⑦ 특정한 장소, 특정한 시간에 매 첫모임에 반드시 응해야 함.

⑧ 의거를 행한 후 죽지 못하면 자결함.

⑨ 1이 9를 위하여 9가 1을 위하여 헌신함.

⑩ 단의에 배반한 자는 처살(處殺)함.

그리고 반드시 주살해야 하는 일곱 종류의 블랙리스트와 반드시 파괴해야 하는 기관 다섯 곳을 선정하고 표적으로 삼았다.

[7가살]

① 조선총독 이하 고관 ② 군부 수뇌 ③ 대만 총독 ④ 매국적(敵)

⑤ 친일파 거두 ⑥ 적의 밀정 ⑦ 반민족적 악덕 지주

[5파괴]

① 조선총독부 ② 동양척식회사 ③ 매일신보사 ④ 각 경찰서

⑤ 기타 왜적 주요기관

의열단의 초기 활동

의열단은 단원들을 모집하고 신속하게 의열 투쟁을 전개했다. 의열단의 활동은 전기와 후기로 나뉜다. 본격적인 의열 투쟁에 앞서 폭탄을 국내로 반입하는 임무가 선행되어야 했다. 의열단의 첫 작전은 밀양·진영 폭탄 반입 사건이었다.

1920년 3월 의열단원 곽재기가 만주 안동현에서 밀양의 김병완에게 폭탄을 보냈으나 경기도 경찰부에 탐지되었다. 수색 결과 폭탄 3개가 압수되고, 폭파 계획의 행동 책임을 맡은 관련자 18명 중 곽재기 등 12명이 일본 경찰에게 붙잡혔다.

같은 해 5월 의열단원 이성우는 폭탄 13개와 권총 2정을 입수하고, 안동현 이륭양행을 통해 경상남도 진영의 강원석에게 보냈다. 이것이 일본 경찰에게 발견, 압수되고 관련자 윤치형 등 6명이 검거됐다.

같은 해 6월 관련자 총 26명 중 18명이 검거되어 취조 후 10월에 경성지방법원 검사국으로 송치되었다. 이후 경성지법에서 8개월간의 예심을 거쳤고, 1921년 6월 인도공판에 회부되어 16명 중 강원석 1명만 면소 방면되고 나머지 15명이 유죄 판결을 받았다. 주범 곽재기와 이성우에게는 8년형이 선고되었다.

1920년 9월 14일, 의열단원 박재혁이 경상남도 부산경찰서를 폭파해 서장 등 3명을 즉사케 한 사건이 있었다. 1920년 9월 초 박재혁은 배편으로 상하이에서 나가사키를 거쳐 9월 13일 부산에 상륙했다. 입국 다음 날 아침 그는 중국인 고서적 상인으로 변장하고 평소 안면이 있던 부산경찰서장 하시모토를 찾아갔다. 고서적을 구경하는 서장에게 의열단 전단을 보여준 다음 폭탄 2개를 투척했다. 폭음과 함께 둘이 함께 쓰러졌는데,

중상을 입은 서장은 병원으로 가는 도중에 사망하고 옆에 있던 일본 경찰 2명은 즉사했다. 박재혁 역시 중상을 입고 붙잡혔다. 체포된 경우 자결한다는 의열단의 단명에 따라 박재혁은 투옥된 날부터 단식을 시작했고, 9일 만에 스스로 목숨을 끊었다.

1920년 12월 27일 경상남도 밀양경찰서에서 폭파 사건이 일어났다. 부산경찰서 폭탄 투척 의거 3개월 만이었다. 오전 7시 30분경 밀양경찰서 서장실에서 전 경찰서원이 모여 서장 와타나베의 훈시를 듣고 있을 때였다. 밀양 출신 의열단원 최수봉이 경찰서 창밖에서 폭탄 2개를 연달아 투척했다. 제1탄은 남쪽 유리창으로 던졌으나, 정렬하고 있던 순사부장의 오른손에 맞은 뒤 불발이 되었다. 정면 현관에서 던진 제2탄은 복도에서 폭발했지만 인명 피해는 없었다. 일본 경찰에게 피해를 주지 못한 사건이었으나, 민심에 영향을 주면서 큰 충격을 불러일으켰다.

최수봉은 현장에서 단도로 자결을 기도했지만 뜻을 이루지 못하고 붙잡혔다. 병원으로 옮겨져 치료받은 뒤 검찰로 송치되었다. 그는 대구지방법원에서 무기징역을 선고받고, 검사의 공소로 대구복심법원에서 사형이 선고되었다. 최수봉은 태연하게 교수대에 올라 21세의 짧은 생애를 마감했다.

1921년 9월 12일 오전 10시경, 의열단원 김익상이 왜성대 총독부 청사 2층에 폭탄 2개를 투척했다. 비서과로 던진 폭탄은 불발이었으나, 회계과로 던진 폭탄은 큰 폭음과 함께 폭발하여 건물의 일부가 파괴되었다. 이 의거가 일어나자 일본 경찰은 비상령을 내리고 범인 체포에 혈안이 되었으나 색출에 실패했다.

의열단원 김익상은 서울 출신으로 1921년 9월 10일 폭탄 3개를 지니고 베이징을 떠나 이튿날 서울에 도착, 12일 전기 수리

♦ 왜성대
서울 남산 아래 지금의 숭의여고 부근.

공으로 변장하여 총독부 정문을 무사히 통과하고 2층으로 향하여 거사했다. 그는 의거 후 일본인 목수로 변장하고 그날 저녁 용산역에서 기차를 타고 중도에 평양에서 하차하여 신의주를 거쳐 무사히 베이징으로 돌아갔다. 다른 곳도 아닌 조선총독부를 겨냥한 이 사건은 일제에게 큰 충격을 주었으며 당시의 서울 시민을 크게 놀라게 했다.

신채호의 〈조선혁명선언서〉

강령이나 체계가 잡히지 못했던 초창기 의열단의 활동들은 이념이나 기술적인 측면에서 미흡한 점이 많았다. 계획 또한 철저하지 못했다. 의열단은 국내 다른 독립운동가들에게도 비판을 받았다. 혈기와 의욕이 넘쳤지만 활동의 정당성을 뒷받침해줄 이론의 필요성을 느낀 김원봉은 의열단의 재기를 위해 단재 신채호를 찾아간다. 신채호는 민족주의자인 동시에 한국 아나키즘의 최전선에 있던 인물이었다. 의열단원은 아니지만 의열단을 지지하던 신채호에게 김원봉은 의열단의 정신적 사상을 글로 정리해 줄 것을 부탁했다. 이에 호응하여 1923년 1월 신채호가 발표한 글이 바로 '조선혁명선언서'다.

　조선혁명선언서는 총 5부로 구성되어 있다. 1부에서는 강점 이후 일제가 일삼은 폭력들을 자극적이지만 사실적으로 나열하고, 2부와 3부에서는 폭력적이지 않은 온건하고 평화주의적인 독립운동을 노골적으로 비판했다. 4부에 이르러 민중적 혁명의 가치를 역설했는데, 핵심 주제가 가장 잘 서술되어 있었다.

　신채호는 안중근을 포함해 강점 이전 열사들의 의거 활동은 폭력적이었지만 민중적이지 못한 한계가 있다고 했다. 반면 3.1운동은 민중적이었지만 폭력적이지 못했다는 점을 지적했다. 신채호는 또한 개인의 의거 활동에서 끝나지 않고 거국독립만세운동을 불러일으키도록 하는 것이 의열단의 목표가 되어야 한다고 주장했다. 민중이 들고 일어설 수 있도록 하는 일, 이 일이 바로 의열단 단원이 목숨을 걸고 이루어야 할 목표라고 정의한 것이다. 이런 원칙으로 의열단이 활동한다면 다른 사람들의 동정을 받을 것이고, 의분과 고통에 못 이겨 하나 둘 모여 결국 대혁명으로 번질 것으로 예상했다.

마지막 5부에서는 다른 민족의 통치 파괴, 경제 약탈 제도 파괴, 특권 계급 파괴, 사회적 불평등 파괴, 노예적 문화상 파괴 등 파괴의 목적과 의의를 설명했다. 5부에는 파괴가 곧 건설이라는, 건설하기 위해 파괴하겠다는 아나키즘적 색채가 강하게 표현되었다.

"민중은 우리 혁명의 대본영(大本營)이다. 폭력은 우리 혁명의 유일 무기이다. 우리는 민중 속에 가서 민중과 손을 잡고 끊임없는 폭력·암살·파괴·폭동으로써 강도 일본의 통치를 타도하고, 우리 생활에 불합리한 일체 제도를 개조하여, 인류로서 인류를 압박치 못하며, 사회로서 사회를 수탈하지 못하는 이상적 조선을 건설할지니라. 1923년 1월. 의열단 "
– 신채호의 <조선혁명선언서> 마지막 구절

의열단의 후기 활동

조선혁명선언서가 만들어지는 시점에 의열단원 김상옥의 종로경찰서 폭탄 투척 사건이 다시 한번 의열 투쟁에 불을 지폈다. 종로경찰서는 수많은 독립운동가들을 잡아가 무자비한 폭력을 일삼았던 친일의 상징과도 같은 기관이었다. 김상옥은 본디 사이토 총독을 암살할 계획이었으나 혼자만의 힘으로는 역부족임을 깨닫고 의열단에 합류, 김원봉과 합의 후 종로경찰서에 폭탄을 투척하기로 했다. 1923년 1월 12일 김상옥은 상하이에서 들여온 폭탄을 종로경찰서에 투척했다. 서쪽 부근에서 폭탄은 폭발하고 김상옥은 유유히 인사동에 있는 자신의 근거지로 돌아갔다. 이후 김상옥은 다시 사이토 총독 암살 계획을 세우는데, 한인 순사 조용수의 밀고로 김상옥의 은거지가 발각되고 말았다. 결국 김상옥은 뛰어난 사격 실력으로, 자신을 쫓는 일본 순사 4백 명과 혼자서 3시간 동안 시가전을 벌이다가 무리임을 깨닫고 스스로 머리에 총을 쏴 자결했다.

　조선혁명선언서의 완성과 김상옥의 의거로 의열단은 새롭게 출발했다. 김원봉은 조선혁명선언서를 국내 의열단원들에게 전달하고 폭탄을 밀반입하고자 했다. 폭탄을 국내로 밀반입하기 위해서는 국내에서 도움을 줄 수 있는 사람이 필요했다. 경기도 경찰부 고등과 경부였던 황옥이 그 역할을 했다. 당시 한인 경찰 대부분은 친일파였고, 직급이 높을수록 그 비율은 훨씬 높았다는 점에서 매우 이례적인 일이다. 상세한 접선 과정은 알 수 없지만, 1923년 2월 중국 톈진에서 황옥은 의열단장 김원봉과 단원 김시현을 만났다. 황옥은 김시현이 폭탄을 국내로 숨겨 들여오는 데 큰 도움을 주었다. 1923년 3월 김시현과 황옥은 김원봉으로부터 폭탄 등 물자를 전달받고, 기차를 타고 무사히 국내로 들어왔다. 경성 도착까지 성공했지만 내부자의 밀고로 이 둘은 체포되었다. 이를 황옥 경부 폭탄사건이라 한다. 영화 <밀정>의 내용이기도 하다.

연이은 검거에도 국내외에서 의열단 활동은 멈추지 않았다. 일본 육군대장 다나카가 필리핀을 거쳐 상하이로 들어온다는 정보를 의열단이 입수했다. 1921년 조선총독부에 폭탄을 투척하고 무사히 돌아온 김익상과 오성균, 이종암은 다나카 육군대장을 상하이에서 암살할 것을 계획했다. 1923년 3월 28일, 다나카 육군대장이 상하이 황포탄 부두에 도착했을 때 제1선에 있던 오성균이 총 3발을 쐈다. 불행히도 지나가던 금발의 여인이 의도치 않게 총 3발 모두를 맞았다. 제2선에 있던 김익상이 총 2발을 더 쐈으나, 한 발은 빗나가고 한 발은 다나카의 모자를 꿰뚫었다. 그나마 던진 폭탄마저 불발했다. 제3선에 있던 이종암이 폭탄을 투척했으나 미국 해병이 바다로 걷어차 바다에서 폭발했다. 그 틈을 타고 다나카 육군대장은 차를 타고 도망갔다. 비록 실패하기는 했으나 의열단 단원들의 최초 해외 활동 사례였다.

1923년 9월 일본에서 관동대지진이 일어나고 수많은 조선인들이 일본인에 의해서 학살되자 의열단은 일본으로 결사단을 파견했다. 결사단에는 김원봉의 밀령을 받은 김지섭이 있었다. 김지섭은 제국회의장을 목표로 의거를 준비했다. 휴회로 뜻을 이루지 못하자 목표 대상을 일본 궁성으로 바꿨다. 1924년 1월 김지섭은 일본 궁성으로 가는 도중 경비 경찰에 의해 불심 검문을 받자 경찰을 사살하고 일본 궁성에 폭탄을 던졌다. 아쉽게도 폭탄이 불발하자 김지섭은 일본 궁성으로 들어가는 니주

바시 다리를 건너며 다시 한번 폭탄을 투척하지만 그마저도 터지지 않았다. 이 사건은 일본인들에게 신성불가침의 존재인 일본 천황이 거주하는 궁성에 폭탄을 던졌다는 점에서 엄청난 화젯거리였다. 1924년 의열단은 근거지를 다시 베이징에서 상하이로 옮겼다.

1926년 유림계 대표 김창숙은 김원봉에게 나석주를 천거했다. 김원봉과 나석주는 동양척식주식회사와 식산은행을 파괴하기로 했다. 12월 28일 나석주가 남대문동에 있는 식산은행에 폭탄을 투척했으나 불발했다. 그는 재빠르게 동양척식주식회사로 발걸음을 옮겨 안으로 들어갔다. 수위실과 토지개량부에서 사원들을 총살하고 폭탄을 투척했지만 불발했다. 나석주는 동양척식주식회사를 빠져나와 을지로 2가 방면으로 도주했다. 도주 과정에서 경찰관 한 명을 사살했다. 수십 명의 경찰들에게 쫓긴 나석주는 자신의 가슴에 총 3발을 쏴서 자결을 시도했지만, 병원으로 후송되었다. 치료 후 고문을 받다 결국 사망했다. 나석주의 의거는 의열단의 마지막 활동이었다.

의열단의 마지막

의열단원들의 활약이 이어지면서 김원봉은 일제의 넘버원 타깃이 되었다. 당시 독립운동가들 중 현상금이 가장 높았는데, 현재 물가로 환산할 때 약 600억에 달했다고 한다.

명성이 드높았지만 정작 김원봉은 그간의 의열단 활동에 대해서 회의적인 생각을 갖기 시작했다. 의열단 활동 목적은 조선 전 민중의 혁명을 일으키는 것이었지만 그럴 움직임이 보이지 않았던 것이다. 조직적인 준비가 미흡하다고 생각한 그는 의열단 간부들과 함께 1926년 1월 광저우에 있던 황푸군관학교의 사관생도 4기생으로 입학했다. 비록 중국인 학교였지만 장제스는 한국인의 입학을 막지 않았으며 오히려 김원봉의 입학을 크게 환영했다. 김원봉과 의열단 간부들은 중국에서 지내면서 더욱 좌경적 사상에 경도되었다.

의열단 간부들이 황푸군관학교에 입학하면서 의열단은 유명무실화됐다. 1926년 10월 의열단 간부들은 황포군관학교를 졸업하고 의열단을 다시 일으키려고 했다. 나석주의 의거 활동도 이러한 배경 하에서 이루어졌다. 그러나 일제의 탄압이 더욱 심해졌고, 김원봉 스스로도 매우 신중한 태도를 보이면서 예전 의열단의 활동성을 찾기 어려워졌다. 여기에 더해 1927년 중국 국민당과 공산당 사이에 벌어진 내전의 소용돌이 속에서 의열단은 치명적 타격을 입는다. 1927년 8월 중국 공산당이 일으킨 폭동에 함께한 의열단 간부들은 김원봉, 윤세주만을 남겨놓고 전원 사망했다. 이로써 의열단은 역사의 마침표를 찍어야만 했다. 김원봉은 중국 공산당과 러시아 코민테른의 지지를 받았지만 사회주의의 정치성에 환멸을 느꼈다. 그는 한국 아나키즘의 독자적인 노선을 고집했다. 당시 한국의 좌익 독립운동가들은 중국 혹은 러시아 둘 중 하나의 지지를 받지 않고서는 정치 활동의 기반을 다지기 힘든 상황이었다. 중국과 러시아 모두에게 등을 돌린 김원봉은 사회주의 좌익 세력에서도 아웃사이더가 되었다.

◆ 황푸군관학교
중국의 쑨원이 중국 국민당의 자체 군대를 양성할 목적으로 설립한 군사학교로, 장제스가 황푸군관학교의 교장이었다.

의열단원들의 모습

의열단은 비밀 단체였기 때문에 알려진 것보다는 알려지지 않은 것들이 더 많다. 김원봉은 철통같이 보안을 지켰기에 의열단 조직 내면을 정확하게 알기 어렵다. 김원봉은 가명도 여러 개였다. 미국의 여성 저널리스트이자 아나키스트였던 님 웨일스는 중국에서 취재를 하면서 한국의 아나키스트들과도 친분이 있었다. 그녀는 아나키스트 김산(본명 장지락)과 함께 했던 극동아시아의 체험을 회고하며 『아리랑』이란 제목으로 책을 출간했다. 이 책에는 김원봉과 의열단에 대한 정보들이 생생한 기록으로 담겨 있다. 『아리랑』에 따르면 의열단은 50명이 핵심이었으며, 수백 명 정도의 조직이었다고 한다. 1919년 창단 직후부터 1927년까지 일제에게 체포되어 처형된 의열단원 수는 무려 300명. 상하이에 비밀 폭탄 제조소 12군데를 확보하고 있었다고 한다. 의열단원에 대한 묘사가 흥미롭다.

"의열단원들은 평상시에는 수영, 테니스, 저격 연습 등 스포츠를 즐겼다. 언제 죽을지 모르기 때문에 평상시 함께 어울려 다니고 신나게 놀면서 심리 상태를 관리했다고 한다. 오히려 죽음을 각오했기에 삶의 소중함을 느낀 건지 평범한 생활을 할 때에도 양복을 갖춰 입고 머리를 손질하는 등 늘 꾸미고 다녔다고도 한다. 심지어 몇 명은 결벽증에 가까울 정도로 멋에 신경을 썼고 그래서인지 여자들에게 인기가 많았다고도 한다."

그렇다면 김원봉은 어떤 사람이었을까? 님 웨일스는 이렇게 기록하고 있다.

> "다른 사람들은 서로 잘 어울려 다녔지만 약산 김원봉은 언제나 조용했고 스포츠를 즐기지도 않았다. 그는 거의 말이 없고 웃는 법이 없었으며 도서관에서 독서를 하면서 시간을 보냈다. 그는 톨스토이의 글도 모조리 읽었다. (중략) 그는 여자들을 좋아하지 않았지만 아가씨들은 그를 멀리서 동경했다. 그가 빼어난 미남이고 로맨틱한 용모를 가졌기 때문이다."

10 봉오동 전투

'독립운동'과 관련하여 우리가 1차적으로 떠올리게 되는 이미지는 독립군 부대에 입대하여 총칼을 들고 일본군과 직접 전투를 벌이는 무장투쟁일 것이다. 조선총독부의 직접 지배를 받지 않은 국외에서, 그중에서도 한인 비율이 높았던 만주에서 지난 1910년대에 양성했던 독립군이 1920년대부터 독립전쟁에 나서기 시작했다. 만주의 권역별로 서간도, 북간도, 연해주 등지에서 각각의 독립군들이 산발적으로 활약했다.

여천 홍범도

일제강점기 이전부터 서간도, 북간도, 연해주 중 북간도는 한인들이 모여 살아 한인촌을 이루고 있었다. 북간도의 여러 곳에서는 반외세적 분위기가 한층 고조되어 있었고, 학교나 교회 등 민족적 인프라가 기본적으로 구축되어 있었다. 일제는 다른 지역보다 훨씬 엄격하게 이곳을 감시 통제했기에 서간도의 신흥무관학교처럼 큰 규모의 학교나 독립군 기지가 북간도에 건설되지 못했다. 그나마 깊은 산골에 있던 왕청현 봉오동은 일제의 감시가 덜했다. 임시정부의 국무총리였던 이동휘는 북간도 지역의 독립군 부대에 지원을 아끼지 않았다. 연해주의 임시정부 대한국민의회에서 일부 군대를 지휘하던 홍범도가 이동휘의 제안에 따라 북간도로 이동했다. 홍범도는 평양에서 아주 가난한 머슴집 아들로 태어났고 어릴 때 양친을 모두 여의었다. 10대 시절 홍범도는 군에 자원입대하지만 처우가 좋지 않아 절에 들어갔다. 홍범도는 포수로 생계를 이어 갔는데, 특출한 사냥 솜씨로 매우 유명했다. 이후 홍범도는 의병부대에 입대하면서 을미의병, 정미의병에 참가했다. 최고 저격수로서의 그의 활약은 누구나 감탄할 만했다.

홍범도는 간도에서 터전을 잡고 있던 기독교 독립단체 대한국민의회의 지원을 받으며 산하 부대인 대한독립군의 사령관이 되었다. 당시 북간도에는 크고 작은 독립군 조직들이 혼재되어 있었다. 조직을 통합할 필요가 있었다. 이에 홍범도는 오래전부터 북간도에서 최운산 3형제가 조직하고 운용했던 군무도독부와의 통합에 나섰다. 홍범도의 대한독립군과 최운산 3형제의 군무도독부는 군무도독부의 기지로 통합한다는 조건 하에 1920년 5월 대한북로독군부로 합치고 왕청현 봉오동에 기지를 둔다. 일제의 탄압과 감시망이 상대적으로 약한 곳이기에 봉오동은 군대 양성과 훈련을 위한 최적지였다.

봉오동 전투

1920년 6월 4일 북간도의 다른 독립군 신민단이 두만강을 넘어와 함경북도 온성군에 주둔하고 있던 일본군 소대 하나를 공격했다. 온성군에 주둔하던 일본의 남양수비대가 신민단을 추격했고, 신민단은 추격을 피해 두만강을 넘어 대한북로독군부로 합류했다. 대한북로독군부는 신민단과 함께 남양수비대를 궤멸시켰다. 이 전투가 봉오동 전투의 전초전이 되는 삼둔자 전투다.

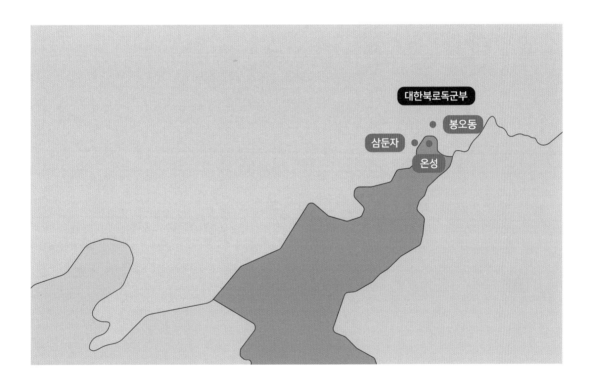

화가 난 일제 당국은 훨씬 더 큰 규모의 월강추격대를 편성해 6월 7일 대한북로독군부의 기지가 있는 봉오동을 기습 공격했다. 월강추격대의 사령관은 야스카와 소좌였다. 봉오동은 골짜기 지형으로 매복에 최적화된 곳이었다. 홍범도는 봉오동의 입구 쪽에 유격부대를 두어 일본군을 골짜기 깊숙이 유인했다. 일본군의 후미까지 봉오동 골짜기로 들어오자, 매복해 있던 대한북로독군부의 군대가 일제히 공격했다. 독립군은 도망가는 일본군을 추격하여 큰 피해를 주었다. 다만, 독립군의 승전 전과가 구체적으로 어느 정도인지는 정보가 상이하다. 각 주장마다 허점이 있지만 중요한 건 봉오동 전투가 일본군을 전쟁으로 무찌른 최초의 전투이자 독립전쟁의 서막이라는 의의다.

11 청산리 대첩

훈춘 사건

일제는 봉오동 전투 패전으로 만주 지역 경계를 강화했다. 기존까지 일제는 중국의 군경들에게 만주의 조선인 독립운동을 탄압해 달라고 협박하거나 회유하는 수준이었으나 봉오동 전투 이후 조선총독부는 일본군을 직접적으로 만주에 배치하기로 했다. 만주는 조선총독부의 관할이 아니었기에 병력 파견을 위한 명분이 필요했다. 조선총독부는 중국의 마적단을 매수하여 훈춘에 있던 일본영사관을 두 차례에 걸쳐 습격하게 했다. 일본인을 살해하는 자작극을 펼친 뒤 일본인을 보호한다는 명목으로 일본군 대병력을 도강시켰다. 이것이 훈춘 사건이다. 동시에 일제는 중국 군경을 압박했다. 중국 군경은 독립군 부대에 근거지를 옮겨 주면 굳이 추격하지는 않겠다는 제안을 했다. 결국 대한북로독군부 연합은 해체됐다. 봉오동 전투에 참가했던 독립군 부대들은 전부 왕청현과 훈춘 일대를 떠나 연길현이나 화룡현으로 거처를 옮겼다. 이즈음 북로군정서는 각종 신식 무기를 값싸게 구입하면서 무기적 증강을 이루어냈다. 심리평에서 군사훈련을 하다 이동 준비를 하던 와중에 러시아 내전에 투입되었던 체코슬로바키아 부대로부터 확보한 무기였다.

◆ **북로군정서**
민족 토착 종교인 대종교에서 서일을 단장으로 하여 조직한 중광단의 산하 부대.

독립군 부대들의 이동

봉오동 전투는 서간도에도 영향을 주었다. 일제는 서간도-북간도를 구분하지 않고 강도 높은 탄압과 양민 학살을 자행했다. 서간도에서 명성을 떨치던 신흥무관학교마저 1920년 7월 불가피하게 폐교했다. 신흥무관학교 졸업생이 주축이 되어 만들었던 서로군정서의 병력 일부도 화룡현의 북로군정서로 합류했다. 독립군 부대들이 연길현과 화룡현으로 모인 것은 지형 특성 때문이다. 숲이 우거진 지형은 매복과 유격전 즉 게릴라 전술에 유용했다.

화룡현 일대는 대종교의 입김이 강했던 곳이다. 홍범도의 대한독립군을 비롯해 왕청현과 훈춘에서 넘어온 독립군 부대들은 대종교의 산하단체 북로군정서와 연합 작전을 준비해야만 했다. 1920년 하반기에 만주 일대에서 활동하던 거의 모든 독립군 부대들이 북간도 연길현과 화룡현으로 모여들었다. 이후 전개될 전쟁은 사실상 당시 모든 독립군 부대들이 연합하여 일제 정규군과 벌이는 전쟁이 될 예정이었다. 일제 첩자들의 정보 기록에 의하면 당시 모였던 독립군 규모는 약 2,500명 정도였다.

한편 조선총독부는 5개의 사단 병력을 간도로 연이어 파견했다. 그 규모는 약 25,000명이었고, 작전명은 '간도지방 불령선인 토벌계획'이었다. 이 중 1만 여명의 병력이 옛 봉오동 일대였던 왕청현과 훈춘을 급습했지만, 이미 독립군 부대는 화룡현으로 이동한 상태였다. 독립군 부대를 찾지 못하자 홧김에 일제 군인들은 민가를 불태우고 민간인을 학살했다. 화룡현으로 이동하지 않고 아직 왕청현 일대에 남아 있던 일부 독립군 부대들(독군부, 신민단, 훈춘한민회 등)이 연합해 민가를 공격하던 일제에 맞섰다. 이들이 일제의 발을 어느 정도 묶어 둔 덕분에 화룡현 일대에 포진된 일제의 병력을 조금이나마 줄일 수가 있었다.

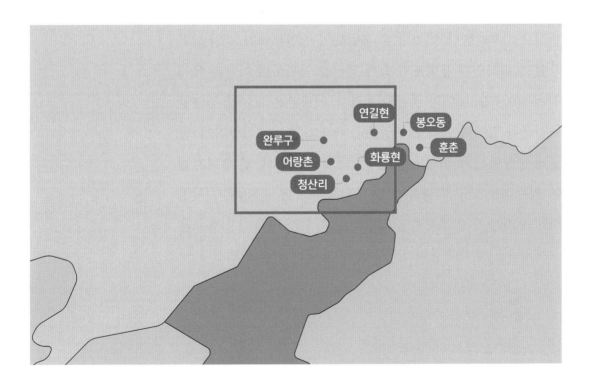

첩보들을 통해 화룡현 일대 독립군 부대의 동태를 파악한 일제는 곧바로 병력을 파병해 토벌 작전을 감행했다. 10월 21일

김좌진 장군과 이범석 장군이 이끄는 북로군정서 250명이 백운평에서 일본군 추격대 90여 명을 급습하며 청산리 대첩의 서막을 올렸다. 거의 동시에 홍범도가 이끄는 독립군 연합부대는 완루구에서 일본군 대대 본진을 공격해 4시간을 싸웠다. 당시 짙은 안개 때문에 피아 식별이 힘든 상황이었다. 홍범도의 부대가 좌우로 일본군에게 포위되어 있었는데, 안개와 지형을 이용해 몰래 군대를 빼자 좌우에 포진해 있던 일본군은 서로를 향해 총격을 퍼부었다.

다음 날인 22일 북로군정서는 현지 한인들로부터 천수평에 일제의 기병대가 있다는 정보를 입수하고는 그들을 기습했다. 점차 일본군이 밀리는 상황에서 일본 측 예비대가 조금씩 투입되기 시작했고, 김좌진은 북로군정서를 이끌고 반격하며 점진적으로 후퇴했다. 이 퇴로를 홍범도의 연합부대가 지원을 와주었고, 김좌진과 홍범도가 함께 전선을 지휘하며 어랑촌 야계곡에서 이이노 대대와 결전을 치렀다. 어랑촌은 고지를 점령한 독립군과 밑에서 올라오는 일본군 대대와의 싸움이었다. 독립군의 군량미가 부족하다는 말이 전해지자, 현지 한인 부녀자들이 광주리를 이고 식량을 직접 조달했다. 어랑촌 전투가 치열하게 오가는 도중 기관총을 담당하던 사수가 전사하자 북로군정서의 최인걸 중대장이 직접 기관총의 총대를 잡고 외쳤다.

"총구는 조국의 눈이고,
  총알은 조국의 선물이다."

최인걸은 기관총과 몸을 묶고는 온몸에 난사당하여 죽기 직전까지 총을 손에서 떼지 않은 채 기관총을 쏘다가 장렬하게 전사했다. 어랑촌 전투 승리 후 독립군 부대는 23일부터 24일까지 맹가골, 천보산, 만기구, 쉬구 전투에서 모두 전과를 올렸다. 10월 25일 밤부터 26일 새벽까지 홍범도의 연합부대는 22일 승부를 내지 못한 이이노 대대와 고동하에서 마지막 야간 전투를 벌였다. 고동하 야간 전투는 일본군이 선제공격한 전투였으나 경계를 늦추지 않았던 독립군 부대는 효율적으로 적의 공격을 막아내는 데 성공했다.

1920년 10월 21일부터 26일까지 청산리 계곡 일대에서 연쇄적으로 일어난 난전을 통틀어 청산리 대첩이라고 한다. 청산리 대첩의 피해 규모와 성과 역시 정확히 알지 못한다. 국적을 불문하고 자료마다, 학자들마다, 참전했던 용사들마다 다 제각각이다. 하지만 청산리 대첩의 쾌거는 얼마나 많이 죽였는가에 있지 않다. 열악한 무기를 지니고 있었지만, 압도적인 화력을 갖춘 일본 군인의 포위를 뚫어 냈다는 점이 중요하다. 그 배경에는 독립군 부대가 보여 준 적극적인 유격 전술과 대대적인 매복 작전의 활용, 그리고 비전투 조선 민간인들의 목숨 건 지지가 있었다. 봉오동 전투에서의 패배를 설욕하기 위해 준비하고 공격한 일제의 기를 우리 독립군이 확실하게 꺾어 버렸다는 점만은 누구도 부정할 수 없다. 전쟁에서 보여 준 독립군 연합부대의 합동작전은 가히 눈부신 활약이었다.

12 자유시 참변

간도 참변

청산리 대첩 패전 후 조선인과 독립군 부대를 향한 일제의 보복심은 광기를 불러일으켰다. 일제는 봉오동 전투에서 패배한 뒤 훈춘 사건을 일으키고, 이를 빌미로 만주에 군대를 상주시켰다. 청산리 대첩 이후 일제는 훨씬 더 잔혹해졌다. 1920년 10월 9일부터 11월 5일까지 간도 지역에서 27일간 일어난 만주 주둔 일본군의 민간인 무차별 학살을 '간도참변', 혹은 '경신참변'이라 한다. 당시 약 3,400명 정도의 조선인이 희생당했다고 집계됐지만, 실제 사상자는 훨씬 많았을 것으로 보고 있다. 살해당하지 않더라도 강간, 약탈, 방화 등 비인륜적 행위가 도처에서 벌어졌다.

간도참변으로 독립군 부대들은 더 이상 간도에서 훈련이나 군대 양성을 이어 나갈 수 없다고 판단했다. 독립군 부대들은 전부 간도를 떠나 북쪽으로 이동하기로 했다. 청산리 대첩에 참전했던 부대들은 물론, 참전하지 않았던 부대들까지 전부 중국과 러시아 국경 지대로 거처를 옮겼다. 북로군정서·대한독립군·간도국민회·대한신민회·의군부·혈성단·광복단·도독부·야단·대한정의군정사 등 10개의 독립군 부대가 헤이룽장성의 밀산부에 이르렀을 때였다. 10개의 부대들이 모여 통합 부대를 만들기로 합의하고, 1920년 12월 대한독립군단을 조직했다. 총재는 중광단 단장 출신이었던 서일, 부총재는 김좌진, 홍범도, 조성환이 맡았다. 여단장에는 신흥무관학교 출신으로 서로군정서를 이끈 경험이 있는 지청천이 임명되었다. 그 규모는 약 3,500명 정도였다.

러시아 이동

대한독립군단은 러시아 내부 더 깊숙이 이동하기로 결정했다. 당시 백군과 적군의 내전에 시달리고 있던 러시아의 코민테른 정부가 대한독립군단이 러시아로 들어와 코민테른 군대를 돕는다면 물질적 지원과 무기를 제공하겠다고 제안했기 때문이었다. 그리고 그 이면에는 또 다른 이유가 숨어 있었다. 바로 독립군 중 한 세력인 고려공산당의 내분이었다. 고려공산당은 상해파와 이르쿠츠크파로 나뉘어 있었고, 이르쿠츠크파는 러시아 코민테른 정부를 활용해 상해파를 약화시키고자 했다. 공산당 계열이 아닌 서일, 김좌진 등의 민족주의 계열 군 장교들은 당장의 물질적 지원이 시급했기에 러시아로 함께 북진했다. 대한독립군단이 러시아의 약속만을 믿고 지금의 달네레첸스크

에 도착했을 때, 무장한 사회주의 조선인 단체들도 속속 이곳
에 모여들었다.

📄 백군과 적군의 내전

1917년 러시아 혁명으로 러시아 제국이 붕괴되고 러시아 공화국이 수립되었다. 하지
만 러시아 공화국도 사회 개혁에 실패하자 그해 10월 레닌이 이끄는 사회주의 강경
파 볼셰비키당이 다시 혁명을 일으켜 소비에트 사회주의 공화국을 수립했다.(10월
혁명) 소비에트 사회주의 공화국을 인정할 수 없던 반사회주의 세력이 백군을 조직
하여 소비에트의 적군과 싸우며 내전이 일어났다. 적백내전은 1923년까지 이어졌다.

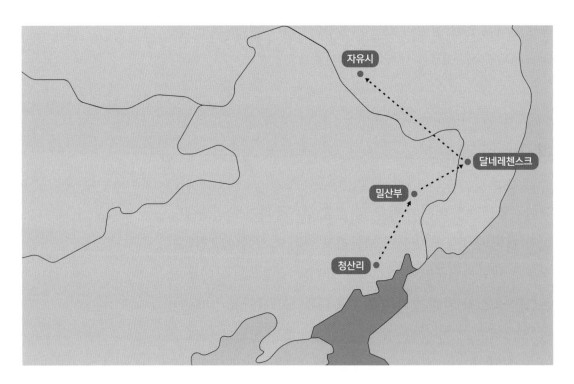

이르쿠츠크파 고려공산당과 러시아 측은 이 상황을 조선 사
회 내에 자신들의 영향력을 확대할 수 있는 기회라고 생각했
다. 러시아가 대한독립군단에게 보급과 지원을 확실히 약속할
테니 우선 무장을 해제하라고 요구하며 독립군 부대를 자유시
까지 유인했다. 일본군을 자극하지 않아야 한다는 명분이었지

만 대한독립군단 소속의 상해파 고려공산당의 세력을 약화시키려는 속셈이었다. 대한독립군단 내 비사회주의 장교들은 공산당끼리의 세력 다툼에 개입하지 않고 싶다며 무장 해제를 거부했다. 서일, 김좌진 등의 대한독립군단은 러시아에서 빠져나와 다시 만주로 남하했다. 다만 홍범도, 최진동, 박두희 등은 무장 해제를 거부하면서도 러시아의 원조까지 받아낼 수 있다며 러시아에 남기로 하였다. 러시아 측과 이르쿠츠크파 고려공산당의 당원들은 거듭 무장 해제를 요구했다. 결국 강제로 무장을 해제시키려는 쪽과 무장 해제를 거부하는 쪽 양측이 자유시♦에서 무력 충돌하면서 내전이 일어났다. 1921년 6월 벌어진 한인들끼리의 내전을 '자유시 참변', 혹은 '흑하사변'이라고 한다. 자유시 참변으로 안타깝게도 청산리에서 맹활약을 보여 주었던 정예병들 다수가 사망했다.

홍범도, 지청천, 오하묵 등은 다행히 자유시 내전에서 벗어나 있었다. 이들은 이미 자유시 내전 이전에 자유시를 빠져나와 러시아의 다른 지역에서 군대를 따로 조직했고 러시아의 원조를 얻어내기 위해 분투했다. 일찍이 러시아를 나와 다시 간도로 향했던 비사회주의 대한독립군단 세력들은 밀산부를 지나쳤을 때 자유시 참변 소식을 들었다. 한때 생사고락을 함께한 부하들이 무의미하게 죽었다는 소식에 큰 충격을 받은 대한독립군단 서일 총재는 자결했다. 김좌진은 잔여 세력을 이끌고 무사히 간도로 돌아왔다. 자유시 참변의 소식이 전해지면서 독립운동가 세력 내부의 간극이 커졌다. 사회주의와 민족주의 세력으로 극명하게 갈리고 김좌진, 김구 등은 사회주의 독립운동가와의 연합을 꺼리게 되었다. 어느 독립군이든 새로운 출발과 쇄신이 필요했다.

♦ 자유시
오늘날 러시아 아무르주의 스보보드니.

13 3부 통합 운동

3부 독립군 기지 | ① 신민부

서일의 자결 후 대한독립군단을 이끌게 된 김좌진은 잔여 세력들과 함께 만주로 다시 내려왔다. 이들은 주로 목단강 혹은 영안 일대 등 북만주에서 세력을 회복하고 있었고, 현지 독립군 단체 혹은 무장단체들과 이합집산을 반복했다. 1925년 김좌진의 주도하에 대한독립군단 출신의 민족주의자들 약 200여 명이 모여 북만주 일대에 신민부를 결성했다.

위원장으로 북만주 일대에서 세력을 넓히고 있던 김혁이 선출되었다. 김좌진은 군사부 위원장 겸 총사령이 되었다. 김좌진은 성동사관학교를 세우고 신민부의 군제를 5개의 대대와 1개의 별동대로 편제했다. 신민부는 적극적인 무장투쟁을 표방했고 김좌진은 국내 진공 작전을 준비했다. 국내 진공 작전은 비

대한민국 국민이 꼭 알아야 할 일제강점기 역사

록 실행되지 못했지만 신민부는 친일파를 피살하고 친일단체 여럿을 습격하는 성과를 냈다.

　1926년 12월 신민부 소속의 황일초 대장이 하얼빈에서 군자금을 마련하다 일본 경찰에 발각되었다. 1927년 위원장 김혁과 여러 간부들도 체포되었다. 세력이 약해진 신민부는 이후 활동 방향을 두고 의견이 갈라졌다. 전쟁을 감행하자는 군정파와 기반을 먼저 다지자는 민정파로 나뉘면서 신민부는 크게 흔들리게 되었다.

3부 독립군 기지 ｜ ② 참의부

1925년 신민부 결성 이전, 1923년부터 서간도 지방에는 임시정부 군무부 소속의 직할부대 참의부가 주둔하고 있었다. 신흥무관학교 폐교 후 서간도 지역에서는 여러 독립군 무장단체들이 활약을 했지만 단체가 통합되지 못하고 분열이 반복되었다. 서간도에서 독립군의 위세가 점차 약화되자 임시정부가 직접 나선 것이었다.

　1923년 8월 임시정부가 환인현, 집안현 등지를 중심으로 참의부를 결성했다. 참의부는 5개의 중대로 편성된 군부대였고 규모는 약 500명 정도였다. 참의부도 신민부처럼 친일파 처단, 군자금 모집, 특수공작 활동을 진행했다. 한반도 북부 국경 지대를 시찰하던 사이토 마코토 총독을 암살할 뻔했던 적도 있었다. 1925년 참의부는 고마령 산곡에서 일본 군경과 싸우며 큰 피해를 당한다. 제2중대장을 포함해 40여 명이 전사하면서 참의부는 기세가 빠르게 쇠퇴하였다.

◆ 참의부
대한민국 임시정부에서 운영한 군무부 직속의 직할부대였다.

한편 서간도에 근거지를 두고 있던 독립군 단체들 중 임시정부의 직할부대에 소속되기를 거부했던 단체들은 참의부를 나와 남만주 일대, 즉 길림과 화전 등지에서 1924년 정의부를 결성했다. 정의부도 5개의 중대와 헌병대를 두었지만 이주 한인들을 상대로 한 교육 사업과 산업 양성에 더 방점을 두었다. 예컨대 정의부는 흥업실업사를 설립하였고 화흥중학교·동명중학교 등을 세웠다. 이 정의부에 뒤늦게 합류한 거물이 서로군정서 출신의 지청천이었다. 지청천은 청산리 대첩에도 참전하였고 다른 독립군들과 함께 러시아로 갔다가 자유시 참변 직전 홍범도와 함께 자유시에서 빠져나왔다. 지청천은 러시아 내지에서 활동했지만 러시아 코민테른 정부와 갈등을 빚다가 러시아를 탈출해 정의부에 들어오게 되었다. 지청천은 정의부 의용군의 사령관이 되었고 여러 차례 일제 경찰서를 공격했다.

3부 통합 운동

이렇게 1920년대 중반 서간도, 남만주, 북만주 일대에 독립군의 부흥을 꾀했던 참의부-정의부-신민부를 '3부'라고 통칭한다. 그러나 3부도 일제의 지속적인 탄압과 노선 차이로 전격적인 활동을 기대하기 어려운 상황이었다. 1925년 총독부의 미쓰야 미야마쓰 경무국장이 중국의 만주군벌 장쭤린과 협약을 체결하면서 3부의 활동이 더욱 위축된다. 만주 일대에 퍼져 있는 항일 한인 독립군을 체포해서 일본 현지 군경에게 넘기면 그에 걸맞은 상금을 주기로 한 것이다. 상금의 액수가 결코 적지 않았기 때문에 중국인들조차 항일 독립전쟁을 방해했다. 미쓰야 협정으로 독립군 부대가 더 곤란에 처하자, 국면을 타개하기 위해 3부의 지도자들은 민족유일당 운동을 전개했다. 사회주의니 민족주의니 이념에 따라 단체를 나누지 않고 힘을 합치자는 것이었다.

마침 국제적으로 중국에서도 사회주의와 민족주의의 연합이 이루어지고 있었고, 러시아의 코민테른도 필요에 따라 사회주의와 민족주의의 연합을 찬성했다. 만주의 참의부-정의부-신민부 3부도 이념을 가리지 말고 합치되 다만 전쟁에 주력할 것인지, 내정을 다지는 활동에 주력할 것이지 합의를 보지 못하면서 두 개의 단체로 재편했다. 먼저 북만주에는 신민부의 김좌진, 참의부의 김승학, 정의부의 지청천 등이 모여 1928년 11월 혁신의회를 결성했고, 남만주에는 1929년 4월 국민부가 결성되었다.

혁신의회는 군정, 즉 군사 활동을 위한 조직이었고 국민부는 민정 사업에 더 중점을 두는 조직이었다. 북만주의 혁신의회는

1929년 한족총연합회로 개편하였으나, 1930년 1월 24일 김좌진 장군이 암살되면서 위기를 맞았다. 범인은 공산주의에 경도된 아나키스트 조선인이었다. 자유시 참변으로 김좌진이 공산주의자들과 아나키스트들에게 좋지 않은 감정을 품고 있던 것이 범행 동기라 했다. 한족총연합회로 개편됐지만 김좌진이라는 구심점을 잃은 후 혁신의회는 유명무실했다. 지청천이 잔여 세력들을 끌어모아 한국독립당을 만들고 산하에 한국독립군을 두었다.

1929년 12월에는 남만주의 국민부도 조선혁명당으로 조직을 확대 개편하고, 조선혁명군이라는 산하 부대를 두었다. 만주의 독립군 부대는 북만주의 한국독립당과 남만주의 조선혁명당이 결성되면서 1930년대를 맞이하게 되었다.

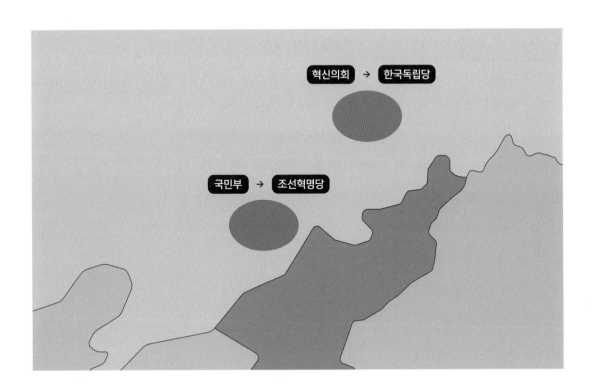

독립운동가들의
─────── 어록

영리한 토끼는
굴을 3개 파놓는다.

김원봉

단두대에 홀로 서니
봄바람이 감싸는구나.
몸은 있으되 나라가 없으니
느끼고 깨닫는 바가 어찌 없으랴.

강우규

자유는 우리의 힘과 피로
쟁취하는 것이지 결코
남의 힘으로 얻는 것이 아니다.

김원봉

우리는 실패해도
앞으로 나아가야 한다.
그 실패를 딛고 더 높은 곳으로
나아가야 한다.

김원봉

온갖 수단과 모든 무기로 싸우자.
완전한 독립과 자유가
올 때까지 싸우자.
싸우는 날에 자유는 온다.

김원봉

내가 죽어서 청년들의 가슴에
조그마한 충격이라도 줄 수 있으면,
그것은 내가 소원하는 일이다.

강우규

내 뜻을 이루었으니
지금 죽어도 여한이 없다.

박재혁

정의를 보고 용감한 것이
우리 독립군의 정신이요,
싸움에 임하여 물러서지 않는 것은
우리 독립군의 기백이니 어찌 공로를
계산하고 이익을 도모하여
대의를 저버릴 것인가.

김좌진

나는 자결하여 뜻을 지킬지언정
적의 포로가 되지 않겠소.

김상옥

2천만 동포여,
쉬지 말라!

나석주

평생 뜻한 바 갈길 정하였으니
고향을 향하는 길
다시 묻지 않으리.

손병희

제2의 김익상, 제3의 김익상이
뒤를 이어 나타나서 (중략)
조선 독립을 이루기까지 그치지
아니할 것이니, 아무리 문화통치를 한
대야 그것을 찬성할 사람은 한 사람
없으며 나의 이번 일에 대해서는
조금도 뉘우침이 없다.

김익상

우리 3천리 강토와 2천만 동포가
자유를 빼앗겼으니, 강토의 사용과
민족의 자유를 회복하려는
의사로 나는 투탄한 것이다.

최수봉

현재가 과거와
싸우면 미래를 잃는다.

김좌진

보복은 또 다른 보복을 불러온다.

김좌진

칼 머리 바람에 센데
적막한 달은 밝구나. 칼끝에 서릿발
차가워 고국이 그립도다.
삼천리 무궁화 동산에 왜적이
웬 말이냐. 진정 내가 님의 조국을
찾고야 말 것이다.

김좌진

산산조각이 나고 몸이 갈기갈기
찢어지는 한이 있더라도
나의 혼과 정열은 한 방울의 피,
한 점의 살이라도 내 사랑하는
조국 땅에 뿌려 주고
던져 줄 것을 확신한다.

이범석

남의 말로 사람을 평가하지 말라.
오로지 자기 판단에 의존하라.

홍범도

국토를 회복하여 자손만대
행복을 주는 것이
우리 독립군의 목적이요,
민족을 위한 본의다.

홍범도

조국 광복을 위하여 생사를
함께 하기로 맹세한 동지들을
모두 잃었으니 무슨 면목으로
살아서 조국과 동포를 대하리오.
차라리 이 목숨 버려 사죄하는 것이
마땅하리라.

서일

잘못을 저지르지 않는 자는 없다.
잘못을 깨닫지 못하는 것만이 잘못이다.

홍범도

제
3
장

—

민족의식의
각성

—

14 민립 대학 설립 운동

15 도산 안창호 흥사단

16 민족 자본의 성장

17 물산 장려 운동

18 공산당 창당

19 소작쟁의와 노동쟁의

20 민족의 변절자, 자치론

21 신간회의 좌우 합작 운동

22 대중운동 1 – 학생운동

23 대중운동 2 – 여성운동

24 대중운동 3 – 어린이운동

25 대중운동 4 – 형평운동

26 식민 사관 vs 민족주의 사관 사회경제 사학 vs 실증 사학

27 모더니즘 문학과 카프 문학

28 관동대학살

14 민립 대학 설립 운동

실력 양성 운동

동서고금을 막론하고 누구나 교육의 중요성을 강조한다. 교육 제도를 잘 갖춘 나라일수록 국력이 강했기 때문이다. 같은 맥락으로 정복자가 피정복민을 효과적으로 통치하는 방법은 그들에게 교육 기회를 제한하고 박탈하는 것이다. 일본이 선진화된 교육 체계를 신속하게 정비했던 것에 비해, 강점 직전 조선 백성은 물론 지배층마저도 국제 정세와 신문물에 대해 무지했고 무관심했다. 식민지 조선의 지식인들은 일제의 지배를 받게 된 원인 중 하나가 낙후된 교육이라고 생각했다. 3.1운동 이후 독립운동가 중 일부는 투쟁으로 독립을 쟁취하는 것보다 조선인 한 명 한 명이 유능해지는 것이 우선되어야 한다고 주장하기도 했다. 이런 이념과 운동을 '실력 양성 운동'이라고 한다. 이 운동에는 두 가지 흐름이 있었는데, 그중 하나가 교육 운동이었다.

제2차 조선교육령

일제는 식민지 조선인을 무지하게 만들어 놓기 위해 조선인의 교육 기회를 제한했다. 1922년 이전에는 제1차 조선교육령에 따라 식민지 조선인들이 고등교육을 받을 수 없었다. 단지 조선인이란 이유로 대학 진학이 불가능했던 것이다. 그러나 문화 통치의 일환으로 1922년 조선총독부는 제2차 조선교육령을 발표했고, 식민지 조선인에게도 고등교육을 받을 기회가 열렸다. 문제는 갈 수 있는 '대학교'가 없다는 것이었다. 조선 말에서 대한제국 시기 동안 여러 학교가 만들어졌지만, '대학교'라는 개념은 생소했다. 고등 교육 기관이 전무했고, 일제강점기 이후라 해도 조선총독부가 만든 전문학교가 있을 뿐이었다. 대학 교육을 받기 위해서는 일본으로 유학을 가야 했다.

이상재의 민립 대학 설립 운동

독립운동가 이상재는 조선 민족의 힘으로 대학교를 설립하고자 했다. 이상재는 다른 독립운동가들과 함께 조선교육회를 결성하고, 1921년 조선총독부에 조선인 주도의 대학 설립 인가를 거듭 요청했다. 조선총독부는 정치성을 배제한다는 조건을 달아 이를 인가했다. 1922년 발표된 2차 조선교육령은 조선교육회의 끊임없는 요구가 어느 정도 영향을 끼친 결과였다. 1922년 11월 이상재는 조선교육회를 발전시켜 '민립 대학기성준비회'를 서둘러 조직했다. 준비회의 결성 과정에 동아일보사와 조선청년회연합회도 적극적으로 동참했다. 공직자, 언론사, 자산가, 민족계 대표 그리고 일부 사회주의계 인물 등 47인이 발기인으로 참여했다.

> "우리들의 운명을 어떻게 개척할까? 정치냐, 외교냐, 산업이냐? 물론 이러한 사업들이 모두 다 필요하도다. 그러나 그 기초가 되고 요건이 되며 가장 급무가 되고 가장 선결의 필요가 있으며 가장 힘 있고 가장 필요한 수단은 교육이 아니면 불가능하다."
> – 조선 민립 대학 발기 취지서

1922년 12월경부터 동아일보는 민립대학기성준비회와 민립 대학 설립 운동을 전국적으로 홍보하기 시작했다. 흥미로운 건 조선총독부에서도 조선인들의 민립 대학 설립 운동을 지지했다는 점이다. 일제가 민립 대학 설립 운동을 허용하고 2차 조선교육령으로 조선인에게 고등교육 기회를 보장한 데에는 그만한 이유가 있었다. 식민 이데올로기를 조선 청년들에게 주입하고 친일 계열의 엘리트를 양성하려 한 것이다. 발기인으로 조선총독부의 학무국장이 포함된 점에서 그들의 의도를 엿볼 수 있다.

1923년 3월 기성준비회는 기성회 창립총회를 개최했다. 초기 발기인은 44인이었고, 이후 기성회 회원들이 늘었다. 창립

총회에서 기성회는 활동의 목표와 구체적인 계획을 밝혔다. 총 3단계를 거쳐 총 8개 단과대학을 둔 대학교를 설립하기로 했다. 1단계에서 법과, 경제학과, 문과, 이과, 예과 설립, 2단계에서 공과대학 설립, 3단계에서 의과, 농과를 설립키로 한 것이다. 기성회는 중앙부와 지방부로 나누어 지역별로 준비 작업에 착수하기로 했다.

대학교 설립을 위해서는 거액의 자본이 필요했다. 대한매일신보 운영자 양기탁 사장이 이상재를 찾아가, 국채 보상 운동으로 모금한 거액이 있으니 이것으로 조선인 대학교를 설립하자고 제안했다.

한 걸음 더!

📖 국채 보상 운동

일제강점기 직전 국채 보상 운동이 일어났다. 조선의 나라 빚을 백성이 나서서 갚자는 운동이었다. 당시 대한매일신보사가 국채 보상 운동을 적극 홍보했었다. 수많은 조선 백성들이 낸 막대한 돈이 대한매일신보사로 들어왔다. 백성들의 바람과 달리 조선이 일제에 강제 병합되면서 국채 보상 운동은 막을 내렸지만, 모금한 돈이 대한매일신보에 남아 있었다.

국채 보상 운동으로 모인 모금액을 시작으로, 부족한 돈은 모금으로 채우기로 했다. 서울에서 시작한 모금 활동은 전국적으로 퍼져 나갔고 목표 금액은 1,000만 원이었다. 당시 한국인 인구가 천만 명이었기 때문에 '1천만 한민족 한 사람당 1원씩'이라는 구호가 붙여졌다. 이 운동이 민립 대학 설립 운동이다.

민립 대학 설립 운동의 모금 활동이 확산되자 조선총독부는 당황했다. 민립 대학 설립 운동이 조선 민중을 하나로 묶어 주기 시작했기 때문이다. 조선총독부는 모금 활동을 방해하고 기

성회의 지방 강연을 금지시키기도 했다. 조선총독부의 눈치를
보던 기성회 발기인 가운데 친일 인사들은 하나둘 기성회를 이
탈했다. 1923년 조선총독부는 민립 대학 설립 운동을 방해하
는 결정적인 수를 던졌다. 식민지 조선 내에 경성제국대학교를
설립하겠다고 발표한 것이다. 조선총독부는 새로 설립될 경성
제국대학교에 식민지 조선인도 입학할 수 있다고 밝혔다. 경성
제국대학교 설립 발표로 인해 이상재의 민립 대학 설립 운동은
위축될 수밖에 없었다.

한 걸음 더!

📖 **경성제국대학교**

경성제국대학교는 조선인들의 민립 대학 설립 운동을 방해하려는 의도와, 다닐 대
학이 없다며 조선 내 일본 청년들이 공부할 수 있는 대학교를 설립하자는 주장이 맞
물리면서 설립됐다. 1924년에 서울 동숭동(혜화역)에 개교한 경성제국대학교는 학
생 수 1/3 범위 내에서 조선인 학생을 입학시켰다. 해방 이후 경성제국대학교는 우
여곡절을 거치며 서울대학교 문리대학이 되었고, 1975년에는 각처에 흩어져 있던
서울대학교 단과대학을 모아 관악 캠퍼스로 이전했다. 서울 남부를 살린다는 명분
으로 진행된 군사정권의 결정이었다. 혜화역 인근 '대학로'는 이런 역사의 흔적이다.

민립 대학 설립 운동의 실패는 조선총독부의 방해가 컸지만,
독립운동가들의 의견 충돌에도 원인이 있었다. 사회주의 진영
은 민립 대학 설립 운동에 대해 엘리트 특권층만을 위한 일이
라며 강하게 비판했다. 그들은 우수한 학생을 만드는 대학교보
다는 가난한 어린아이들도 무상으로 공부할 수 있는 초등학교
가 중요하다고 역설했다. 이런 태도 때문에 기성회 내 사회주
의 계열 사람들이 전부 이탈하기도 했다.

또 다른 기성회 내부 문제도 있었다. 수평적인 관계를 지향

했던 중앙부와 지방부 사이에 의사소통이 원활하지 못했고, 지방부의 자금 관리가 다소 불투명하기도 했다. 곳곳에서 일어난 기근과 홍수도 모금 활동을 계속 이어 나가기 어렵게 했다. 모금액 일부는 재해 복구 비용으로 기부되기도 했다. 조직 운영 갈등과 자금 문제가 심각해지면서 기성회 운영은 더 힘들어졌다. 결국 민립 대학 설립 운동은 방향을 잃어 버렸다. 기성회의 발기인들은 모금액 사용을 고민했고, 전액을 지금의 고려대학교 전신인 보성전문대학 운영 비용으로 기증했다.

한 걸음 더!

📄 **월남 이상재**

월남 이상재는 젊은 시절 개화파의 한 사람이었다. 그는 누구보다 선진화된 교육의 중요성을 알고 민립 대학 설립에 앞장섰다. 민립 대학 설립 운동은 실패했지만, 그는 나이를 잊고 다방면으로 활약했다. 1923년 오늘날의 보이스카우트를 만들었고 1924년엔 조선일보의 사장을 역임했다. 노년의 몸으로 조선일보의 사장직을 받아들였을 때 이상재는 '죽어 가는 조선을 붓으로 그려 보자'며 젊은 기자들에게 민족 정신이 올바로 서도록 다잡아 주기도 했다.

15 도산 안창호의 흥사단

연설가, 도산 안창호

인지도에 비해 업적이 부각되지 않은 독립운동가분들이 있다. 도산 안창호의 이름을 처음 듣는 사람은 없겠지만, 정작 그가 어떤 활동을 했는지 아느냐는 물음에 명확히 답변하는 사람은 많지 않다. 도산 안창호는 교육자였다. 그는 교육을 통한 민족 개조가 필요하다고 주장했다. 인성과 실력을 두루 갖춘 청년들을 육성해 낸 이상적 사회가 일본의 압제를 몰아낼 수 있다고 믿었다.

평양에서 태어난 안창호는 16살 때 서울로 상경해 기독교 사상과 서구 문물을 배웠다. 그가 16살이었던 시절은 한반도의 주권을 두고 청일전쟁이 발발했을 시기였다. 조선의 주권을 놓고 자국은 아무런 영향력을 행사하지 못한 채 두 외국이 쟁탈

전을 벌이는 양상에 안창호는 국력에 대해 깊이 고민했다고 한다. 서울과 고향 평양을 오가며 공부하던 중 조선에선 독립협회가 만들어졌다. 안창호는 19살에 독립협회에 가입했다. 19살의 안창호는 독립협회의 평양 집회에 참석한 수많은 사람들 앞에서 새로운 시대의 필요성과 민중의 각성을 주장하는 연설을 했다.

독립협회 해산 후 안창호는 고향에서 점진학교라는 사립 초등학교를 운영했다. 그는 1902년 24살의 나이에 미국 샌프란시스코로 유학을 갔다. 미국인들에게 무시 받으며 사는 조선인들을 보고 안창호는 재미동포들의 생활 환경 개선에 나섰다. 일일이 재미동포들을 만나 친분을 쌓으며 서양식 매너와 문화를 가르쳤다. 서양인들이 괄시하지 못하도록 한민족의 이미지를 바꾸려 한 것이다. 급격하게 변한 재미 조선인들의 태도에 주변 미국인들이 크게 놀랐다고 한다. 안창호의 활동을 좋게 본 미국인 부자가 교포회관으로 사용할 수 있도록 건물 하나를 빌려주기도 했다. 안창호의 이름은 금세 샌프란시스코에 널리 퍼졌다. 안창호는 미국에 있던 고종황제의 아들 의친왕 이강과 함께 교포들을 위한 공립협회를 조직하였다.

1907년 귀국한 안창호는 29살의 나이에 항일 비밀 단체인 신민회에 가입했다. 연설 하나는 어디서든 화제를 불러 모을 정도로 웅변의 달인이었던 그는 신민회에서 교육 분야를 담당했다. 신민회의 주요 간부였던 그는 평양에 대성학교를, 평양·서울·대구에는 태극서관을 설립했다. 안창호가 대성학교와 태극서관 학생들에게 가장 강조한 덕목은 거짓 없는 진실의 가치와 타인을 사랑할 줄 아는 능력이었다.

◆ 평양 집회
평양의 '쾌재정'이라는 정자 앞에서 열린 집회. 19살 청년 안창호의 뛰어난 웅변술에 현장에 있던 어른들이 일제히 박수갈채를 보냈으며, 이때의 연설을 '쾌재정의 연설'이라고 불렀다.

"그대는 나라를 사랑하는가? 그러면 먼저 그대가 건전한 인격이 돼라. 백성의 질고(疾苦)를 어여삐 여기거든 그대가 먼저 의사가 돼라. 의사까지는 못 되더라도 그대의 병부터 고쳐서 건전한 사람이 돼라."

– 안창호의 대성학교 연설

흥사단 설립

일제가 한반도를 병합하자 좌절한 안창호는 1912년 다시 캘리포니아에 정착했다. 안창호는 캘리포니아 샌프란시스코에 본부를 둔 대한인국민회에 주도적으로 참여했다. 미주 한인 커뮤니티에서 이미 안창호의 이름은 널리 알려져 있었다. 그는 대한인국민회의 총회장으로 선출되었고, 대한인국민회는 캘리포니아 주지사로부터 정식 사단 법인 인가까지 받았다. 그는 캘리포니아에서 활동한 일련의 경험을 바탕으로 1913년 민족 교육의 중요성과 정신을 고취시키는 데 일조하고자 흥사단을 조직했다. 흥사단은 그가 만든 대표적인 민족 단체로 잘 알려져 있다.

안창호의 교육론

"나 하나를 건전한 인격으로 만드는 것이 우리 민족을 건전하게 하는 유일한 길이다."

"너도 사랑을 공부하고 나도 사랑을 공부하자. 남자도
여자도 우리 이천만 한족은 서로 사랑하는 민족이 되자."

이렇듯 안창호가 가장 중요시 여겼던 교육 이념은 인성 교육
이었다. 거짓되지 않고 남을 사랑하는 것이 인성 교육의 최대
목표라고 여겼다. 건전한 인성 교육이 이루어지도록 하기 위해
안창호는 3가지 교육론을 주장했다. 안창호가 꿈꾸었던 세상
은 '서로 사랑하는 마음으로 빙그레 웃는 사회'였다. 안창호가
가장 좋아한 영어 단어가 'smile'이었다고 한다. 안창호는 흥사
단에 모든 힘을 쏟아 부었다. 다소 이상적인 말로 들릴 수 있으
나, 사랑과 화합이 필요한 현대 사회에서 안창호의 어록에 담
긴 진정성은 재조명될 필요가 있다.

♦ 안창호의 3가지 교육론
덕육, 체육, 지육을 말한다. 덕육
과 체육을 지육 앞에 두어 올바른
사고와 건강한 신체가 우선되어
야 한다고 했다.

"나에게 한 옳음이 있으면 남에게도 한 옳음이 있는 것
을 인정해 남의 의견이 나와 다르다 해도 그를 미워하는
편협한 일을 아니하면 세상에는 화평이 있을 것이다. 나
도 잘못할 수 있는 동시에 남도 옳을 수 있거늘, 내 뜻과
같지 않다고 해서 이를 사문난적이라 하며 멸족까지 해
버리는 것이 사화요, 당쟁이었으니 이 악습이 지금까지
도 흐르고 있다."

이광수, 주요한, 윤치호, 조병옥 등이 흥사단 단원들이었다.
흥사단은 3.1운동과 이상재의 민립 대학 설립 운동 등에 간접
적으로 협조했다. 3.1운동 이후 국내로 귀국한 안창호는 한반
도와 중국의 상하이를 오가며 대한민국 임시정부 내무총장에
임명됐다. 이때만 해도 안창호는 임시정부의 대통령이었던 이

승만과 우호적인 관계였다. 같이 미주에서 활동한 독립운동가로 대한인국민회를 경영한 경험이 있기 때문이다.

이승만의 국제연맹 위임통치 청원 사건이 불거지자 안창호는 이승만과 거리를 두려고 했다. 이승만 입장에서는 안창호가 자신을 버렸다고 여겨, 둘 사이는 크게 벌어졌다. 둘은 격렬하게 충돌했고 안창호는 이승만 탄핵 주장에도 동조했다. 물론 임시정부 구성원 전체가 이승만을 적으로 돌린 시점이었기에 이승만의 입지가 매우 좁아 안창호와 정치적으로 대립할 수준은 아니었다. 이 무렵 임시정부는 진로를 두고 임시정부 개조파와 새롭게 창조하자는 창조파로 대립한다. 안창호는 개조파의 입장에 섰다. 국민대표회의에서 서로가 합의점을 찾지 못하자 안창호는 임시정부에서 더 이상 활동하지 않았다.

임시정부 활동에 관여하지 않으면서 안창호는 더더욱 민족 교육 사업에 전념했다. 1924년 46세가 된 그는 중국 난징에 한국인들을 위한 동명학원을 설립하고 이후로 중국과 미국을 오가며 이념 정립에 주력했다. 그의 교육 이념은 1925년 <동아일보>에 기재한 논고 「동포에게 드리는 글」에서 드러난다.

"편을 가르고 싸움만 한다고 원망하고 꾸짖는 사람들만 다 모아도 적어도 몇백만 명은 될 겁니다. 여러분들께 묻습니다. 오늘 대한 사회의 주인 되는 이가 얼마나 됩니까? 서로 신용이 없으면 방침이 서로 같더라도 합동할 수 없고, 서로 신용이 없으면 공통한 목적과 방법을 세우기부터 불가능할 것입니다. 사회에 정의가 있으면 화기(和氣)가 있고, 화기가 있으면 흥미가 있고, 흥미가 있으면 활동과 용기가 있는 겁니다. 모진 돌이나 둥근

돌이나 다 쓰이는 곳이 있는 법이니, 다른 사람의 성격이 나와 같지 않다고 해서 나무랄 것이 아닙니다. 우리는 각각 자기 허물만 스스로 고칠 뿐이고 결코 남의 일이나 남의 허물에 개의치 말아야 합니다. 우리가 하려고 하는 위대하고 신성한 사업의 성공을 허(虛)와 위(僞)의 기초 위에 세우려고 하지 말고, 진(眞)과 정(正)의 기초 위에 세우도록 합시다."

안창호는 50대에 필리핀을 방문하고 그곳에 민족 최대의 학교를 설립할 계획을 세웠다. 그러나 미처 꿈을 이루지 못하고 고문 후유증으로 1938년 서거했다. 만약 그가 끝까지 살아남아 필리핀에 민족 최대의 학교를 세우거나, 혹은 해방 후 한반도에 그의 이상이 실현된 학교가 무사히 만들어졌으면 한국의 현재는 어떻게 달라졌을까?

아쉬운 점이 많지만 안창호의 작은 빛은 미약하게나마 아직까지 반짝이고 있다. 그가 미국에서 만든 흥사단은 지금까지도 왕성하게 활동하고 있다. 원래 미국에 있던 이 조직은 안창호 타계 직전 해산되었으나, 해방 후 1948년 흥사단 창립 멤버들이 안창호의 뜻을 계승하여 국내에 부활시켰다. 본부는 지금의 혜화동 건물에 자리 잡았고, 중·고등학생들을 대상으로 여러 교육 활동을 진행 중이다. 1989년에는 도산 아카데미를 만들고 2000년 공식적으로 사단 법인에 지정되어 민주주의 교육, 통일 교육, 독립운동가 유공자 지원 확대 사업 등을 이어 나가고 있다. 시대의 변화에 따라 교육의 방식도 바꾸어 가며 교육에 대한 안창호의 열정은 서울 혜화동에서 꾸준히 한국의 청년들에게 전파되고 있다.

◆ 고문 후유증
안창호는 1934년 윤봉길 의사의 홍구공원 폭탄 투척 의거와 1937년 동우회 사건으로 연이어 체포되어 서대문 형무소 등에서 복역했다.

16 민족 자본의 성장

앞에서 실력 양성 운동의 2가지 흐름 중 하나인 교육 운동에 대해 살펴봤다. 다른 한 가지 흐름은 산업 육성이었다. 국가나 민족의 "실력"은 다양하게 규정할 수 있지만, 가장 기둥 같은 역할을 하는 분야는 무엇보다 산업일 것이다.

✦ 실력 양성 운동

기본적으로 민족의 역량을 키워 일제 통치를 끝내고 한민족 스스로 강한 나라를 세울 수 있도록 실력을 키우자는 운동.

조선총독부의 회사령

강점 초기 일제는 어떻게든 한민족의 산업 성장을 막으려 했다. 조선총독부는 1911년 1월 1일부로 20개 조문의 '회사령'을 통해 식민지 조선의 민족 자본을 근본적으로 억제했다. 그러나 국내외적으로 조선총독부의 방침을 변화시키는 요인들이 작용했다. 1918년 제1차 세계대전의 승전국 일본은 유례없는 경제 호황을 누렸다. 일본 본국 정부와 조선총독부는 더 이상 일본 기업인들과 자산가들의 사업 확장 열기를 통제할 수가 없었다. 게다가 토지 배분에 중점을 둔 일본인 이주 정책에 한계가 있었다. 동양척식주식회사는 최대한 조선인의 토지를 빼앗아 일본인들에게 분배할 예정이었으나, 예상보다 유휴 토지가 많지 않았다.

조선총독부는 식민지 조선 내 산업을 억제하던 기존의 방침을 바꾸어 일본 자본이 한반도를 잠식할 수 있도록 1920년 3월 31일 회사령을 폐지했다. 한반도 내 회사 설립 요건이 허가제에서 신고제로 바뀐 것이다. 총독부 허가가 없어도 신고만으로 회사를 설립할 수 있게 되었다. 조선총독부의 이런 방침은 조선인의 숨통을 트이게 해 준 문화통치의 일환으로 해석하기도 하지만 실상은 교묘하게 식민지 조선을 장악하려는 의도였다.

칙령이 신고제로 바뀌면서 조선의 여러 자산가들은 조선인 상권을 보호하기 위해 조합을 조직했다. 부유한 집안 출신의 독립운동가들은 회사를 차려 민족 기업을 표방했고, 상공인들 여럿이서 소규모 자본으로 회사를 설립하기도 했다. 전자의 대표적 사례가 경성방직주식회사이며, 후자의 대표적 사례가 메리야쓰와 고무를 생산하는 평양의 메리야쓰 공장이었다.

♦ 조합
결과적으로 민족 자본 성장을 위해 조합이 결성되기도 했지만, 조선총독부 비호 아래 친일파 조합이 부지기수였다.

김성수의 경성방직주식회사

서울 영등포에 본사를 두었던 경성방직주식회사는 일제 자본이 일절 투입되지 않은, 민족 자본으로 세운 최대 규모의 주식회사였다. 회사의 설립자는 인촌 김성수였다. 그는 전라도 고창에서 엄청난 재산을 가지고 있던 성리학 집안에서 태어났다. 김성수의 부모는 유학 교육에 열을 올렸지만, 유복한 환경에서 자란 김성수는 서구식 신식 학문과 신문물에 관심이 더 많았다. 그는 부모의 반대를 무릅쓰고 홀로 일본 와세다대학교에 입학했다. 김성수는 일본에서 신문물을 경험하고 당대 지식인들을 두루 만나며 식견을 넓혔다. 그는 조선이 일본에게 식민지배를 받는 이유가 조선의 취약한 교육과 산업에 있다고 생각했다.

귀국 후 김성수는 1915년 중앙학교를 인수하고 학생들을 가르치는 등 계몽운동에 앞장섰으며, 우리나라 민족 산업 육성을 위해서도 힘썼다. 김성수는 1917년 파산 직전의 경성직뉴를 인수하고 1918년부터 경성방직주식회사 설립에 박차를 가했다. 1918년 김성수는 경상북도 경주로 내려가 당시 경주 최고 부자 중 한 명이었던 최준을 방문했다. 김성수는 최준에게 본인의 취지를 설명하고 경제적 지원을 얻어냈다.

최준을 시작으로 김성수와 그의 동생 김연수는 전국을 돌며 '1인 1주식' 운동을 벌였다. 2만 주식을 모은 김성수는 1919년 10월 대한민국 최초의 주식회사인 경성방직주식회사를 설립했다. 경성방직주식회사 초기에는 조선총독부의 탄압과 취약한 기반 등으로 경영의 어려움을 겪었다. 이후 일본과 미국의 방직기계를 도입하면서 안정적으로 회사가 운영되었다. 1923년부터 경성방직주식회사는 다른 회사들을 합병하며 점점 확장해 갔고 국내 의류 시장 점유율을 높였다. 1939년에는 만주에도 공장을 설립하여 해외에 투자와 수출을 하는 기업으로 성장했다.

조선총독부는 경성방직주식회사의 성장을 방해하고 간섭했다. 김성수는 경성방직회사의 유지와 민족 자본 경영을 위해 조선총독부의 지시에 따르며 비위를 맞추어야만 했다. 민족자본의 성장을 위해 일제의 기분을 맞춰 줘야 하는 역설적인 상황에 처한 것이다. 김성수는 대표적인 친일파였던 박영효를 주식회사의 사장으로 앉힌 적도 있다. 만주에 설립한 지사에서는 노동자들을 혹독하게 다뤘다는 비난을 크게 받기도 했다. 심지어 1930년대 후반부에는 한국인들에게 일본군으로 자발 징병을 권유하는 글을 쓰기도 했다.

경성방직주식회사는 해방 이후에도 계속 운영되다 1970년 '(주)경방'으로 명칭을 바꾸었고 지금까지 이어지고 있다. 김성수의 동생 김연수는 현재의 삼양그룹을 만들기도 했다. 경성방직주식회사의 공장은 한국전쟁 때 모두 소실됐지만, 본사의 사무동은 원형 거의 그대로 남아 있다. 영등포 타임스퀘어 8번 게이트로 나오면 '경성방직회사 사무동'(현재는 레스토랑으로 사용)을 볼 수 있다.

17 물산 장려 운동

조선총독부의 관세 철폐

조선총독부가 1920년 회사령 철폐와 함께 한반도에 수입관세를 없앨 거라는 소문이 나돌았다. 수입관세 철폐는 한반도 내 자영업을 하는 사람들이나 기업을 운영하는 사람들에겐 직격탄을 때리는 행위였다. 1920년 초부터 생겨난 민족 자본의 회사들은 가뜩이나 일제의 막강한 자본 앞에 힘겨워하고 있었다. 국내 산업을 보호하기 위해 평양의 조만식이 나섰다. 그는 국산품을 애용하자는 물산 장려 운동의 필요성을 느꼈다. 그 모델은 그가 늘 유심히 지켜보고 있던 인도의 영국 상품 배척 운동, 이른바 '스와데시(Swadashi)'였다. 2년여 동안 별다른 활동을 이어 나가지 못하던 조만식은 1922년 6월 조선물산장려회를

◆ 스와데시(Swadashi)
20세기 초 인도에서 전개되었던 독립운동의 표어 가운데 하나. 국산품 애용, 국산품 장려가 제창되었다.

발기했다. 평양에서 처음 출발한 조선물산장려회는 민족 자본가들의 관심을 끌었고 전국 단위로 편성하자는 의견이 나왔다.

물산 장려 운동의 전개

1923년 1월 서울 경성에서 조선물산장려회가 다시 출범했다. 출범에 맞춰 작성된 취지서에는 다음과 같은 내용이 들어 있었다. "첫째, 우리 조선 사람의 물산을 장려하기 위해서 조선 사람은 조선 사람이 지은 것을 사 쓰고 둘째, 조선 사람은 단결하여 그 쓰는 물건을 스스로 제작하여 공급하기를 목적하노라."

조선청년연합회와 신문사 동아일보가 물산 장려 운동의 시작과 확산을 도왔다. 조선청년연합회는 "내 살림 내 것으로"라는 표어를 채택했다. 동아일보는 적극적인 홍보로 국내 산업과 경제를 보호하자는 물산 장려 운동의 취지를 전국적으로 퍼뜨렸다. 조선물산장려회는 신문사 홍보 외에도 기관지를 발행하고, 강연도 개최하며, 시가행진을 벌이기도 했다.

1923년 5월까지 지방에 설치된 물산장려회는 도합 157개였다. 여기에 국내 기업인들이었던 김성수, 송진우 등도 물산 장려 운동에 필요한 자금을 지급하는 등 적극적인 모습을 보였고, 실제 많은 사람들이 수입품에 대해 보이콧 운동을 전개하며 국산품만을 사기 시작했다.

물산 장려 운동은 거의 동일한 시기에 들불처럼 퍼져 있던 '금주 단연 운동-소비 절약 운동'과 같이 엮이면서 확산 효과를 높였다. 조선의 상권이 위태롭고 농촌 생활이 피폐해지는 사회적 분위기 속에서 술과 담배를 멀리하고 사치를 금하자는 풍조가 국산품 애용에 대한 관심과 잘 맞아떨어진 것이었다. 금주 단연과 소비 절약은 일본 공장에서 만든 술과 담배 및 기타 제품들을 불매하는 일과도 무관할 수 없는 상황이었으니 말이다.

한걸음 더!

📖 고당 조만식

조만식은 평양 출신으로 뼈대 있는 가문에서 태어나 한학과 동시에 서구의 신학문을 공부했다. 젊은 시절 아버지의 권유로 작은 포목점을 운영하면서 기업가의 기질을 터득했다. 일본 유학을 하며 놀기만을 좋아했던 그였지만, 나라가 어려워지자 민족의 운명에 대해 고민하기 시작했다. 교육의 중요성을 깨달은 조만식은 이후 안창호를 롤모델로 삼아 민족 교육에 힘썼다. 그는 국내 여러 학교의 교장을 역임했다. 평양의 오산학교와 숭의학교 교장으로 있으면서 우수한 인재들을 배출해 냈다. 김소월, 백석 등이 조만식이 오산학교 교장으로 있던 시절의 졸업생들이었다. 조만식은 평양에 있으면서 서울에서 시작한 이상재 등의 민립 대학 설립 운동에도 적극적으로 참여했다. 조만식은 아주 독실한 크리스천이었고, '조선의 간디'라고 불릴 만큼 간디의 민족 해방 운동에 흠뻑 빠져 있었다. 검소함을 강조하며 무명 바지저고리에 두루마기 정도만 입고 말총으로 만든 모자를 쓰고 다녔다고 한다.

물산 장려 운동의 부작용

그렇지만 물산 장려 운동은 예상치 못한 부작용을 낳았다. 국산품만 쓰다 보니 수요가 늘어 국산품의 가격이 지나치게 오르면서 한국인들의 구매력이 약해져 버렸다. 특히 포목 물품에 대한 물가 상승이 심각해서 일반 민중들의 생활이 더욱 힘들어졌다. 결국 물산 장려 운동은 사회주의자 세력의 강한 질타를 받았다. 사회주의 계열은 물산 장려 운동을 두고 유산자를 위한 이기적 운동일 뿐 무산자를 전혀 고려하지 않은 운동이라며 비난했다. 물산장려회 측 민족주의 계열은 이를 반박했다. 식민지라는 특수한 경제 상황에서 식민지 조선인 모두가 무산자나 다름없으며, 큰 기업 하나 없는 상황에서 계급 투쟁을 앞세우는 것은 무의미하다는 논지였다. 물산장려회를 주도한 독립운동가들은 물산 장려 운동 자체가 목적이 아니라 국산품 애용을 통해 공업적 생산력의 증대를 꾀하려 했기 때문이다.

1923년 하반기부터 물산 장려 운동의 열기는 시들해졌다. 점차 물산장려회는 민족 독립운동이라는 성격보다는 자산가와 기업인, 상공인들의 경제적 이권을 보호하는 이익 집단화 현상으로 변질됐다.

물산장려회 내에서도 의견 충돌이 잦았다. 독립운동의 일환으로 생각하던 사람들과 조선 산업의 육성 및 보호로 생각하던 사람들의 동상이몽 때문이었다. 후자 쪽의 사람들은 물산 장려 운동이 금주 단연 운동이나 소비 절약 운동과 결부되기를 꺼려했다. 그러니까 전자는 소비에, 후자는 생산에 초점을 맞췄던 것이다.

물산 장려 운동은 대중으로 시작해서 대중으로 끝나지 못한 한계가 있었다. 당시 한반도가 식민지라는 특수한 상황에 놓여 있긴 했지만, 조선이 근대적인 자생력을 가꾸어 나가기 위해서는 민족 자본의 육성과 국산품의 보호는 필수적이었다. 다만 식민지 내 민족 자본을 육성하는 과정에서 일부 기업인들이 조선총독부와 친일적 타협을 하기도 했다.

18 공산당 창당

김알렉산드라와 한인사회당

한국의 사회주의 역사에서 등장하는 첫 인물은 김알렉산드라
다. 다소 생소한 이 이름의 주인공이 한국 사회주의의 첫 포문
을 열었다. 그녀의 전체 이름은 김알렉산드라 페트로브나 스탄
케비치. 이국적 이름에서 알 수 있듯 김알렉산드라는 한국에서
태어나지 않았다. 그녀의 부친은 함경도 출신으로 러시아 최초
의 한인촌이었던 지신허로 이주했다. 이듬해 추풍 영안평(러시
아명 '시넬니코보')으로 거처를 옮겼다. 지신허와 영안평 모두
연해주 남단에 위치한 마을이었다. 김알렉산드라의 부모가 영
안평으로 이주하고 15년쯤 후에 김알렉산드라가 태어났다.

그녀의 어린 시절은 여러모로 안정적이지 못했다. 김알렉산

드라가 태어난 뒤, 그녀의 가족은 연해주(블라디보스토크)보다 북쪽인 하바롭스크로 이주했다. 그곳에서 그녀의 아버지는 철도 회사에 근무했다. 김알렉산드라가 10살이 되었을 무렵 아버지의 회사 문제로 그녀의 가족은 다시 만주로 이동했는데, 그해에 아버지 김두서가 사망했다. 이른 나이에 아버지를 여의자 아버지의 러시아인 친구 표트르 스탄케비치가 그녀를 입양했다. 그의 도움으로 김알렉산드라는 블라디보스토크에서 10대 학창 시절을 보냈고, 그의 아들과 결혼하여 2명의 아들을 두었다.

김알렉산드라는 소학교 교사로 생계를 유지하다, 우수한 외국어 실력 덕분에 통역관으로 발탁되었다. 우랄 지방으로 파견된 그녀는 열악한 환경 속에서 임금도 제대로 지급받지 못하는 한인 노동자들을 목격했다. 이 무렵 김알렉산드라는 한인으로서의 민족의식을 각성한 듯하다.

김알렉산드라가 문제 해결에 나섰다. 한인 노동자는 물론 같은 처지에 있던 중국인 노동자들의 소송을 도와 문제를 직접 해결했다. 그녀는 한국어-러시아어-중국어 3개 국어에 능통했다고 한다. 김알렉산드라는 소송 문제를 해결한 것에 멈추지 않고 우랄노동자동맹까지 만들었다. 그녀의 명성은 금세 러시아 볼셰비키당의 귀에 들어갔다. 볼셰비키당은 그녀를 스카웃했고, 러시아 원동(遠東) 지역 한인 사회를 대상으로 당의 선전 작업을 맡겼다. 이로써 김알렉산드라는 한국인 중 최초로 공산당에 가입한 인물이 되었다.

블라디보스토크로 돌아온 김알렉산드라는 본격적으로 그곳 한인 노동자들에게 관심을 가지며, 그들의 삶을 개선할 목적으로 1917년 6월 고려족중앙총회를 결성했다. 1917년 7월에는 하바롭스크로 이동해 한인들을 규합하고 러시아 10월 혁명에 가담했다. 레닌은 김알렉산드라를 무척 신임했다고 한다. 볼셰비키당의 블라디보스토크와 하바롭스크 총책임자는 김알렉산드라였다.

1918년 김알렉산드라는 일제의 만주 진출 야욕을 파악했고, 볼셰비키의 지원하에 러시아 한인들을 규합하여 '조선인정치망명자회의'를 만들었다. 그녀를 따랐던 수많은 연해주 한인들은 김알렉산드라의 지휘력에 감동했고 그녀를 따라 자연스레 사회주의자가 되었다.

김알렉산드라는 비록 조선 이름이 없고 조선 땅을 밟아 보지도 못했지만 조선인이라는 민족의식만은 또렷했다. 그녀는 사회주의자로서, 조선인으로서 볼셰비키의 혁명과 조선의 독립운동은 하나라고 생각했다. 1918년 5월 김알렉산드라는 조선인으로만 구성된 최초의 공산당인 '한인사회당'을 조직했다. 한인사회당의 당원들이 추후 한반도로 들어와 사회주의를 본격적으로 전파하게 되니, 조선의 사회주의는 김알렉산드라와 한인사회당으로부터 시작했다고 볼 수 있다.

1918년 김알렉산드라와 한인사회당은 블라디보스토크에 주둔한 일본군과 싸우기 위해 여러 외국인들까지 규합한 적위대를 편성했다. 당시 러시아는 백군과 적군이 내전 중이었기 때문에 볼셰비키당(적군)이 적극적으로 한인사회당의 적위대를 지원해 줄 수가 없었다. 블라디보스토크 내 백군은 일본 부대와 연합해 적위대를 궤멸시켰다. 이때 몇 명은 탈출했지만, 일부는 체포되었다. 김알렉산드라는 체포되어 1918년 9월 총살되었다. 사형 집행 전 김알렉산드라는 여덟 걸음만 걷게 해 달라고 했다. 집행인이 숫자 8의 의미를 묻자 그녀는 다음과 같은 마지막 말을 남기고 연해주의 차가운 땅에 피를 흘리며 쓰러졌다.

"비록 가 보진 못했지만 우리 아버지 고향이 조선인데 8도
라고 들었다. 내 한 발 한 발 조선에 살고 있는 인민들, 노
동자들의 미래에 대한 희망, 새로운 사회가 실현되기를 바
라는 마음을 담는다."

고려공산당, 이르쿠츠크파와 상해파

김알렉산드라 사후 블라디보스토크의 한인촌에서 공산당 활동
이 더 이상 전개되기 어렵게 되었다. 그러나 3.1운동 직후 강한
자신감을 얻은 사회주의 계열 독립운동가들이 연해주 곳곳에
서 각종 공산당을 창당했다. 이들은 하나로 통합되어 있다기보
다는 지역 단위를 기반으로 하는 독자적인 공산당 조직이었다.
점차 공산당을 하나로 통합시켜야 한다는 필요성이 커졌다.

1920년 1월 러시아와 몽골의 국경 지대인 이르쿠츠크에서
김철훈, 오하묵 등이 '이르쿠츠크 공산당 고려부'를 조직했다.
이들은 점차 러시아 내 공산당들을 통합해 가며 7월에는 '전로
고려공산당 중앙총회'가 되었다. 이듬해 1921년 5월에는 '고려
공산당'을 창당하여 조선인이 만든 공산당 중 한인사회당의 적
자를 표방했다. 김철훈은 김알렉산드라와 함께 한인사회당의
창당 멤버였고 오하묵 역시 한인사회당의 핵심 간부였기 때문
에 얼마든지 유일무이의 정통성을 주장할 수 있었다.

그러나 김철훈, 오하묵의 고려공산당을 부정한 사람이 있었
으니 이동휘였다. 이동휘 역시 한인사회당 간부 출신으로 김알
렉산드라 사후 계속 블라디보스토크에 남아 한인사회당을 유
지시켰다. 1919년 9월 상하이로 3개의 임시정부들이 통합될

때 이동휘는 한인사회당의 이름하에 임시정부에 합류했고, 한인사회당의 당수라는 직함으로 임시정부의 국무총리에 취임하기도 했었다. 그런데 이르쿠츠크에서 한때 동료였던 김철훈, 오하묵 등이 고려공산당을 창당 후 정통성을 표방하자 이동휘도 1921년 5월 같은 이름의 고려공산당을 만들었다. 김철훈과 이동휘는 서로의 고려공산당을 부정했다. 같은 이름의 두 조직, 사람들은 이를 구분하고자 김철훈의 고려공산당을 '이르쿠츠크파', 이동휘의 고려공산당을 '상해파'라고 불렀다. 러시아 코민테른의 극동비서부가 이르쿠츠크에 있다는 점이 이르쿠츠크파가 내세울 수 있는 명분이었다. 독립운동을 펼치기에는 이르쿠츠크가 지리적으로 너무 멀다며 이르쿠츠크파를 부정한 상해파도 나름의 명분이 있었다. 사회주의 혁명의 근거지는 이르쿠츠크, 독립운동의 근거지는 상해였기 때문이다.

두 당파의 내분이 얼마나 심했던지 러시아 코민테른에서도 상해파와 이르쿠츠크파의 통합을 재촉했다. 상해파 고려공산당은 만주-블라디보스토크의 사회주의 세력 단체들과 연합하며 블라디보스토크 지역에서 대한의용군이라는 군대를 조직했다. 이에 대응하여 이르쿠츠크파도 고려혁명군을 조직했다. 서로 싸우기 위한 군대가 아닌 일제와 싸우기 위한 군대였으나 이면에는 서로를 견제하려는 의도가 있는 조직이었다.

상황은 이르쿠츠크파에게 유리하게 돌아갔다. 러시아 코민테른은 세계의 모든 공산당이 코민테른의 일관된 지시하에 움직이길 바랐다. 코민테른은 한인의 사회주의 공산당들이 이르쿠츠크파 중심으로 뭉칠 것을 요구했고, 만주-블라디보스토크의 무장 혁명 단체들은 러시아 내부로 들어올 것을 지시했다.

이 무렵 청산리 대첩에서 패배한 일제가 간도참변을 일으켰다. 간도-만주-연해주 일대에서의 군사 행동에 제약이 걸린 독립군 단체들도 러시아 내부로 향해야 했다. 러시아의 코민테른과 이르쿠츠크 측에선 러시아 내부로 들어온 독립군 단체들을 고려혁명군 소속으로 통합시키려 했다. 이에 대한의용군 측은 강력하게 반발했다. 대한의용군은 끝까지 이르쿠츠크 고려혁명군과의 통합을 거부하며 만주로 돌아가려 했다.

대한의용군이 자유시에서 머무를 때, 고려혁명군이 러시아 측 수비대와 함께 자유시를 방문해 무장 해제를 최종 통보했다. 대한의용군이 거절하자 고려혁명군은 대한의용군을 공격하면서 내전이 발생했다. 이 사건이 바로 1921년 6월에 일어난 자유시 참변이다. 이때 대한의용군 병력 약 1,400여 명 중 40여 명이 즉사하고 450여 명은 실종됐다. 결국 360여 명은 고려혁명군에 가담했지만, 나머지는 강제 노동에 동원되거나 투옥되었다.

이르쿠츠크파와 상해파의 갈등에 넌더리가 난 러시아의 코민테른은 1922년 12월 고려공산당 자체를 해체해 버렸다. 한동안 한인 사회에서는 사회주의 단체 없이 러시아 극동총국의 관리를 받는 상태가 이어졌다.

조선공산당 창당

국내 사회주의 계열 독립운동가들은 사회주의 단체의 필요성을 절실히 느꼈다. 1925년 박헌영, 김단야, 임원근, 조봉암 등이 조선공산당을 창당했다. 조선공산당은 국내에서 조직됐다는 점에서 사회주의 계열 독립운동가들의 새 출발이었다. 사회주의 사상은 비단 조선뿐 아니라 전 세계로 확산되고 있었다. 한국 등의 피식민 국가에서는 사회주의 사상이 독립운동과 결부되었다.

일본은 본국은 물론 한반도에서 급속도로 퍼지는 사회주의 사상을 막기 위해 치안유지법(1925)을 발표했다. 이 법은 사회주의 사상을 가진 사람들을 무조건적으로 범죄자로 간주하는 법이었다.

조선공산당 내에도 수없이 많은 파벌들이 있었다. 파벌마다 단체 행동 노선, 이념 등이 모두 달라 조선공산당은 계속 내분에 시달렸다. 파벌에 의한 끊임없는 내분과 일제의 치안유지법으로 조선공산당은 무려 4차례나 해체와 결성을 반복했다.

2차 조선공산당 때는 제2의 3.1운동이 될 수 있었던 6.10 만세시위운동을 기획했다. 3차 조선공산당 때는 우익 세력들과 연합한 신간회를 조직하기도 했다. 4차 조선공산당 해산 이후 5차 공산당을 조직하지는 못했으나, 잔존 세력들이 원산 총파업을 지원했고 이 때문에 다시 화를 입었다.

조선공산당은 대한민국 임시정부의 존재와 당위성을 부정했다. 대한민국 임시정부 대부분이 우익 계열 인사였으며, 상당수가 사회주의 사상을 받아들이지 못해 일제와의 싸움에 한계가 있다고 판단했기 때문이다.

19 소작쟁의와 노동쟁의

공산당 단체가 가장 주력한 활동은 쟁의였다. '쟁의'란 일종의 파업으로, 농민들의 쟁의를 소작쟁의, 공장 노동자들의 쟁의를 노동쟁의라고 부른다. 일제강점기에는 지배층, 자산가, 지주 중에 일본인이나 친일파가 많았기 때문에 이들에게 투쟁하는 파업 자체가 일제에 저항하는 행위였다. 즉 생존권 투쟁과 독립 운동이 하나였다.

소작쟁의

일제강점기 전에도 한반도 농민의 삶은 비참하기 그지없었다. 1년 내내 부족함 없이 배 굶지 않는 사람은 극소수였다. 민족적 자존심만 아니라면 어차피 농촌의 빈곤은 마찬가지라, 일제 강점 이전이나 이후나 다를 게 없을 거라 생각했다. 그러나 현실은 그렇지 않았다. 농민들은 이 정도 강도 높은 경제적 수탈을 전혀 예상하지 못했다.

일제는 1910년대 토지 조사 사업과 1920년대 산미 증식 계획으로 조선의 농촌을 황폐화했다. 식민지 조선의 농민들은 농작물 수확량의 많고 적음이 문제가 아니라 생존을 위협받는 지경에 이르렀다. 농민들이 피부로 생생하게 느낀 문제는 친일 악덕지주들의 갑질이었다. 그들은 경찰과 손을 잡고 소작농들을 노예 취급하기 일쑤였다. 일제가 빚은 농업적 수탈에 맞서 소작쟁의는 필연적으로 일어날 수밖에 없었다.

전라남도 신안군에는 암태도라는 섬이 있다. 1924년 암태도에서 소작농들이 쟁의를 일으켰다. 암태도의 친일 지주 문재철은 수확물의 절반이라는 소작료 방침을 무시하고 그 이상을 받고 있었다. 암태도의 소작농들은 소작료 인하를 요구하고, 받아들이지 않을 경우 소작료를 납부하지 않겠다고 했다. 암태도의 서태석, 서창석 등 마을 청년들은 1923년 8월 '암태도소작인회'를 조직하고 문재철에게 소작료의 정상화를 요구했다. 암태도의 다른 지주들은 소작농들의 요구를 수용할 의사를 밝혔지만, 친일 지주 문재철은 깡패들을 고용해 소작농들을 집단 구타했다.

1924년 3월 암태도소작인회는 문재철 등의 악덕 친일 지주의 횡포를 규탄하고 4월에는 문재철이 고용한 깡패들과 집단 싸움까지 벌였다. 신고를 받은 일본 경찰들은 소작농들만을 체포했다. 체포된 50명 중 주동자 13인이 목포경찰서로 연행됐다. 1924년 6월 600여 명의 암태도 주민들이 목포경찰서로 가서 단식투쟁으로 항의하며 맞섰다.

이 사건이 신문에 보도되자 암태도 소작농들을 응원하는 함성이 전국 곳곳에서 들려왔다. 여론이 들끓자 목포경찰서와 문재철은 결국 소작농들의 요구를 모두 들어 주어야만 했다. 목포경찰서장의 중재로 문재철은 소작료를 40%만 받기로 했다. 암태도소작인회에 2,000원 가량의 돈을 기부하고, 밀린 소작료는 3년에 걸쳐 분할 납부하기로 결정됐다. 체포된 13인은 집행유예를 받고 모두 풀려났다.

암태도 소작쟁의는 1920년대 초에 일어난 농민 조직 운동으로, 친일 지주를 상대로 원하는 바를 얻어냈다. 이런 쾌거는 이전까지 찾기 어려웠다. 암태도 소작쟁의는 이후 벌어진 한반도 소작쟁의의 기폭제이자 모델이었다. 1920년 한 해에 일어난 소작쟁의 수가 15건인데 반해 암태도 소작쟁의 이듬해인 1925년 소작쟁의 수는 204건이었다. 이후로 계속 쟁의가 급증했다는 통계만 봐도 암태도 소작쟁의의 파급력을 실감할 수 있다.

한편 일제강점기 후반기로 갈수록 쟁의 빈도수가 증가한 것은, 본질적으로 농민들의 생활이 더 열악해졌다는 뜻이기도 하다.

1929년에는 평안북도에서 대규모 소작쟁의가 일어났다. 평안북도 용천군에는 불이흥업회사 서선농장이 있었다. 이 회사는 공장처럼 농장을 운영했다. 불이흥업회사는 3년간 소작료 면제와 개간비 지급을 미끼로 조선인 소작농을 모았지만 정작 그들에게 개간비를 지급하지 않았다. 게다가 3년 소작료 면제라는 약속도 무시한 채 과중한 소작료를 요구했다. 소작농들은 약속을 이행해 달라는 탄원서를 회사에 제출했지만, 회사는 이를 거부했다. 소작농들은 소작료를 내지 못하겠다며 쟁의에 들어갔다. 회사는 경찰을 동원해 소작농들을 폭행하고 체포했다. 분개한 소작농들이 경찰을 습격하기도 했다. 더 많은 경찰 병

대한민국 국민이 꼭 알아야 할 일제강점기 역사

력이 투입되어 소작농 150여 명을 검거하면서 쟁의는 좌절되었다.

소작인조합도 1922년 30여 개였던 것이 10년 정도가 흐르면서 1,300여 개로 무려 40배 이상이나 늘어났다. 1927년 조선노농총동맹은 조선노동총동맹과 조선농민총동맹으로 조직을 나누었다. 조선농민총동맹은 32개의 산하단체와 약 2만 4천여 명의 회원을 보유하고 있었다. 조선농민총동맹은 위원장 인동철을 중심으로 전국 농촌 현실에 적극 개입했다. 농촌 현실에 대한 도시인과 인텔리들의 관심도 점점 커졌다. 1933년 조선농민총동맹의 해산 이후 천도교 측에선 더 큰 규모의 조선농민사를 설립했다.

노동쟁의

일제강점기 이전에도 대한제국의 정부 주도로 몇 차례 개혁이 단행되면서 한반도의 주요 도시는 근대 도시로 변하고 있었다. 일제강점기가 되면서 조선의 도시화는 더 집중적으로 진행되었고 과열된 도시 공업화 과정에서 노동자들의 수는 점점 더 많아졌다. 1919년 전국 공장 노동자 수는 4만 2천여 명, 1928년 8만 8천여 명, 1936년에는 약 19만 명이었다고 한다. 도시 공업화는 일제가 파쇼화될수록 무서울 정도의 속도로 과열되었다. 다만 조선총독부와 친일 공장주, 일제 관리인들에게 힘없는 조선 노동자들의 복지나 작업 환경 따위는 논외 대상이었다. 물론 일본인 노동자도 있었으나 그 비율은 극히 일부였고 임금에서도 한국인 노동자의 임금이 일본인 노동자보다 약 절반 정도 낮았으며 노동 시간도 차이가 확연했다.

1919년 3.1운동을 기점으로 조선 사람들의 민중의식이 고조되면서, 각 직업, 성별, 계층군 별로 인권과 생존권을 보호할 단체를 조직했다. 노동자들은 1920년 전국적 규모의 조선노동공제회를 결성했다.

1922년 조선노동공제회는 조선노동연맹회로 발전했고 사회주의적 노선을 훨씬 더 노골적으로 표방했다. 조선노동연맹회는 점점 커져, 1924년 농민조합과 연합한 조선노농총동맹으로 발전했다. 1926년 조선노농총동맹은 '조선노동운동에 관한 신정책'을 발표했다. 조선의 노동자와 농민들의 생존권을 위한 경제권 투쟁을 점차 정치적 투쟁으로 전환시킬 필요가 있다는 내용이었다.

1927년 조선노농총동맹은 노동자와 농민의 길은 서로 다를 수밖에 없다는 의견을 이유로 조선노동총동맹과 조선농민총동맹으로 나뉘어진다. 조선농민총동맹에 인동철이 있었다면 조선노동총동맹에는 위원장 이낙영이 있었다. 이낙영은 1920년대 후반 노동쟁의를 진두지휘했다.

노동쟁의 중 가장 컸던 사건은 4차 조선공산당 해산 후 그 잔여 세력들이 주도했던 원산부두 총파업이었다. 원산은 구한말부터 한반도 북부에서 가장 컸던 항구도시로, 수많은 기업과 공장들이 몰려 있었다. 많은 기업과 물산들이 몰리는 곳이라 다른 도시에 비해 노동자들이 크게 밀집해 있었다.

1925년에 '원산노동연합회'라는 노조가 결성되었다. 원산노동연합회는 한 회사 안에 국한된 노조가 아니라 원산 전체 노조들의 연합체였다. 식민지 조선인 노동자들은 임금도 제대로 받지 못한 채 구타, 차별 등 비인간적인 대우를 받아 가며 열악

◆ 조선노동공제회

개인 자격으로 가입을 받았고, 노동자들을 지역 지부와 직업별 노동조합으로 조직하는 등 노동자들을 단결시키기 위해 애썼다. 인쇄노조, 전차노조, 토목노조, 양복공노조, 양화공노조, 운전수노조 등 다양한 형태의 조직이 만들어졌다. 신문배달부, 인력거꾼, 지게꾼, 물지게꾼, 정미공, 인쇄공, 연초공이 많이 참여했다.

대한민국 국민이 꼭 알아야 할 일제강점기 역사

하게 일하고 있었다.

1928년 9월 원산의 한 작은 제유공장에서 소규모 파업이 일어났는데, 공장장은 오히려 무력으로 진압하려 했다. 당시 식민지 조선인이라는 이유와 노동자라는 이유만으로 차별받던 원산의 노동자들은 가뜩이나 불만이 쌓이고 쌓여 파업 직전의 상태였다. 원산노동연합회는 원산에 있는 모든 공장에서 동시다발적인 파업을 계획했고, 1929년 1월 13일부로 대대적인 원산총파업에 들어갔다.

원산은 상당히 큰 항구도시였던 만큼 모든 공장에서 파업이 일어나자 도시 전체가 완전히 마비되었다. 일제가 계엄령을 선포해야 할 만큼 원산총파업은 유례없는 규모였다. 초창기 총독부는 원산총파업을 강경하게 진압했다. 체포와 강제 해고는 아주 일반적이고 평범한 조치였다.

그런데 신문을 통해 보도된 이후 사람들의 이목이 원산에 쏠리면서 판이 빠르게 뒤집혔다. 좌우 합작 독립운동 단체인 신간회와 사회주의 계열의 인사들이 파업에 필요한 요소들을 지원해 주는 등 적극적으로 원산총파업을 지지했다. 이 파업은 전 세계에 보도되었고 전 세계의 노동자들이 원산총파업을 응원했다.

일제는 군대와 경찰을 동원해 끈질기고 강력하게 원산총파업을 진압했다. 파업은 장기화될수록 파업하는 측이 불리하기 마련이다. 총독부는 일제에 협력하는 노동자들을 대우해 주면서 원산노동연합회를 이간질했다. 시간이 지나면서 원산총파업의 열기는 사그라들었고, 1929년 4월 원산노동연합회 노조는 원산총파업을 철회했다.

20 민족의 변절자, 자치론

식민지 조선인의 참정권 논의

1919년 3.1운동 이후 일본 본국과 조선총독부의 고위직 정치인들과 지식인들 사이에서 식민지 조선에 최소한의 자치를 허용하자는 의견이 제기되었다. 일본 본국에서는 '다이쇼 데모크라시'로 표현되는, 인권과 권익을 중시하는 정치적 흐름이 있었고, 경제도 최고의 호황을 누리고 있었다.

3.1운동을 거치며 힘으로 억누르는 것만으로는 원활한 식민 통치가 불가능하다는 것을 확인했던 조선총독부는 1920년 통치 방식의 변화, 즉 문화통치를 시작했다. 군사·외교 권한은 일본이 행사하더라도, 행정이나 치안 등 일상 업무는 조선인이 맡게 하겠다는 것이었다.

정책 변화 속에는 조선인을 교묘하게 조종하고 친일적인 민족 지식인 혹은 자산가를 포섭하려는 의도가 숨어 있었다. 조선총독부가 각 지방의 자치를 허용하겠다며 조직한 도평의회와 부·군·면협의회도 이러한 맥락 속에서 시행되었다.

총독부가 기초적인 지방행정을 조선인에게 맡기려는 모습을 보이자 대한제국 각료 출신의 친일파들이 나서서 자치운동을 부추겼다. 표면적으로는 일부 행정의 자율권을 식민지 조선인에게 부여해 주는 총독부의 관용으로 보였지만, 지방의회에 참여하는 행위 자체가 일제의 통치에 순응하겠다는 상징적 행보였다. 조선총독부와 친일파의 기만 행위였던 것이다.

일부 민족 지식인 사이에서 자치론을 역이용하자는 의견이 나왔다. 기만적 통치 방식이기는 하나 조선총독부의 무자비한 통치를 막을 수 있고, 조선 민중들을 보호할 울타리가 될 수도 있다는 생각에서였다. 인촌 김성수가 창립한 신문 동아일보와 천도교 측에서 해외 식민 국가들 중 식민지 민중의 자치권을 인정한 사례들을 연구하며 그 기사들을 집중적으로 소개하기도 했다.

자치운동의 분위기는 1923년 민족주의 계열의 위기와 함께 더 뚜렷해지기 시작했다. 1923년 말이 되면 민립 대학 설립 운동, 물산 장려 운동이 유야무야되고 상하이에선 대한민국 임시정부가 해산되기 일보 직전이었다. 동시에 사회주의 사상이 점점 한반도에 확산되자 자유주의 체제를 신봉하는 민족주의자들끼리 통합된 민족주의 단체가 필요하다며 움직이기 시작했다.

연정회

1923년 인촌 김성수, 동아일보 사장 고하 송진우, 천도교계의 최린, 기독교계의 이승훈, 평양의 조만식 등 17명이 모여 민족주의 정당 '연정회' 결성을 약속했다. 여기에 일본 유학생 출신들이 합류하기도 했으며 안창호의 흥사단 계열들도 참여했다. 안창호의 제자들 중 흥사단을 나와 흥사단의 위성단체를 결성한 이광수의 수양동맹회와 김동원의 동우구락부는 연정회 결성에 동참했다.

연정회는 조선총독부 측에서 제안한 조선 자치에 깊은 관심을 보였다. 추후 한반도를 자유주의적 체제로 전환하기 위해 일본의 자유주의 정부를 배워야 한다는 생각이었다.

연정회 조직 논리와 목표는 줄타기하듯 아슬아슬했다. 식민지 조선인들이 식민 통치를 받는 상황에서 정치적 목소리를 내기 위한 참정권 운동이었지만, 일제의 식민 통치를 인정하는 꼴로 비춰질 수도 있었다.

1924년 1월 춘원 이광수는 '민족적 경륜'이라는 제목으로 동아일보에 자치론을 주장하는 칼럼을 싣는다.

> "조선 민족은 지금 정치적 생활이 없다. 왜 지금의 조선 민족에게는 정치적 생활이 없나? 그 대답은 간단하다. 일본이 한국을 병합한 이래로 조선인에게는 모든 정치적 활동을 금지한 것이 제1의 원인이요, 병합 이래로 조선인은 일본의 통치권을 승인하는 조건 밑에서 하는 모든 정치적 활동, 즉 참정권 자치권 운동 같은 것은 물론, 일본 정부를 상대로 하는 독립운동조차도 원치 아니

하는 극렬한 절개 의식이 있었던 것이 제2의 원인이다. …… 그러나 우리는 무슨 방법으로나 조선 내에서 전 민족적인 정치 운동을 하도록 신생면을 타개할 필요가 있다. 우리는 조선 내에서 (일제가) 허용하는 범위 내에서 일대 정치적 결사를 조직하여야 한다는 것이 우리의 주장이다."

– 이광수의 <민족적 경륜>

이광수의 '민족적 경륜'은 대놓고 일제의 통치를 받아들이겠다는 내용이 드러나는 바람에 독립운동가들의 무수한 질타를 받았다. 연정회 내부적으로도 자치운동에 동조할 수 없다며 이탈하는 인원들도 나오기 시작해 연정회는 결성 과정에서 와해되어 버렸다.

자치론에 대한 입장 차이로 민족주의 계열의 통합 단체 조직 시도가 깨지자, 각 출신이나 파벌별로 민족주의 단체를 회복시키려 했다. 안창호는 1925년 9월 이광수의 수양동맹회와 김동원의 동우구락부를 통합할 것을 지시했고, 이듬해 1월 수양동우회로 재출범했다. 안창호는 수양동우회를 통해 국내 민족 교육 진흥을 위한 활동을 이어 나갈 계획이었던 것으로 보인다.

또한 '조선기독교청년회전국연합회(YMCA)'의 총무 신흥우가 국내에 YMCA 지부 성격의 흥업구락부(俱樂部, '클럽'의 일본식 표현)를 조직했다. 흥업구락부 조직 배경에는 자치론을 주장하는 민족주의 계열에 대항하기 위한 목적도 있었다. 자치론자들로 인해 민족주의 독립운동가들의 이미지가 친일파로 호도되고 있기 때문이었다.

◆ 조선기독교청년회 전국연합회(YMCA)

이승만 등이 주도하여 미국 하와이에서 결성한 조직.

1925년 12월 김성수, 송진우, 최린, 이광수 등 자치론자들은 조선총독부의 지지에 힘입어 연정회 결성 준비를 재개했다. 1925년 일본에서 새롭게 구성된 내각은 식민 조선의 자치권을 강하게 주장하던 정당이었기 때문에 자치론자들은 적극적으로 조선총독부와 접촉했다. 자치론자들은 조선총독부와 타협하는 조선인에게는 정치 참여의 권한을 더 늘려 줄 수 있다는 의견에 합의했다.

자치론 vs 비타협적 민족주의

제2차 연정회 결성 과정에서는 자치론을 거부했던 민족주의 계열의 인사들, 예컨대 조만식, 이승훈, 안창호 그리고 조선일보 계열 등은 연정회 참여를 거절했다. 이로써 민족주의 계열은 두 파로 갈리게 되었다. 조선총독부와 타협할 것이냐, 타협하지 않을 것이냐.

천도교 역시 신파와 구파로 나뉘었다. 최린을 중심으로 한 신파는 자치론을 주장했고, 이종린 등의 구파는 투쟁적 노선을 지지했다.

민족주의 계열의 분열로 연정회는 명분이나 정통성을 확보할 수 없었고 두 번째 연정회 결성 시도 역시 좌절되었다. 연정회 결성이 무산되고도 송진우 등은 1926년 9월부터 조선인의 의회 자치를 조선총독부에 요구할 단체를 조직하려는 움직임을 보였다. 이를 '연정회 부활 시도'라 하는데, 이마저도 비타협적 민족주의자와 사회주의 계열 독립운동가들에 의해 저지되었다. 무엇보다 조선총독부는 자치론자들에게 약속한 만큼의

◆ 비타협적 민족주의자
자치론을 거부하는 민족주의 계열은 자치론자들을 배신자라고 욕하며, 결코 일제와 타협하지 않는다는 뜻에서 자신들을 '비타협적 민족주의자'로 칭했다.

자치권을 보장해 줄 생각조차 전혀 없었다. 자치론자들의 참정권 요구는 공허한 외침에 불과했다.

자치론자의 이중성

친일파에는 두 가지 유형이 있다. 하나는 강점 전 한반도의 주권을 일제에게 넘겨주는 데 가장 앞장섰던 부류다. 이완용이 가장 대표적인 사례이며 을사오적, 정미칠적, 경술국적들이 있다. 이들은 여지없이 친일파가 확실하다.

두 번째 부류는 일제의 식민 통치가 파쇼화되고 일본의 대륙 전쟁과 태평양 전쟁이 본격화되던 30년대 후반과 40년대 초반, 일제의 천황을 찬미하고 한국인의 징병과 창씨개명을 조장한 지식인, 문인, 혹은 자산가들이다.

친일 악덕 경찰들을 제외하면, 강점 시대의 친일파들은 대부분 변절자들이었다. 한때 나름의 독립운동에 힘썼으나 노선을 회항한 경우가 허다하다. 그래서 건국훈장을 받고도 서훈이 박탈되는 해프닝이 일어난다.

인촌 김성수는 자치론이 좌절된 이후 일제에 적극적으로 협조한다. 김성수는 일제 군자금에 거액을 기부했고 라디오에서 두 차례에 걸쳐 중일전쟁의 역사적 의의를 설명했다. 제2차 세계대전이 시작되면서 언론을 통한 김성수의 찬일 빈도수는 더 많아졌다.

> "조선에 징병령 실시의 쾌보는 실로 반도 2천 5백만
> 동포의 일대 감격이며 일대 광영이다." – 인촌 김성수

아이러니한 건 김성수는 친일 행보와 더불어 독립운동을 비밀리에 지원했다는 점이다. 김성수는 흥업구락부의 비밀요원이었으며 조선어학회의 배후에도 있었다. 또한 일제가 중국인과 한국인을 의도적으로 이간질하기 위해 벌인 '만보산 사건'의 진상 규명을 강력하게 요구하기도 했다. 중도좌파의 대표적인 독립운동가 여운형의 석방을 위해 물심양면으로 힘을 쓰기도 했다. 고문 후유증으로 고생한 안창호의 병원비를 책임져 주었고 보성전문학교를 인수해 민족 고등교육 기관인 고려대학교로 발전시키기도 했다.

해방 후 김성수는 이승만의 독재에 대항했기에, 많은 후대의 정치인들이 정치인 김성수를 긍정적으로 평가하기도 한다. 김대중 전 대통령, 김수환 추기경, 독립운동가 김준엽, 대한민국 제2공화국의 총리 허정 등은 김성수의 정치적 의의에 찬사를 보냈다.

한 걸음 더!

📃 **만보산 사건**

1931년 중국 지린성 창춘시 만보산 인근에서 조선인들이 관개수로 공사를 하는 도중, 관개수로 공사로 인해 간접적으로 피해를 받은 중국인 농민들이 공사를 방해하면서 충돌한 사건이다. 사실 관개수로 공사는 만주에 있던 일본군이 만주 지역에 영향력을 확대하기 위해서 벌인 것으로, 조선인 농민들에게 도움이 될 것이라고 속이고 그들을 무상으로 동원한 것이었다. 조선인 농민과 중국인 농민들의 충돌은, 일본 경찰이 투입되었지만, 다행히 큰 사건으로 번지지 않았다. 그러나 만주에 있던 일본군이 조선일보의 특파원 기자에게 허위 정보를 주어 중국인들이 조선인 농민 수백 명을 학살했다는 잘못된 기사를 싣게 하였다. 만보산 사건이 오보되어 대서특필되자 식민지 조선인들 사이에서 반중 정서가 심해져 한반도 내에 있던 중국인들에게 각종 보복이 자행되었다.

김성수의 평생지기 송진우는 어떠한가. 송진우는 김성수가 창간한 동아일보의 사장이 되어 동아일보의 체계를 닦은 장본인이었다. 그러나 송진우는 동아일보를 통해 학도병 권유문을 끊임없이 게재했다. 윤치호, 김활란 등 대표적인 친일파들과도 친분이 두터웠고, 송진우는 그들과 함께 여러 단체나 대회에 참여했다. 그러는 한편 송진우는 권율 장군과 이순신 장군의 사당을 건립했고 인촌 김성수와 함께 끝까지 창씨개명을 거부했다. 1936년에는 베를린올림픽 마라톤에서 금메달을 차지한 손기정 선수의 일장기를 지워 버린 후 동아일보에 실은 이른바 '일장기 말소 사건'을 터뜨리기도 했다.

논란의 여지가 없는, 스스로도 인정한 변절자들도 있다. 3.1 운동을 처음부터 주도한 민족대표이자, 천도교의 신파를 이끌었던 최린은 자치론자 중 한 명이기도 했고 수위 높은 민족 반역적 발언을 일삼았다.

"오늘날 조선의 독립이 불가능하다는 데 확신을 하고 있으며 조선의회 설치가 조선 민심의 안정을 꾀하는 데 가장 긴요하고, 나도 민중의 신임만 얻으면 조선의회의 한 사람이 되기를 사양치 않겠다. 나는 과거를 청산하고 훌륭한 황국신민이 되었다는 것을 알아라!"

최린은 일일이 나열하기도 힘들 만큼 많은 친일 행적을 보였다. 그런데 해방 후 반민족처벌특별위원회(이하 반민특위)의 재판에서 최린이 보여 준 모습은 예상 밖이었다. 다음은 최린의 공판 기록이다.

"기미독립선언을 주도한 피고가 왜 일제에 협력하게 되었는가?"

"기미년 당시 일제에 정면으로 반기를 들었다고 해서 그들은 그 후 나를 주목하고 위협하고 또 유혹하여 끝내 민족을 배반하는 행동을 하고 말았다. 오직 죄스럽고 부끄러울 뿐이다. 민족대표의 한 사람으로 잠시 민족 독립에 몸담았던 내가 이곳에 와서 반민족 행위를 재판을 받는 자체가 부끄러운 일이다. 광화문 네거리에 사지를 소에 묶고 형을 집행해 달라. 그래서 민족에 본보기로 보여야 한다."

최린 같은 친일파가 해방 후 재판 과정에서 자책하고 잘못을 빌었다면 우리는 그를 용서해 주어야 하는가?

그러나 해방 후에도 끝까지 사죄하지 않은 친일 문인들도 있었다. 한국사 최초로 고전 소설에서 벗어나 현대 소설의 장르를 개척한 춘원 이광수는 2.8독립선언에도 참여했다. 그는 안창호의 흥사단에서 핵심 멤버였을 만큼 독립운동에 적극적으로 몸담았다. 특유의 문장력을 공공연하게 인정받아 3.1운동 이후 임시정부 독립신문 편집국을 담당하기도 했다.

이광수는 1921년 상하이에서 애인과 함께 귀국했고 별다른 활동을 하지 않다가 1922년 <개벽>이란 잡지에 칼럼을 게재하며 세간에 재등장했다. 다시 등장한 이광수의 글은 모두를 당황하게 했다. 안창호에게 사상적으로 강하게 영향을 받은 것으로 추정되는 이광수는 안창호의 '민족 개조론'을 본인의 멋대로 재해석한 글을 발표했다.

안창호의 '민족 개조론'은 독립을 위해 한국인들이 유능해지고 똑똑해져야 한다는 주장과 더불어 제국주의를 비판하고 세계의 사람들이 인도주의적인 길로 가는 민족으로 개조되어야 한다는 내용이었다. 반면에 이광수의 '민족 개조론'은 조선 한민족을 폄훼하고 부정하며 한민족은 민족 자체를 개조시킬 필요가 있다는 내용이었다.

"따라서 원시민족, 미개민족의 목적의 변천은 오직 자연한 변천, 우연한 변천이로되 고도의 문명을 가진 민족의 목적의 변천은 의식적 개조의 과정이외다. (중략) 그러므로 이러한 민족의 장래는 오직 쇠퇴 또 쇠퇴로 점점 떨어져 가다가 마침내 멸망에 빠질 길이 있을 뿐이니 결코 일점의 낙관도 허할 여지가 없습니다. 나는 생각하기를 삼십 년만 이대로 내버려 두면 지금보다 배 이상의 피폐에 달하여 그야말로 다시 일어날 여지가 없이 되리라 합니다. 만일 내 말이 교격(驕激)하다 하거든 지나간 삼십 년을 돌아보시오! 얼마나 더 성질이 부패하였나, 기강이 해이하였나, 부가 줄었나, 자신이 없어졌나. 오직 조금 진보한 것은 신지식이어니와 지식은 무기와 같아서 우수한 자에게는 복이 되고 열악한 자에게는 화가 되는 것이라, 이 소득으로 족히 소실(所失)의 십의 일도 채우기 어려울 것이외다. 그러면 이것을 구제할 길은 무엇인가. 오직 민족 개조가 있을 뿐이니 곧 본론에 주장한 바외다."
– 이광수 '민족 개조론' 중에서

이광수가 안창호의 흥사단 국내 지부인 수양동맹회를 조직한 것이 이맘때쯤이었고, 그가 동아일보에 '민족적 경륜'을 발표한 건 '민족 개조론'으로부터 2년 후였다. 이광수는 자치운동을 전개하는 동시에 안창호의 지시로 흥사단 계열 국내 지부 단체들의 통합을 시도했다.

제1차 자치론 운동이 실패하자 이광수는 1926년 수양동우회 조직에 참여했다. 1937년 일제는 민족주의 독립운동을 하는 지식인, 문인, 자산가들을 포섭하고자 수양동우회 회원들 거의 대부분을 체포했다. 일제는 수양동우회 회원들을 협박하고 회유하며 친일의 길로 유혹했다. 이광수 등 상당수 회원들은 일제의 권유를 받아들였다.

안창호 등 끝까지 회유를 거절한 회원들은 모진 고문을 받아야만 했다. 안창호는 이때의 고문 후유증으로 사망한다.

훗날 자신의 변절이 일제의 고문과 협박 때문에 생존의 방편으로 어쩔 수 없이 이루어진 것이 아니냐는 질문에 대해 이광수는 이를 부인했다. 해방 후 이광수는 <나의 고백>이라는 논설을 통해 본인의 친일 행위에 대해 사죄가 아닌 변명을 했다.

"어떤 이는 내가 몸에 중병이 있기 때문에 다시 감옥에 갈 것이 두려워서 친일파의 행동을 하였다 하나 그것은 당치 아니한 말이다. 나는 동우회 사건으로 한바탕 치를 것을 치렀기 때문에 가만히만 있으면 다시 잡혀갈 걱정은 없었기 때문이다. 어떤 이는 내가 일본 관헌의 압박에 못 이기어 그리했다고 하나 이것은 나를 무척 동정하여서 하는 말인 듯하나 나는 그렇게 비겁한 사람은 아니다. 일본 관헌의 압박이나 유혹은 학생시대로부터 받아

왔다. 그러면 무엇 때문에 나는 조금이라도 가지고 있던 명예를 버리고 친일파의 누명을 쓰고 나섰는가? 어리석을지는 모르나 내게는 나로서의 이유가 있었던 것이다. 그것을 설명하자는 것이 이 책의 목적이다. 그것은 한마디로 말하면 나를 희생해서 다만 몇 사람이라도 동포를 핍박에서 건지자는 것이었다. 나는 내 이익을 위해 친일 행동을 한 일은 없다. 어리석은 나는 그것도 한민족을 위하는 일로 알고 한 것이었다."

일제강점기 대표적인 3대 친일 문인으로 춘원 이광수, 육당 최남선, 미당 서정주를 꼽는다. 세 사람 모두 문인으로서의 능력을 탁월하게 인정받은 지식인이었다. 육당 최남선은 3.1운동의 선언서를 작성했다. 미당 서정주의 시는 아직까지도 문학인들 사이에서 가장 뛰어난 현대시라는 평가를 받고 있다. 그러나 이 세 사람은 일정 말기 징병제와 학도병 그리고 창씨개명을 적극적으로 홍보했고, 일본의 천황과 군국주의를 찬양하는 노래 가사를 작사하기도 했다. 세 사람 모두 반민특위의 재판을 받았다. 그들의 변명은 지금까지도 공분을 산다.

"조선사편수회 위원, 중추원 참의, 만주괴뢰국 건국대학 교수, 이것저것 구중중한 옷을 연방 갈아입었으나 나는 언제나 시종일관하게 민족정신의 검토, 조국 역사의 건설, 그것 밖으로 벗어난 일이 없음을 하늘 아래 감히 명언하기를 꺼리지 않겠다."
– 육당 최남선 <자열서>

"그동안 내가 써온 시나 그 밖의 글 중에서 일정 말기에 쓴 몇 개의 글이 친일파라는 비난의 대상이 되어 1980년대의 한동안 우리 문단의 일각에서 새삼스럽게 문젯거리가 되더니 요즘에 와서 또 웬일인지 다시 이 나라의 신문들이 이걸 내걸고 공격을 하고 있다."

– 미당 서정주 < 천지유정 >

자치론만 두고 본다면, 이를 친일 행적이라고 단정 짓기는 애매하고 변명의 여지도 있다. 지금에서야 우리가 언제 일제강점기가 끝난 줄 알지 당시를 살았던 사람들에게는 언제 독립될지 모르는 절망적 상황이었다. 계속 항거하다가 피만 흘릴 바에야 식민 통치 내에서 한국인들이 목소리를 낼 수 있도록 조선총독부와 타협하자는 생각이 들 수도 있었을 것이다. 자치론자들에겐 그것이 조국을 위한 일이라고 생각되었을 수도 있다. 정치권 투쟁이야 찬성하는 독립운동가들이 많았기 때문이다.

자치론자들이 일제의 교묘한 이간질에 속아 넘어간 것이고 생각이 다소 짧았다고 한탄은 할 수 있되 '변절'과는 거리가 멀어 보인다. 그러나 결국 그들은 1930~40년대 누구보다 충성스러운 황국의 신민을 자처하면서 자치론의 논리가 말만 번듯한 헛소리였다는 점을 스스로 입증해 버렸다. 친일 반역자들에 대한 규정이나 처벌 논란은 차치하더라도 자치론자들의 친일 사실을 부정할 수는 없다. 그들을 키운 건 팔 할이 비겁함이었다.

21 신간회의 좌우 합작 운동

6.10 만세운동

1920년대의 독립운동과 민족운동은 민족주의 진영과 사회주의 진영으로 나뉘어 이루어졌다. 1920년대 중반 임시정부가 유명무실화되고, 자치론이 등장하면서 민족주의 진영의 입지는 크게 흔들리고 있었다. 사회주의 계열도 수난을 겪고 있었다. 1925년 여러 파벌의 사회주의 단체들이 박헌영 주도로 '조선공산당'으로 뭉쳤지만 파벌로 인한 분열로 여전히 혼란스러웠다.

일제도 악랄할 정도로 집요하게 사회주의 사상을 탄압했다. 1925년 11월 경성(지금의 서울)에서 상하이로 가던 조선공산당의 당원 두 명이 신의주에서 일본인 경찰 간부와 지역 변호사를 심하게 폭행한 사건이 있었다. 두 당원은 곧바로 경찰에 체포되었다. 경찰 당국의 취조 과정에서 조선공산당의 정체가 드러났다. 이후 220명이 검거되었고, 심지어 조선공산당의 책임비서였던 김재봉과 박헌영도 체포되면서 제1차 조선공산당이 해산됐다.

다음 달인 12월 강달영이 주도해 서울에서 극비리에 2차 조선공산당을 결성했다. 2차 조선공산당은 1926년 6월 10일 순종 황제의 인산일에 맞춰 제2의 3.1운동을 기획했다.

6.10 만세운동이 일어나자 그 조사 과정에서 2차 조선공산당의 정체도 밝혀졌다. 주요 간부진들이 체포되면서 2차 조선공산당도 해체되었다. 6.10 만세운동은 3.1운동만큼 큰 규모로 확산되지는 않았지만, 사회주의 계열이 기획한 운동에 민족주의 계열이 일조했다는 점에 의미가 있었다. 6.10 만세운동을 계기로 사회주의와 민족주의가 연합할 수 있는 가능성이 열린 것이다.

정우회 선언

비타협적 민족주의라고 자칭하는 민족주의 계열 독립운동가들은 자치론자들을 배제하고, 1925년 일제 타도라는 공통의 목표를 위해 사회주의 계열과의 연합을 추구하는 조선사정연구회를 결성했다. 1926년에는 비타협적 민족주의자들과 사회주의 단체였던 서울청년회가 연대해 조선민흥회를 조직해 미약하나마 좌우 합작의 선험적 모델이 되었다. 조선일보의 주필이었던 민족주의자 안재홍은 1926년 말 자치론과 비타협적 민족주의에 관한 글을 실으면서 좌우 합작의 필요성을 다시 한번 강조했다.

"조선인의 타협운동(자치론)은 조선인에 대한 일제의 회유적 양보로 나타난다. 타협운동은 반드시 일제들과 연락해야 하고 호응해야 할 것이기 때문에 이는 총독부의 비호를 받는 관제적 타협운동이고 관제적 타협운동은 민족적 기백을 마취시키는 동시에 계급통일의식을 교란하고 종국에는 사회를 분열시키는 계기만 될 뿐이다. 조선인의 공리론적 점진주의자와 일제와의 호응에 의해 조선 대중의 돌진적 또는 좌경적 기세를 약화시키고자 타협운동은 계속 출현할 것이다. 그러나 이러한 관제적 타협운동은 우선 출발점부터 그릇된 것이고, 그 전도는 모든 계층으로부터 불신임을 받을 것이다. 덕분에 조선의 경제 사정은 조선인의 대다수로 하여금 비타협적인 경향을 촉성할 수밖에 없을 것이니, 타협운동은 첫째로 소아병에 걸릴 것이고 둘째로는 허약한 발육으로 결국은 요절할 수밖에 없을 것이다."

– 안재홍 〈조선, 금후의 정치적 추세〉

제1, 2차 조선공산당 핵심 간부들이 체포되면서 공산당 주축 세력이 기존의 화요파에서 다른 파벌로 바뀌었다. 새로운 분위기 속에서 1926년 9월 제3차 조선공산당이 조직됐다. 제3차 조선공산당의 책임비서였던 안광천은 파벌을 막론한 공산당의 통합을 주된 목표로 삼았다. 그는 제3차 조선공산당을 조직하기 직전 비타협적 민족주의자들과 만나 연합의 필요성을 논의했다.

때마침 러시아 코민테른에서도 전 세계의 공산당원들에게 제국주의와 맞서 싸우기 위해서 필요할 경우 민족주의와 연합할 것을 촉구했다. 중국에서도 민족주의 계열의 국민당 정부와 사회주의 계열의 중국 공산당이 국공 합작을 이루고 있었다. 이러한 국내적, 국제적 배경하에 1926년 11월 제3차 조선공산당은 비타협적 민족주의와 연합한 좌우 합작 단체를 빠른 시일 내에 만들겠다는 이른바 '정우회 선언'을 발표했다.

> "민주주의적 노력의 집결로 인하여 전개되는 정치적 운동의 방향에 대하여는 그것이 필요한 과정의 형세인 이상, 우리는 차갑게 강 건너 불 보듯 할 수 없다. 아니 그것보다도 먼저 우리 운동 자체가 벌써 종래에 국한되어 있던 경제적 투쟁 형태에서 보다 더 계급적, 대중적, 의식적 정치 형태로 비약하지 아니하면 아니 될 전환기에 달한 것이다. 따라서 민족주의적 세력에 대하여는 그 부르주아 민족주의적 성질을 명백하게 인식하는 동시에 과정적 동맹자적 성질도 충분히 승인하여, 그것이 타락하는 형태로 출현되지 아니하는 것에 한하여는 적극적으로 제휴하여, 대중의 개량적 이익을 위하여서도 종래의 소극적 태도를 버리고 분연히 싸워야 할 것이다."
> – 정우회 선언

신간회 결성

정우회 선언에 따라 1927년 1월 대한민국 최초의 좌우 합작 단체인 신간회가 결성되었다. '신간회'란 이름은 고목에서 새로운 가지가 솟는다는 뜻에서 따왔다. 우익 민족주의 계열과 좌익 사회주의 계열이 연합하는 독립운동을 '좌우 합작 운동' 혹은 '민족 유일당 운동'이라고 부른다.

[신간회 강령안]

① 우리는 조선 민족의 정치적·경제적 해방의 실현을 기한다.
② 우리는 전민족의 총역량을 집중하여 민족적 대표 기관이 되기를 기한다.
③ 우리는 일체 개량주의 운동을 배척하여 전 민족의 현실적 공동 이익을 위하여 투쟁하기를 기한다.

신간회는 민립 대학 설립 운동 등 조선 청년의 교육을 주도했던 비타협적 민족주의의 큰 어른 이상재를 회장으로, 사회주의 계열의 소설가 홍명희를 부회장으로 하고 총 28명의 발기인과 함께 출범했다. 출범 직후 신간회는 기존의 조선민흥회까지 통합했다. 이로써 신간회 발기인은 36명까지 확대된다. 발기인들 중에는 종교계 대표 이승훈(기독교), 권동진(천도교), 한용운(불교) 등이 있었다. 언론계 대표로는 신석우, 안재홍 등이, 조선공산당 대표로는 김준연, 안광천 등이 참여했다. 언론계는 주로 조선일보 출신들이 많았고 안창호의 흥사단 계열과 유림계에서도 몇 사람이 참여했다.

신간회는 회원 수가 4만 명에 이르렀으며 전국에 100여 개가 넘는 지회를 두었다. 임시정부의 기세가 한풀 꺾인 이후 한반도 내 가장 큰 독립운동 단체였다. 무엇보다 신간회는 조선총독부의 허가까지 받은 합법적 공개 단체였다.

조선총독부는 신간회의 창립을 두고 사회주의 계열 단체들이 스스로 해산한 뒤, 민족주의 계열로 흡수 및 통합되는 흐름이라 판단했다. 조선총독부는 신간회의 정치 투쟁을 두고, 자치론자들의 일부로 오인했거나 혹은 자치론자들로 전환시킬 수 있다고 파악했던 것으로 보인다.

신간회는 전국을 돌며 강연을 열고 문맹들에게 글을 알려줄 뿐 아니라 봉건적 인습을 비판하고 근대화된 생활을 권장했다. 아울러 원산총파업을 지원해 주었고 광주 학생 항일 운동의 해결을 위한 진상 조사단을 파견하는 등 노동자 및 소작농, 학생, 여성 등의 권리 증진을 위해 노력했다. 신간회의 활동은 본부보다 각 지역별 지회들의 활약이 컸다. 신간회는 좌우 합작을 기본 전제로 합법적인 정치권 투쟁을 전개했다. 조선인들의 정치적 발언권을 높이려는 정치적 투쟁이라는 점에서 추구하는 목적이 자치론과 유사했다.

신간회의 정치적 투쟁은 엘리트들의 정치계 입문에 중점을 두지 않았다. 1920년대부터 꾸준히 누적된 대중들의 기본권 확보와 의식 수준 향상을 반영하고, 일제 타도를 외치는 정치 대중 운동의 총합체였다. 신간회가 꿈꾸었던 이상향은 조선인들이 스스로 국가의 한 주체임을 자각하고 이를 각성하는 단계까지 나아가는 일이었다.

신간회 해소

신간회의 본부는 민족주의 계열이 주도하고 있었던 반면, 지방의 지회들은 노동자와 소작농들과 연대하다 보니 사회주의 색채가 짙었다. 신간회 지회들은 본부로부터 자율성을 보장받아 각 지회별 활동이 다채롭게 전개되었다. 이는 신간회 해소에 결정적인 이유가 되기도 했다.

1929년 6월 신간회 강령을 수정하면서, 회장제가 집행위원제로 바뀌었다. 1929년 3월 이상재가 지병으로 사망하면서 회장제 운영의 실효성에 대해 회의가 있었다. 지회의 역할이 제한적이라는 의견을 반영했기 때문에 강령 수정으로 지회 권한이 커졌다.

신간회 대회 결과 노동 전문 변호사였던 허헌이 집행위원장으로 선출되었다. 그러나 1929년 12월, 신간회가 자매결연을 맺고 있던 여러 대중 운동 단체들과 민중대회를 진행하고 있을 때 조선총독부는 신간회 관련자 90여 명을 체포했다. 이 민중대회 사건으로 신간회 핵심 간부진들이 대거 체포되면서, 그 공백을 메우기 위해 새로 집행위원장과 집행위를 구성해야 했다.

새로 선출된 김병로 집행위원장이 최린, 송진우 등 자치론 민족주의 계열 인사들을 신간회 회원으로 참가시켰다. 신간회는 급격히 우경화되었고, 활동마저 소극적으로 변하기 시작했다. 신간회 소속 사회주의 계열 인사들은 신간회 새 집행부를 격렬하게 비난했다. 1930년 부산지회를 시작으로 신간회를 해소하라는 여론이 각 지역 지회로 퍼졌다. 안재홍 등의 일부 민족주의 계열 신간회 회원들은 좌우 합작의 의미를 강조하며 해소론에 반대했다.

국외 분위기도 좌우 결별을 재촉하고 있었다. 중국에서 국공 합작이 결렬되고, 러시아 코민테른도 급격하게 좌경화되면서 민족주의와의 연합을 완강하게 반대했다. 신간회 회원들 가운데 사회주의 계열 독립운동가들이 대거 신간회를 이탈했고, 1931년 5월 신간회 전체 대회에서 신간회 해소를 결정했다.

22 대중운동 1
– 학생운동

대중운동

1920년대 국내에서는 독립운동과 민족운동의 일환으로 대중운동이 전개되었다. 주권을 빼앗긴 일제강점기였지만 여러 루트를 통해 근대적 사고 체계와 의식이 유입됐다. 식민지 조선인들의 대중 의식은 조선과 대한제국 당시 조선인들의 대중 의식과 완전히 달랐다. 대중 의식 각성으로 그간 사회의 온전한 보호를 받지 못했던 계층, 계급에서 처우 개선과 평등적 대우를 요구하는 대중운동이 왕성하게 벌어진다. 국내 민족운동에 힘썼던 지식인들도 각자의 분야에서 대중운동을 지원하면서 식민지 조선인들의 대중 의식은 수준이 한층 높아진다. 여러 계층, 계급에서 전개되었던 대중운동 중 먼저 학생운동을 살펴보자.

광주 학생 항일 운동

1929년 10월 30일 나주역. 광주에서 통학하던 10대 학생들이
학교를 마치고 집으로 가기 위해 열차를 타고 있었다. 학교 수
도 많지 않고 교통이 발달하지 않았던 당시에는 큰 도시의 학
교로 학생들이 몰렸고 이들은 열차로 등·하교했다. 주요 도시
인근 지역에서 학생들이 몰리기 때문에 열차는 늘 붐볐고, 일
본인 학생들과 식민지 조선인 학생들이 모두 섞여 있었다.

　사람이 꽉 찬 열차 안에서 광주중학교 2학년이었던 일본인
후쿠다 슈조가 조선인 여고생 박기옥을 희롱하는 일이 있었다.
정색하며 기옥의 얼굴이 굳어지자 후쿠다 슈조는 기분이 상했
는지 기옥의 댕기머리를 잡아당기며 조선인 전체를 욕보였다.
조선인 학생들은 낯빛이 어두워지고 일본인 학생들을 째려보
기 시작했지만 다른 일본인 학생들도 깔깔거리며 기옥을 조롱
했다. 이를 본 기옥의 사촌 동생 박준채(광주고등보통학교)가
슈조의 팔을 낚아채고, 그를 데리고 기차에서 내렸다. 식민지
조선인 학생들이 기차에서 함께 따라 내리면서 그들과 일본인
학생들 사이의 패싸움으로 번졌다.

　일본 경찰들이 현장으로 달려왔다. 그들은 조선인 학생들을
무차별 폭행·구타한 후 연행해 갔다. 반면 일본인 학생들에게는
사건의 경위만 물었을 뿐 모두 집으로 보내 주었다. 지역 신문
사였던 〈광주일보〉는 식민지 조선인 학생들이 죄 없는 일본인
들을 구타하고 난동을 부렸다며 편파적인 기사를 실었다. 11월
3일 분노한 광주고보 학생들은 〈광주일보〉 신문사를 찾아가
기사 수정을 요구하며, 공정한 수사를 촉구했다. 지나가던 광주
중학교 일본인 학생들은 이들을 향해 욕설을 퍼부었고, 광주고

보의 식민지 조선인 학생들과 광주중학교 일본인 학생들 사이에 더 큰 패싸움이 일어났다. 하필 그날이 조선의 개천절이자 일본의 4대 명절 중 하나인 명치절(메이지 덴노의 생일)이었다. 패싸움은 산불 번지듯 광주 일대로 퍼졌다. 광주중학교 일본인 학생들은 같은 학교 유도부 학생들을 앞세워 광주역에서, 학교를 따지지 않고, 식민지 조선인 학생들을 야구방망이로 구타했다. 학교 교사들과 경찰들이 중재에 나섰고, 겨우 사태가 일단락되는 듯싶었다. 일제 당국은 광주 일대 모든 학교에 휴교령을 선포하고 또다시 식민지 조선인 학생들만 체포해 갔다.

이 사건은 광주뿐 아니라 다른 지역들에까지 널리 알려졌다. 전국 단위의 비밀 학생단체였던 독서회가 광주를 찾았다. 당시 20대였던 독서회의 회장 장재성은 광주의 학생들로부터 사건의 전말을 듣고 대대적인 학생 시위를 기획했다. 이때 기획한 학생 시위는 단순히 광주중학교 일본인 학생들에 대한 불만만 표시하는 것이 아니었다. 일본 제국주의와 식민지 노예 제도 그리고 차별적인 교육 방침에 대한 분노를 터뜨리는 것이었다.

한 걸음 더!

📄 독서회

광주 출신의 학생들은 일찍이 학생운동의 가능성을 알아보고 6.10 만세운동이 일어난 해 11월, 한국 최초의 학생 비밀 결사 단체인 성진회를 조직했다. 성진회는 1928년 독서회로 조직을 확대하고 산발적으로 동맹 휴학을 일으켰다. 학생 인권 문제와 다양한 사회과학 공부를 하던 중 광주 학생 항일 운동에 참여해 이를 조직화하고 확산하는 역할을 했다.

장재성은 '학생 투쟁 지도 본부'를 설치하고 전단과 격문을 미리 제작해 함께 할 광주 10대 학생들을 규합해 나갔다. 11월 12일 광주고보와 광주농업학교 학생들이 1교시 수업이 끝나자마자 학교 문을 박차고 광주 시내로 뛰어들었다. 경찰들은 신속하게 주동자들을 체포해 학생들을 해산시키려 했지만 광주여자고등보통학교와 광주사범학교 학생들까지 합류했다. 이들은 경찰서로 달려가 10월 30일 나주역에서 붙잡혀 간 학생들을 포함하여 지금까지 체포된 식민지 조선인 학생들을 모두 석방할 것을 강하게 요구했다. 교내에서도 한국어로 독립가를 외쳐 부르고 일본인과 식민지 조선인을 차별하던 교사들을 향해 돌을 던지기도 했다.

독서회 회장 장재성은 학생 투쟁 지도 본부를 통해 격문을 살포했다. 약 125명의 학생들이 퇴학 처분을 받았지만, 광주에서 일어난 학생 시위가 전라도의 다른 지역까지 퍼지게 되었다. 일제는 확산을 막고자 이 소식을 절대 기사로 싣지 못하게 신문사들을 압박했다.

신간회의 광주지회가 신간회 본부에 광주 학생 시위 소식을 전달했다. 신간회 본부에서는 김병로, 허헌 등으로 구성된 진상 조사단을 광주로 파견했다. 진상 조사 결과를 확인한 후 신간회는 학생 항일 운동을 서울까지 확산키로 했다.

독서회와 신간회가 긴밀히 접촉하면서 서울 시내 중고등학생들에게 소식을 알렸다. 서울 시내 학생들은 일제히 일어나 광주에서 붙잡힌 학생들은 물론 서울의 경찰서에 붙잡혀 있는 식민지 조선인 학생들을 석방하라는 요구를 하며 대규모 동맹 휴학에 들어갔다. 서울로 불씨를 옮기는 데 성공한 것이다. 해를 넘겨 1930년 서울에서 일어난 학생들의 동맹 휴학과 항일 시위, 차별적 교육 방침에 대한 불만 표출 운동이 순식간에 전국으로 퍼져 나갔다.

이듬해 1930년 3월까지 전국적으로 약 300여 개의 학교에서 시위가 일어났고, 5만 4천여 명의 학생들이 시위에 참여했다. 1,462명이 퇴학당했고 3,000명 정도가 정학 조치를 받았다. 이 사건이 '광주 학생 항일 운동'이다. 광주 학생 항일 운동은 독립운동이 좌우익으로 분열되어 별다른 전국적 성과를 내지 못하고 있던 상황에서 3.1운동 이래 그 다음 가는 규모의 거국적 시위였고, 그 중심에 학생들이 있었다.

학생 독립운동 기념일

10대 후반에서 20대의 학생들은 그 어느 어른들보다 더 에너지가 끓어 넘치는 법이기에 언제나 젊은 학생들이 국내 항일 시위 운동의 선봉장을 도맡아 왔다. 3.1운동 당시 만세 시위를 확산시키고 싶어 하지 않는 민족대표들과 달리 선언서를 탑골공원에서 큰 소리로 낭독하고 거리로 뛰어나가 만세를 외친 것도 학생들이었다. 1926년 제2차 조선공산당에서 기획했던 6.10 만세운동 당시에도 누구보다 앞장서서 만세를 외친 이들이 학생들이었다. 학생들은 당장 학교에서부터 식민지 민족이라는 이유만으로 어린 나이에 감당하기 힘든 차별을 피부로 느끼고 있었다.

광주 학생 항일 운동의 첫 출발점이었던 11월 3일은 '학생의 날'(현재는 '학생 독립운동 기념일'로 명칭이 변경되었다)로 지정되었다.

23 대중운동 2
– 여성운동

애국부인회

전통적 유교관에 따라 남녀 차별이 심했던 전근대 사회에 근대 사상이 유입되며 차츰 여성들도 권리에 눈을 뜨기 시작했다. 여성도 남성과 전혀 다르지 않으며 남성만큼 여성에게도 기회가 열려야 한다는 주장이 여기저기서 터져 나왔다. 남녀 차별이라는 봉건적 인습을 타파하려는 운동은 일제강점기 이전부터 활발했다. 일련의 여성운동은 3.1운동을 기점으로 폭발적인 에너지를 발산하면서 구국운동과 같이 나란히 펼쳐졌다. 3.1운동의 독립선언 낭독이 국내외적으로 큰 영향을 주면서, 간도 지방에 있던 여성 단체는 <대한독립여자선언서>를 낭독했다. 한국 땅에서 본격적인 페미니즘 운동의 깃발이 올라가는 순간이었다.

◆ **대한독립여자선언서 낭독**
3.1운동 이전에 낭독되었다는 이야기도 있다.

"슬프고 억울하다, 우리 대한동포시여. 우리나라 이 반만년 문명역사와 이천만 신성민족으로 삼천리 강토를 족히 자존할 만하거늘 침략적 야심으로 세계의 공법 공리를 무시하는 저 일본이 추세적 만성으로 조국의 흥망 이해를 불고하는 (중략) 지리한 세월이 10여년을 지났으니 그동안 무한한 고통은 다 말할 것 없이 우리 동포의 마음속에 품은 비수로써 징거할 바로다. (중략) 우리 여자 회에서도 동서를 물론하고 후생의 모범될 만한 숙녀현원이 허다하다만 (중략) 우리나라 임난 때에 진주에 논개 씨와 평양에 화월 씨는 또한 화류계 출신으로 용력이 무쌍한 적장 청정과 소섭을 죽여 국가를 다시 붙든 공이 두 분 선생의 힘이라 하여도 과언이 아니니 우리도 이러한 급한 때를 당해 겁이 많고 나약한 구습을 파괴하고 용감한 정신을 분발하여 이러한 여러 선생을 본받아 의리의 전신갑주를 입고 신력의 방패와 열성의 비수를 잡고 유진무퇴하는 신을 신고 일심으로 일어나면 (중략) 우리는 아무 것도 주저할 것이 없으며 두려할 것도 없도다. (중략) 우리 사랑하는 대한 동포에게 엎드려 고하오니 동포 동포여, 때는 두 번 이르지 아니하고 일은 지나면 못하나니 속히 분발할 지어다. 동포 동포시여, 대한독립만세!"

– 대한독립여자선언서

1919년 3.1운동 직후 혈성단애국부인회(정신여학교 출신 여성들)와 조선독립애국부인회(미션스쿨 출신 여성들)는 그해 6월 조직적인 여성운동과 독립운동을 진행하고, 대한민국 임시정부를 후원할 목적으로 '대한민국애국부인회'를 조직했다. 회장은 김마리아, 부회장은 이혜경, 총무는 황에스더였다. 이들 셋 모두 3.1운동에 참여했다.

대한민국애국부인회는 전국적인 단위의 여성 단체였기에 이전까지의 어떤 단체보다 규모가 컸다. 상하이, 훈춘 등지에도 지부 성격의 단체를 두었다. 대한민국애국부인회는 임시정부에 군자금을 보내기도 했는데, 그 금액이 무려 6천 원이었다. 1919년 11월 국내 대한민국애국부인회는 오현주(1대 회장)의 배신으로 간부진들이 체포 검거되면서 조직이 와해된다. 상하이 애국부인회[◆]도 대한민국 임시정부가 쇠락의 길로 접어들자 자연스레 소멸했다.

애국부인회는 해산했지만 1920년대부터 조선여자교육회, 조선여자청년회, YWCA 등 각 종교계별로 여학생 전문 양성 교육 기관과 잡지사가 우후죽순 생겨났다. 천도교에서 1923년 9월부터 새로운 여성 전문 잡지 <신여성>[◆]을 출간했다. 전통적 사고와 새로운 세상을 촉구하는 근대적 사고가 공존하던 시대였다. <신여성>은 여성들의 사회적 역할을 규제하는 논란을 공론화하는 데 앞장섰다. 예컨대 여학생들의 교복 문제, 여성청년들의 의복 문제, 남녀 교제 문제 등을 기사로 다루어 전국적으로 큰 반향을 불러일으켰다. 여성운동은 한반도로 유입된 사회주의와도 결합했고, 1924년 사회주의 계열의 여성 단체인 조선여자동우회가 설립됐다. 조선여자동우회는 훨씬 더 적극적인 여성 해방을 부르짖었다.

◆ 애국부인회

1940년대 대한민국 임시정부가 중국 충칭에 재건되면서 '한국의 잔다르크'라고 불리던 정정화의 주도로 임시정부 산하의 애국부인회가 부활한다.

◆ 신여성

천도교에서 운영하는 개벽사에서 기존에 출판하던 여성 전문 잡지 <부인>을 종간하고 새로이 출간한 잡지.

근우회

독립운동 세력이 민족주의 진영과 사회주의 진영으로 분열되면서 여성운동도 양극화되었다. 1920년대 중후반 두 진영이 연합할 필요가 있다는 의견이 점차 힘을 얻으며 여성운동도 민족 유일당 운동에 적극적으로 참여하기 시작했다.

　신간회가 창간되던 해에 좌우 합작 여성 단체인 '근우회'가 출범했다. 근대 한국사의 여성운동은 근우회 이전과 이후로 갈린다고 평가한다. 여성 해방 겸 독립운동 단체인 근우회의 출현은 그만큼 의미가 크다. 회장은 민족주의 진영 출신인 김활란(이화여대 최초 조선인 총장)이었고, 부회장은 유각경(조선여자기독교절제회와 대한예수교장로회 여전도회 회장 역임)이 맡았다. 근우회는 신간회의 자매단체였기에, 근우회 발기인 대부분이 신간회의 간사 역할을 겸임했다. 서울에 본부를 둔 근우회는 지방은 물론 일본과 만주에도 지회를 두었고 그 개수는 약 60여 개에 달했다. 회원은 압도적으로 가정부인이 많았다.

인류 사회는 많은 불합리를 생산하는 동시에 그 해결을 우리에게 요구하여 마지않는다. 여성 문제는 그중의 하나이다. 세계는 이 요구에 응하여 분연히 활동하고 있다. 세계 자매는 수천 년 내의 악몽으로부터 깨어서 우리의 생활 도정에 횡재하고 있는 모든 질곡을 분쇄하기 위하여 싸워온 지 오래이다.

이 역사적·세계적 혁명에서 낙오할 수 있으랴. 우리 사회에서도 여성운동이 개시된 것은 또한 오래이다. 그러나 회고하여 보면 조선 운동은 거의 분산되어 있었다. 그것에는 통일된 조직이 없었고 통일된 목표와 지도 정신이 없었다. 고로 그 운동은 효과를 충분히 내지 못하였다.

우리는 운동상 실천으로부터 배운 것이 있으니 우리가 실제로 우리 자체를 위하여 우리 사회를 위하여 분투하려면 우선 조선 자매의 역량을 공고히 단결하여 운동을 전반적으로 전개하지 아니하면 아니 된다.

일어나라! 오너라! 단결하자! 분투하자!
조선의 자매들아 미래는 우리의 것이다!!

근우회 취지문

근우회는 남녀의 정치적, 교육적 평등을 주장하는 것에 머무르지 않았다. 인신매매, 공창제 등의 봉건적 구습을 타파하고 무료 탁아소, 농촌 여성들을 위한 시설 설치 등을 행동 강령으로 삼았다. 근우회는 지방을 순회하며 교육 혜택이 상대적으로 미치기 어려운 곳의 여학생들과 여성들에게 글자와 근대 사상을 무료로 교육하는 강습소를 운영했다. 매월 15일은 항상 여권과 관련된 의제를 정해 토론의 장을 마련하기도 했다. 또한 수차례 여학생들을 동원해 만세 시위를 기획했다.

1928년 민족주의 계열의 김활란, 최은희, 황에스더 등이 근우회를 탈퇴하자 근우회는 사실상 사회주의 단체로 변모했다. 좌우 합작 운동 단체로서의 정체성이 퇴색되었고, 근우회의 정체성이 흔들렸다. 1931년 신간회가 해소되자 정식 발표 없이 근우회 역시 자연스레 해체되어 버렸다. 김활란 등 민족주의 계열이 탈퇴한 것은 두 이데올로기 진영 사이 사상의 합의가 원만히 이루어지지 못한 것이 주된 이유였다.

한편 김활란은 1936년 총독부 소속의 단체에 가입하며 변절자의 길을 걷는다. 그녀는 본인이 조직하거나 소속되어 있던 여성 단체를 통해 일제를 찬양하는 글과 정신대에 적극적으로 참여해 달라는 호소문을 썼으며, 이화여대 학생들에게 정신대 참여를 촉구하기도 했다.

"이제야 기다리고 기다리던 징병제라는 커다란 감격이 왔다. 허둥지둥 감동에만 빠지는 것도 부질없는 일이지만 어쩔지를 모르고 눈을 휘둥그레 뜨고 갈래를 못 찾는 것도 현명한 태도는 아니다. 지금까지 우리 반도 여성은 그저 내 아들 내 남편 내 집이라는 범위에서 떠나보지를 못했다. 떠나볼 기회가 없었다. 따라서 자칫하면 국가라는 것을 잊어버린 것처럼 보인 일도 있었을 것이다. 그러나 반도 여성에게 애국적 정열이 없는 것은 아니다. 그것을 나타낼 기회가 적었을 뿐이다. 지금까지 우리는 나라를 위해서 귀한 아들을 즐겁게 전장(戰場)으로 내보내는 내지의 어머니들을 물끄러미 바라만 보고 있었다. 막연하게 부러워도 했다. 장하다고 칭찬도 했다. 그러나 이제는 반도 여성 자신들이 그 어머니 그 아내가

된 것이다. 우리에게 얼마나 그 각오와 준비가 있는 것
인가? 실제로 내 아들이나 남편을 나라에 바쳐보지 못
한 우리에게는 대단히 막연한 일이다. 그러나 우리는 아
름다운 웃음으로 내 아들이나 남편을 전장으로 보낼 각
오를 가져야 한다. 따라서 만일의 경우에는 남편이나 아
들의 유골을 조용히 눈물 안 내고 맞아들일 마음의 준비
를 가져야 한다. (중략) 이제 우리에게도 국민으로서의
최대 책임을 다할 기회가 왔고, 그 책임을 다함으로써
진정한 황국 신민으로서의 영광을 누리게 된 것이다. 생
각하면 얼마나 황송한 일인지 알 수 없다. 이 감격을 저
버리지 않고 우리에게 내려진 책임을 다하기 위하여 최
선을 다할 것이다.”

– 김활란 <징병제와 반도 여성의 각오>

여성운동은 해방 후에도 이어졌다. 애국부인회가 부활하고
YWCA를 비롯해 여러 여성 단체들이 설립되었으며, 1959년에
는 이 모든 여성 단체들이 한국여성단체협의회 소속하에 활동
을 이어 나갔다.

일제강점기의 기생

일제강점기에 부정적 인식으로 오명을 쓴 대표적 여성 직군이
기생이었다. 굳이 오늘날 직업에 비유하자면, 기생은 여자 아
이돌에 가까웠다. 일제강점기에 기생은 몸을 파는 여성이라는
잘못된 인식이 퍼졌다. 몸을 파는 기생은 창기라고 하며, 기생

들은 창기와 본인들을 엄격히 구분했다. 조선시대 이래 기생들에겐 "노래를 팔지언정 몸을 팔지는 말라."고 하는 기본 방침이 불문율로 늘 따라다녔다.

1894년 갑오개혁 때 신분제가 철폐됐고, 천민이었던 기생도 신분에서 해방되었다. 일제강점기 1년 전이었던 1909년에는 기생 제도 자체가 폐지되었다. 그렇다고 기생이 사라진 건 아니었다. 국가 차원에서의 기생 제도 폐지였을 뿐 민가를 통해 기생은 계속 배출됐다. 자연스레 창기들의 수가 늘어났고, 기생에 대한 시선이 나빠졌다. 자구책으로 기생들끼리 등급을 나누었다. 돈을 받고 성을 파는 기생들을 삼패기생으로 엮었고, 이패기생과 일패기생은 예술가로서의 체면을 끝까지 고집했다. 여전히 기생으로 활동하기 난감한 시대에 실력 있는 기생들은 자취를 감춘 채 지방으로 숨어 들어갔다.

기생을 교육하고 양성하던 국가 예술 교육 기관인 교방도 없어지자 노래를 배우고 싶은 가수 지망생들은 전국을 돌아다니며 과거 실력 있는 기생들을 수소문하고 그녀들을 스승으로 모시며 노래와 춤을 배웠다. 전해지는 바로는 24시간 중 4시간만 자고 나머지 20시간을 춤과 노래를 배우는 데 매진했다고 한다. 기록으로 남아 있는 평양기생학교의 커리큘럼을 보면 3년제 구성에, 노래와 춤은 물론 수학, 국어, 외국어, 그림까지도 배워야 졸업할 수 있었다.

이처럼 기생들의 주 업무는 예술 활동이었다. 이들 덕에 서양의 신문물이 물밀듯 유입되던 시기에 우리 전통 예술이 보존될 수 있었다. 기생이 있었기에 개화기 우리 전통 민속춤, 전통 노래, 전통 음악들이 단절되지 않고 이어진 것이다.

일제강점기에 기생들끼리 서로의 인권을 보호하기 위해 기생 조합을 만들었다. 1914년에는 기생 조합의 이름을 '권번'으로 개칭했다. 기방은 없어졌으니 기생들은 고급 술집과 요정 같은 곳에서 근무했다. 제일 유명했던 곳이 서울 종로에 있었던 명월관으로, 요리집 겸 술집이었다. 민족대표 33인이 3.1운동 전에 독립선언서를 발표했던 장소인 태화관도 결코 유흥업소가 아닌 일패기생들이 근무하던 고급 술집이었다.

점차 일제강점기의 통제가 심해지자 결국 권번도 일제 총독부의 관리와 지배를 받게 되었다. 권번을 장악한 일제는 권번에 공창까지 운영하도록 했다. 이로써 기생과 몸을 파는 유녀에 대한 명확한 구분이 흐릿해지게 되어 오늘날까지도 기생에 대한 부정적인 인식이 내려오고 있다.

24 대중운동 3
– 어린이운동

소파 방정환

아동의 인권에 대한 인식이 태동한 시점도 일제강점기, 정확히는 3.1운동 이후부터였다. 한국의 아동 인권 역사를 이야기할 때 늘 중심에 있는 사람이 소파 방정환이다. 아동 인권 운동의 시작은 방정환과 함께 시작되었다.

방정환은 종로에서 어물전을 운영하던 한 상인의 아들로 태어났다. 아버지는 독실한 천도교 신자였던지라 방정환도 어려서부터 천도교의 동학사상을 흡수하며 자랐다. 방정환은 아버지의 의형제였던 권병덕의 중개로 천도교의 3대 교주 손병희의 셋째 딸과 혼인했다. 방정환은 천도교의 교리는 물론이고 만해 한용운과 자주 왕래하며 불교 철학에도 큰 관심을 보였다. 방정환은 10대 후반 시절부터 여러 기관지에 글을 기고하면서 문인으로서 집필 활동을 시작했지만, 원래는 종교적인 수양 철학에 몰두해 있었다.

방정환은 교리에 밝았던 만큼 1920년 천도교 교리 강연부에 소속되어 천도교 청년회 소속 청년 교육을 담당했다. 천도교 청년회에서 소년부가 독립하게 되자 방정환은 소년부로 옮겨 활동한다. 이때부터 그는 본격적으로 아동, 즉 어린이에 대한 개념을 싹틔우기 시작했다.

1920년 6월부터 천도교는 『개벽』이라는 기관지를 발행하는데, 『개벽』 3호지에 영국 번역시 <어린이 노래 – 불 켜는 이>를 발표하면서 방정환은 본격적인 아동 인권 운동의 첫걸음을 떼었다.

기나긴 낮 동안에 사무(社務)를 보던
사람들이 벤도 끼고 집에 돌아와
저녁 먹고 대문 닫힐 때가 되면은
사다리 짊어지고 성냥을 들고
집집의 장명등에 불을 켜놓고
달음질해 가는 사람이 있소.

은행가로 이름난 우리 아버지는
재주껏 마음대로 돈을 모으겠지…
언니는 바라는 대신(大臣)이 되고
누나는 문학가로 성공하겠지…

이 나는 이 다음에 크게 자라서
이 몸이 무엇을 해야 좋을지

나 홀로 선택할 수 있게 되거던
그렇다 이 몸은 저이와 같이
거리에서 거리로 돌아다니며
집집의 장명등에 불을 켜리라.

그리고 아무리 구차한 집도
밝도록 환하게 불 켜 주리라.
그리하면 거리가 더 밝아져서
모두가 다-같이 행복되리라.

거리에서 거리로 끝을 이어서
점-점점 산 속으로 들어가면서
적막한 빈촌에도 불 켜 주리라.
그리하면 세상이 더욱 밝겠지…

여보시오, 거기 가는 불 켜는 이여
고닯은 그 길을 외로워 마시오.
외로이 가시는 불 켜는 이여
이 몸은 당신의 동무입니다.

(포덕61(1920)년 8월 15일… 잿골 집에서… 역)
- <어린이 노래 - 불 켜는 이 >

　방정환은 이 시에서 처음으로 '어린이'라는 용어를 사용했고,
어린이를 어른들의 '동무'라고 표현하며 어린이와 어른을 동등
한 위치로 묘사했다.

당시 아동 인권은 어느 수준이었을까? 아니 애당초 아동 인권이란 인식 자체가 존재하긴 했을까? 방정환은 외국의 동화들을 번역해서 엮은 『사랑의 선물』 서문에서 당시 아동들이 처한 상황에 대해 다음과 같이 묘사했다.

> "학대받고, 짓밟히고, 차고, 어두운 속에서 우리처럼
> 자라는 불쌍한 어린이들을 위하여"

방정환의 글을 비롯해 구한말, 개화기를 배경으로 창작된 소설에서는 아이들이 어른들에게 학대받는 장면이 당연하다시피 묘사된다. 아동 인권 개념이 전무하던 당시에는 아이들이 부모들에게 구타당하는 현상은 보편적이었다. 이것이 학대라는 생각조차 없었다. 아이들은 어른들의 업무를 보조하는 부품처럼 다뤄졌고 '교육'이라는 미명 아래 폭행당하기 일쑤였다. 아이들을 때리는 행위에 문제 삼은 선각자가 방정환이었다.

> "나는 나의 가장 사랑하고 귀애하는 어린 동무, 어린 시인에게 무엇이든지 나의 사랑하는 마음을 표하여 좋은 선물을 주고 싶다. 그 선물로는 과자보다도 돈보다도 무엇보다도 그의 천사 같은 마음 깨끗한 가슴에 가장 적합한 깨끗한 신성한 것을 주고 싶다."

1921년부터 방정환은 자신의 문필적 재능을 아이들을 위해 사용하기로 한다. 해외의 여러 동화 명작들을 번역하고 아동을 인격으로 대할 것을 설파하는 수필을 여러 차례 발표했다. 방정환은 여러 필명으로 많은 글을 썼다. 그의 글들은 아직까지

도 발굴 중이고, 글 전부를 정리는 건 무척 힘든 작업이라고 한다. 방정환의 노력으로 각 지방의 천도교회에서 아동 인권 운동에 동참하는 사람들이 늘어났다.

어린이날 제정

방정환은 1922년 전국의 소년운동 단체들과 협의해 생명력이 태동하는 5월 첫날을 '어린이날'로 제정했다. 1923년에는 일본 유학생들과 함께 일본 도쿄에서 색동회를 조직했고, 최초로 어린이 전문 잡지인 『어린이』를 창간했다. 색동회를 중심으로 매년 5월 1일마다 어린이 행사를 주도하기도 했다. 1925년에는 어린이 30만 명을 동원해 가두행진을 진행했다. 총독부에서는 방정환 등의 아동 인권 운동이 조선인들의 민족의식을 각성시킬 우려가 있다고 판단했다. 총독부가 잡지 『어린이』를 폐간시킬 정도였으니, 가두행진의 규모가 얼마나 컸는가를 유추해 볼 수 있다.

　5월 1일이 노동절과 겹친다는 이유로 1927년부터 5월 첫째 주 일요일에 어린이날 행사를 치르기로 했다. 1939년 일제는 어린이날 폐지를 강요했고, 해방 후 어린이날은 5월 5일로 굳혀졌다. 1928년에는 방정환이 수년간 준비해 오던 세계아동예술전람회를 경성에서 개최하였고, 약 4만 명이 방문하면서 성황리에 전람회를 마치기도 했다.

　방정환의 어린이운동은 아동의 인권을 보장하자는 차원을 넘어선 운동이었다. 방정환이 그토록 어린이의 활동에 열을 올리며 동심을 강조했던 것은 어른들의 동심을 일깨우기 위함이

◆ 5월 5일
1946년 5월 첫째 주 일요일이 5월 5일이었다.

기도 했다. 동심은 인간의 마음에 내재해 있는 욕망의 일종이
라고 한다. 아마도 방정환은 젊은 시절 종교적 심(心)철학을 탐
구하며 동심에 눈을 뜬 것이 아닐까 싶다.

"어린이들은 아무리 엄격한 현실이라도 그것을 이야기
로 본다. 그래서 평범한 일도 어린이의 세상에서는 그것
이 예술화하여 찬란한 미와 흥미를 더하여 가지고 어린
이 머릿속에 다시 전개된다. 그래 항상 이 세상 모든 것
을 아름답게 본다."

방정환은 글도 글이지만 전국을 순회하며 동화를 구전해 주
기도 했다. 어린이들은 물론 성인들까지도 방정환의 이야기 솜
씨에 감탄했다고 한다. 1931년 방정환은 성인병이 도져 32살
의 나이로 사망했다. 지금의 서울시 중랑구 망우동의 망우리공
원에 있는 방정환의 묘비에는 사망 당시 <신여성>지의 편집인
이 방정환을 추모하는 말로 쓴 '동
심여선(童心如仙)'이라는 문구가
적혀 있다. 아이의 마음은 신선처
럼 맑고 깨끗하다는 뜻이다.

동심여선(童心如仙)

<방정환의 어린이 공약 3장>

하나. 어린이를 재래의 윤리적 압박으로부터 해방하여 그들에 대한 완전한 인격적 예우를 허하라

하나. 어린이를 재래의 경제적 압박으로부터 해방하여 만 14세 이하에게 무상 또는 유상의 노동을 폐하라

하나. 어린이에게 그들이 고요히 배우고 즐거이 놀 만한 각양의 가정 또는 사회적 시설을 행하라

2018년 시행된 대한민국의 '만 18세 미만 아동이 스스로 매긴 아동 행복지수'는 OECD 평균에 미치지 못했다. 아동 학대로 인해 사망하는 어린이의 수도 2001년부터 2015년까지 20명이 채 되지 않았던 것이 2016년 한 해에만 36명, 2017년 한 해에는 38명으로 급증하고 있다.

한 걸음 더!

📖 일제강점기 아동문학가

방정환 이외에도 일제강점기에 활동한 아동문학가는 여럿이다. 대표적으로 이원수와 그의 부인이자 동요 <오빠생각>을 만든 최순애가 있다. 청록파 시인 박목월은 동요(童謠)로 문인의 길을 걷기 시작했다.

25 대중운동 4 – 형평운동

가장 천한 신분, 백정

조선시대의 가장 아래 신분은 천민이다. 천민 중에서도 가장 천한 신분으로 간주되던 계층이 백정이었다. 도축을 하는 백정은 상상하기 힘든 차별을 받으며 살았다. 1894년 법적으로 신분제는 철폐됐지만, 백정에 대한 사회적 대우는 전혀 개선되지 않았다. 일제강점기는 물론 해방 직후까지 백정은 조선인들 사이에서 이질적인 존재 취급을 받았다.

황순원의 소설 『일월』에는 백정 출신임이 드러난 사업가가 자살하는 이야기가 나온다. 박경리의 소설 『토지』에는 백정에 대한 차별을 비판하고 백정 출신 청년을 친구처럼 대하던 지식인이 정작 그 백정 청년과 자기 여동생과의 혼사는 무조건 반대하는 이야기가 나온다. 여러 문학 작품에서도 묘사되듯 백정은 인간 취급을 받지 못했다.

신분제 폐지 후 백정 출신 자녀들도 근대적 교육을 받거나 유학을 가기도 했다. 의사, 목사, 교사 등 전문 직종으로 진출하기도 했지만, 출신이 밝혀지면 직업을 유지 못하고 쫓겨나기 일쑤였다. 백정에겐 이름으로 쓸 수 없는 글자도 있었다. 복장 제한도 있었고, 일상생활에서도 각종 제약이 따랐다. 더러 재산을 모아 부유하게 사는 백정들도 있었지만, 백정은 멸시의 대상이었다. 일제강점기 들어 백정에 대한 통제와 혐오는 더욱 심각해졌다.

일제강점기 경남 의령에서 태어난 장지필은 부모가 백정이라는 이유만으로 학교 입학을 거부당했다. 그는 책을 구해 가며 어렵게 독학을 해야 했다. 스무 살 즈음 그는 진주에 거주하던 일본인 지주의 도움으로 일본 메이지대학에서 법학을 공부했다. 귀국 후 장지필은 총독부 공무원으로 취직하려 했지만 포기했다. '족보에 백정을 표시'하는 것은 법으로 폐지되었지만, 제출할 서류에 그 표시가 적혀 있었기 때문이다.

형평운동

진주에 살던 이학찬은 도축업으로 큰 재산을 모았지만 기와집을 살 수 없었다. 아들을 학교에 보내려 해도 모든 학교에서 입학을 허용하지 않았다. 장지필과 이학찬은 대지주 출신으로 진주에서 인권 운동을 하던 강상호를 찾아가 백정의 부당한 처우 문제를 호소했다. 강상호 주도로 당시 인권 운동을 하던 지식인들과 재산을 어느 정도 지닌 백정들이 모여 1923년 4월 '형평사'란 단체를 조직했다. 형평사의 '형평'은 '인간은 저울처럼 평등하다'는 뜻이었다. 형평사는 같은 해 5월 창립 축하식을 열고 본격적인 활동을 시작했다.

> "공평(公平)은 사회의 근본이고 사랑은 인간의 본성이다. 고로 우리는 계급을 타파하고 모욕적인 칭호를 폐지하여 교육을 장려하고 우리도 참다운 인간으로 되고자 함이 본사(本社)의 주지(主旨)이다. 지금까지 조선의 백정은 어떠한 지위와 압박을 받아왔던가? 과거를 회상하자면 종일 통곡하고도 피눈물을 금할 수 없다."
> – 형평사 창립 취지문

5월에 있었던 형평사 창립 축하식에는 진주뿐 아니라 경남 내 다른 지역의 인권운동가나 백정 출신의 사람들이 모였다. 이때의 참석 인원이 무려 400여 명에 달했다고 한다. 백정에 대한 차별 타도를 외친 형평사의 활동을 '형평운동'이라고 한다. 진주에서 시작한 형평운동은 한반도 중부까지 퍼졌고, 지사 12개에 분사가 67개까지 확대되었다. 전국적으로는 약 40만 명이 형평운동에 호응해 주었다. 형평사의 노력은 큰 결실을 맺는다. 호적에 백정임을 표시하는 문구를 엄금하고 백정 가족 출신의 자제들도 학교 입학이 가능하게 되었다.

형평운동과 관련하여 가장 가슴 아픈 일은, 이 운동이 식민지 조선인들에게도 외면을 받았다는 사실이다. 물론 40만이나 되는 사람들이 지지해 주었지만 다른 많은 이들은 여전히 백정들의 차별 개선 운동에 좋지 않은 시선을 보냈다. 형평사 지회 사무소가 습격당하거나 지나가는 백정들을 구타하고 린치를 가하는 일들이 부지기수로 일어났다.

1925년 예천에서 일어난 형평사 사무실 습격 사건의 격돌이 가장 컸다. 진주에서는 우육 보이콧 운동이 일어났고, 경남 김해와 충북 제천 등지에서는 형평운동에 반대하는 운동이 일어나기도 했다. 강상호는 대지주였지만, 처음 형평운동을 시작했고 백정을 도왔다는 이유로 '신백정'이라 불리며 조선 내에서 환영받지 못하는 존재가 되었다.

형평사 내부에서도 파벌이 생기기 시작했다. 형평운동이 전국 조직체로 발전하면서 본부를 진주에서 서울로 옮기자는 갑론을박이 있었다. 지역별 파벌 싸움도 심해졌다. 처음 형평운동을 기획한 강상호, 이학찬, 장지필 등 진주파들은 인권 문제에 주력했다. 서울 및 경기 지역에선 사회 경제적인 문제까지 병행하는 활동을 주장하면서 서로의 의견 차이가 좁혀지지 못했다. 사회주의 사상이 퍼져 가는 사회 분위기 속에서 진주파들의 입지가 좁아졌다. 형평운동의 규모가 커질수록 사회주의적 색채가 짙어졌다. 일제의 통제도 강력해지면서 형평운동은 큰 위기를 맞게 되었다. 유령 회원들이 늘어나고 지회 활동도 소극적으로 바뀌었다.

1933년 '형평청년전위동맹' 사건이 일어났다. 일제가 형평운동의 싹을 자르고자 광주 형평사 활동을 사회주의 운동으로 조작한 사건이다. 형평사 급진 지도부를 비롯해 청년들 100여 명이 체포됐다. 이때 체포된 형평사 회원들은 대부분 좌경화된 급진주의자들이었다. 이들의 체포로 인권 운동에 방점을 두었던 온건파가 형평사의 핵심이 되었으나 강상호, 이학찬 등 초창기 회원들은 형평사의 분열을 계기로 이미 형평사를 이탈한 후였다. 새로운 간부진들은 이도 저도 아닌 활동을 하면서, 형평사는 경제적 이익 단체로 변질되었다. 이름까지 '대동사'로 바뀐 후 친일적 성향까지 보였고, 본래의 형평운동은 사실상 종료되었다.

한편 강상호는 고향 진주에 있으면서 형평운동을 안 좋게 여기던 사람들에게 꾸준히 질타를 받았다. 인권 운동을 한 경험 때문에 해방 후 좌익으로 몰려 경찰의 감시를 받으며 주변 사람들과 교류하지 못한 채 그는 쓸쓸하게 죽었다. 1957년 강상호가 사망했다는 소식이 전해지자 아무도 그의 장례를 신경 쓰지 않았는데, 도축업에 종사하던 전국의 백정 출신들이 모여 9일간 성대하게 장례식을 치러 주었다.

식민 사관 vs 민족주의 사관 사회경제 사학 vs 실증 사학

식민 사관

일제는 영구적 식민 지배를 위해 제도적 장치뿐 아니라 조선인들의 정신까지 지배하려 했다. 일제강점기 시작과 동시에 조선총독부는 조선의 역사를 입맛대로 훼손하고 곡해하여 지배의 프로파간다(propaganda)로 활용하려 했다. 식민지 경영에 정당성을 부여하려는 목적의 역사 왜곡이었다. 이처럼 제국주의 국가가 식민 지배를 정당화하기 위해 피식민 국가의 역사를 자의적으로 연구하는 역사 방법론을 '식민 사관'이라고 한다.

식민 사관은 근대적인 교육과 연구라는 외피를 썼다. 1915년 조선총독부는 식민 통치를 위해 조선의 역사를 정리하겠다며 각종 자료들을 조사하기 시작했다. 이 업무는 과거 대한제국 출신의 각료들로 구성된 자문기구 중추원에 맡겨졌다. 중추원

◆ 프로파간다(propaganda)
일정한 의도를 갖고 여론을 조작하여 사람들의 판단이나 행동을 특정 방향으로 끌고 가는 것.

의 멤버는 모두 대한제국의 국권을 일본에게 갖다 바친 친일파들이었다. 중추원의 자료 수집이 어느 정도 이루어지자, 1916년 조선총독부는 중추원 산하 연구 기관으로 조선반도사편찬위원회를 설치했다. 1922년에 그 명칭을 조선사편찬위원회로 바꾸고 조선총독부 산하 기관으로 이양했으며, 1925년에는 조선사편찬위원회를 '조선사편수회'라는 새로운 이름으로 아예 독립시켰다.

조선사편수회는 조선사를 왜곡하는 각종 역사서들을 발표하기 시작했다. 조선사편수회의 고문진은 이완용, 권중현, 박영효 등의 친일파들로 구성되었다. 1924년 국내 최초의 대학교 '경성제국대학교'가 문을 연 뒤로는 경성제국대학교 출신의 지식인들이 1930년 청구학회라는 학술 단체를 조직하고 일제의 식민 사관 형성에 합류했다. 이렇게 일제가 왜곡한 식민 사관은 크게 3가지로 정리할 수 있다. 타율성론, 당파성론, 정체성론이다.

타율성론이란 반도라는 조선의 지형적 특성상 운명적으로 다른 나라의 영향력에 늘 의존만 해왔다는 이론이다. 고조선은 중국인이 세웠고, 고대시대 한반도 남부는 임나일본부(任那日本府)에 지배되어 왔다는 논리도 여기서 파생했다.

당파성론이란 조선인들은 역사적으로 당파를 이루어서 자기들끼리 싸우며 나라를 분열시켜 왔다는 이론이다. 가장 대표적으로 내세운 사례가 조선 후기 붕당 정치와 노론의 무능함이었다.

정체성론이란 조선의 역사가 중세를 거치지 않았기 때문에 역사의 진행 방향이 발전으로 향하지 못하고 정체되어 있다는 이론이다. 서양의 근대 사학에서는 역사의 단계를 '고대-중세-근대'로 구분한다. 이 중 중세 시대를 정의하는 핵심 요소는 지방이 분권되어 있는 봉건제이다. 유럽은 중세의 봉건제를 거쳤

♦ **임나일본부(任那日本府)**
사실상 폐기된 주장으로, 4~6세기경 일본의 야마토 정권이 한반도 남부의 임나 지역에 세웠다는 통치 기구.

고, 중국도 주나라가 봉건제를 실시하며 춘추전국시대로 분리되었으며, 일본도 각 지방 다이묘들이 궐기했던 센고쿠 시대가 있었다. 하지만 조선사에는 중앙에서 각 지방 세력들에게 영지를 분봉하던 봉건제가 부재하며 그런 이유로 근대 사학의 역사 단계 연구에 따르면 조선사는 어딘가 기형적이기에 정체되어 있을 수밖에 없다는 것이다.

언뜻 봐도 논리적 허점투성이며 반박할 논거들이 수두룩하지만 식민지 조선이라는 특수한 상황 하에 식민 사관이 당대의 주류 사관으로 자리 잡을 수밖에 없었다.

◆ 센고쿠 시대
(戦国時代-전국시대)
15세기 중반~16세기 후반까지 일본의 사회, 정치적 변동이 일어난 내란기.

민족주의 사관

민족 지식인들이 가만히 있을 리 없었다. 식민 사관의 역사 왜곡에 민족 지식인들은 합리적 근거와 주장으로 저마다의 사관을 형성하면서 식민 사관에 대응했다. 독립운동가들이 식민 사관에 투쟁적으로 맞서는 새로운 사관 역시 크게 3가지 흐름이 있었다. 한반도의 주권이 일본에게 서서히 잠식되던 구한말에 태동한 민족주의 사학, 정체성론을 반박하고 세계사적 발전 법칙에 따라 조선사가 전개되었다는 마르크스 유물사관, 그리고 객관적이고 학술적인 연구 방식을 지향했던 실증주의 사학이 그것이다.

신채호 등이 주도한 민족주의 사학은 한국 고대사에 집중하며 한민족 고유의 정신과 얼을 강조했다. 일제강점기 이전 신채호는 신문 대한매일신보에 한국의 고대사를 연재했는데, 연재 칼럼의 제목이 <독사신론(讀史新論)>이었다. 1931년 신채

◆ 독사신론(讀史新論)
민족주의 사관에 입각해 서술한 최초의 한국 고대사 역사서로, 1908년 8월부터 12월까지 대한매일신보에 연재됐다.

호는 다시 한번 한국의 고대사를 정리하여 <조선상고사>를 출간했다. 신채호는 유독 조선의 고대사에 관심이 많았다. 고대사는 연구 자료가 부족할 수밖에 없다. 그만큼 일제가 왜곡하려고 했던 분야였고, 신채호는 고대사 연구에 주력했다.

신채호의 조선 고대사 정리 작업은 민족정신의 원류(原流)를 찾는 과정이기도 했다. 신채호는 고대사에서 조선인들의 자주적이고 주체적인 정신을 찾고자 노력했다. 그는 <조선상고사> 서문에서 '역사는 아(我)와 비아(非我)의 투쟁'이라고 정의했다. 역사를 투쟁의 일종으로 해석한 것이다.

신채호의 민족주의 사학은 신화적인 요소를 역사로 전환하고, 냉정하고 객관적인 연구 방법이 뒷받침되지 못했다. 학술적인 접근보다는 독립운동의 성격이 더 짙었다. "역사를 잊은 민족에게 미래란 없다."라는 말 또한 신채호의 어록으로 알려져 있지만, 정작 그의 저서에서 확인되지 않으며, 출처를 알 수 없다. 이러한 한계에도 불구하고 신채호의 민족주의 사관은 당시로선 필요하고 절실한 사관이었다. 우리의 역사가 훼손되는 특수한 상황이었기에 이를 방어해야 했고, 식민 사관에 맞설 사관이 필요했기 때문이다.

박은식 또한 <한국통사>, <한국독립운동지혈사> 등을 집필하면서 우리의 자주적 역사를 지키려고 노력했다.

◆ **박은식(1859년~1925년)**

독립운동가, 사학자, 언론인. 이승만 탄핵 뒤 대한민국 임시정부 제2대 대통령으로 취임했으나, 그해 사망했다.

사회경제 사학

1930년대 일제의 식민 통치 후반부에 들어서면서 지식인들의 연구 성과들이 누적된 결과 우리 학계가 한층 학술적으로 발전했다. 사회경제사학자 백남운은 신채호 등이 주도한 민족주의 사관은 민족적 고립을 자초할 뿐이며, 오히려 일제의 식민 사관을 부추긴다고 비판했다.

백남운은 일제의 식민 사관 논리 자체를 반박하고자 했다. 그는 마르크스 유물사관에 입각하여 식민 사관의 정체성론을 정면 반박했다. 단군을 통해 조선의 고대사를, 지주 제도를 통해 조선의 중세를 규명했다. 우리 역사의 사회경제 법칙 또한 각각의 생산 단계를 거치며 발전해 왔다는 것이다. 서양의 그것과 똑같은 형태는 아니었지만 유물사관의 본질은 동일하다며 세계사적 보편성 속에 우리 역사가 자리한다는 점을 피력했다.

민족주의 사관은 백남운의 유물사관과 계급투쟁론을 재반박했다. 반(反)제국주의를 제창하기 위해 안재홍은 민족주의의 새로운 흐름을 만들어냈다. 안재홍은 신채호가 주장한 조선사의 특수성과 백남운이 주장한 보편성은 서로 맞물리고 보완하는 필수적 관계라고 규정했다. 그는 한국 고대 사상에 반영된 공동체주의와 민족정신의 회복을 염원했으며 공동체주의야말로 한국의 민족주의와 한국의 역사를 상징한다고 주장했다. 그스스로 이를 '다사리 사상'이라고 명명했는데, '다사리'는 '다 잘살게 하리'라는 뜻이다.

또 다른 역사학자 겸 철학자였던 정인보는 조선 후기에 전개되었던 실학, 그중에서도 국학을 부활시키겠다는 일념으로 조선학 연구를 개창했다. 정인보는 조선학에서 조선인들만의 얼을 강조하며 민족주의 사관에 동참했다.

실증 사학

일제의 식민 지배 후반 민족주의와 사회경제 사학과는 별도로 일본의 근대적 학술에 영향을 받아 조선 학계에 체계적 연구론을 도입하려 했던 실증주의 학파가 있었다. 와세다대학교를 졸업한 이병도는 1934년 '진단학회'를 창립해 한국 실증주의 사학의 문을 열었다. 진단학회의 구성원들은 비록 일제 기관의 교육을 받은 지식인들이었지만 실증주의적이고 사료 비판적인 연구 방법론을 우선시하며 역사, 언어, 민속학을 연구했다. 하지만 진단학회는 역사의 객관성을 가장 중요시 여겼기에 민족적 정신을 내세운 독립운동적 성격은 상대적으로 약했다. 학회 유지를 위해 관의 지원이 필요했고, 또 일본의 근대적 학문 방식을 신봉했던 학자들이었기에 진단학회 일부는 식민 사관에 일조하기도 했다.

1945년 해방 아닌 해방을 맞이하고 좌우 진영이 극단화되어 민족주의와 사회경제 사학 역시 이념적으로는 좌우로, 지형적으로는 남북으로 갈렸다. 분단의 틈새 속에서 진단학회의 위상이 높아졌다. 미군정은 한국 학계 및 교육계에 진단학회 구성원과 친일 지식인들을 그대로 수혈시켰다. 이로 인해 한국 전쟁이 끝나고 4.19혁명이 일어나 현대사의 민주화 투쟁 시대가 시작되기 전까지 역사학계의 과거사 청산은 미완의 과제로 남게 되었다.

◆ 이병도
대한민국 실증주의 사학의 시조. 조선사편수회 활동 경력으로 친일 인명사전 등재.

◆ 진단학회
1934년 일본 학자 중심의 관변적 연구 풍토에서 벗어나, 조선의 역사·언어·문학 및 주변국의 문화를 연구하기 위해 조직한 민간 학술단체.

27 모더니즘 문학과 카프 문학

모더니즘 문학

국가 주권을 빼앗기고 민족적으로 탄압받던 엄혹한 시기, 또 다른 방면에서 고통 받고 그 고통 속에서 자의식을 찾기 위해 투쟁하던 직군이 있었다. 바로 예술가들이었다. 19세기 중후반~20세기에는 서양 문학들이 대거 아시아에 소개되었다. 서양 문학에 심취한 동양의 문학인들 사이에서 예술론에 대한 논의가 활발하게 이루어졌다. 식민지라는 조선의 특수한 조건과 식민지 피압박 민족의 일원으로서 예술인들은 근대 문학으로의 이행을 고민해야 했다.

1908년 와세다대학교 유학생이었던 최남선이 귀국해 계몽 잡지 『소년』에 <해(海)에게서 소년에게>라는 시를 발표했다. 1917년 이광수는 신한청년당의 자금 확보를 위해 『매일신보』

에 <무정>이라는 작품을 연재했다. 두 작품은 각각 신체시(新體詩)와 신소설(新小說)이란 이름으로 불리며, 근대시와 근대소설의 서막을 열었다. 두 작품 모두 근대 문학의 효시라는 중요한 의의를 지니고 있다. 물론 전통 문학에서 근대 문학으로 넘어가는 과도기였던 만큼 여전히 전통 문학의 프레임에서 벗어나지 못했다는 한계도 지니고 있었다. 예술적 완성도를 높이기 위한 길은 이제 시작일 뿐이었다.

　기존의 고전시가를 근대시, 근대 문학으로 끌어올린 장본인은 시인 김소월이었다. 10대 시절부터 시를 발표해 온 그는 20대 때 『진달래꽃』이란 시집을 출간했다. 당대 중요한 근대 문학의 담론은 조선의 전통성을 어떻게 문학에 온전히 담아낼 것인가였다. 김소월 이전 대다수의 시인들은 전통성에 지나치게 매달리며 근대 문학으로 확실히 자리매김하지 못하고 있었다. 김소월은 전통 미학으로부터 영향을 받았지만, 동시에 전통을 토대로 전통을 해체했다.

　전통을 살리면서도 전통에서 벗어나는 김소월의 미학은 형식적 측면과 내용적 측면이 있다. 형식적 측면에서는 김소월이 전통 시가의 정형 요소 중 하나였던 7·5조 음수율을 차용하면서, 작품 특성에 따라 적당히 변용했다. 정형을 지키되 틀을 고집하지 않으며 자유로워진 것이다. 내용적 측면에서는 무의미한 감정을 토해내는 듯한 기존 시들과 달리 김소월은 '한(恨)'을, 그것도 타인의 죽음으로 인한 상실의 극단적 한을 전면에 내세웠다. 김소월의 시를 기점으로 한국의 근대시는 본격적인 서정시의 길을 걷게 된다.

　1920년대 근대시의 발전에 크게 기여한 또 한 명의 시인은 승려 한용운이었다. 그는 민족대표 33인 중 한 명으로, 지사(志

◆ 7·5조 음수율
7음절과 5음절을 반복하여 만들어 내는 운율.

士)인 동시에 뛰어난 불교 사상가였다. 한용운은 3.1운동 이후 예술을 통한 민족운동의 길을 걷겠다며 1926년 시집『님의 침묵』을 발간했다. 이 시집에 수록된 총 88편의 시들도 서정성이 짙다. 그의 시어는 애매하고 쉬 알기 어려운 관념어를 감각적이고 서정적으로 구체화했다는 평가를 받으며, 서정시의 새 지평을 열었다. '황금의 꽃같이 굳고 빛나던 옛 맹세', '차디찬 티끌', '날카로운 첫키스', '연꽃 같은 발꿈치'처럼 관념적 대상을 즉물화하는 시어는 근대시로 향하는 또 하나의 괄목할 만한 성취였다. 여기에 더해 한용운은 역설적 표현법을 자주 쓰며 두 가지 상반되는 개념 사이에 팽팽한 긴장감을 조성할 줄 알았다. 이런 장치들을 통해 한용운은 서정시를 더욱 입체적이고 풍부하게 했다.

예술 또한 민족운동의 하나로 여겼던 한용운이었던 만큼, 그의 시 <님의 침묵>에서 '님'은 '사랑하는 이' 또는 '조국'처럼 여러 뜻으로 해석 가능하다. 한용운의 시가 현실을 반영한 리얼리즘적 색채 또한 강하게 띠고 있다는 의미다.

1925년 <진달래꽃>과 1926년 <님의 침묵>을 통해 조선 문단 시인들의 스펙트럼이 넓어졌다. 이를 기반으로 1920년대 이후 근대시에 대한 본격적인 탐구와 창작들이 계보를 이었다.

1920년대부터 소설도 근대 문학으로서 장르적 완성도를 높여 나갔다. 숱한 근대 소설들이 소개될 수 있었던 배경에는 여러 동인지의 활약이 있었다. 1919년 일본 유학생 출신이었던 김동인이 발행한 동인지『창조』를 시작으로 바야흐로 식민지 조선의 문단에 동인지의 시대가 열렸다. 『창조』에 이어 1920년『폐허』와『개벽』, 1922년『백조』등 여러 동인지를 통해 많은 소설가들이 등단하며 작품을 발표했다.

소설에 대해 최초로 예술적 접근을 시도한 작가는 김동인이었다. 그는 자신이 창간한 동인지 『창조』에서 <약한 자의 슬픔>, <마음이 옅은 자여>, <배따라기> 등 중·단편 소설을 발표했다. 김동인은 소설이라 함은 이광수의 소설 <무정>처럼 계몽적이기보다는, 예술 그 자체로 접근해야 한다고 피력했다. 소설 속 인물들의 내면 세계를 정밀하게 포착해 표현하는 것이 소설의 예술이라 여겼다. 형식적 측면에서도 종래 고전 소설과 달리 다양한 문체의 사용을 주장했다. 김동인은 우리나라 소설 역사에서 최초로 3인칭 대명사를 쓴 작가였다.

김동인은 작가로서 자의식이 대단했다. 그는 자신의 작품 세계를 통해 작가는 완벽한 세상을 창조할 수 있는 신이라 믿었다. 그래서인지 그가 자주 사용한 방식은 액자식 구성이었다. 『창조』 폐간 후 김동인은 여러 매체를 통해 단편 소설을 발표했다. 1925년 김동인이 발표한 <감자>는 인간의 정신 세계에 대해 수준 높게 접근했다는 호평을 받았다. 하지만 이후론 지나치게 예술성에 집착한 나머지 매너리즘에 빠졌고, 무의미한 소설들이 양산됐다는 평가도 받았다.

동인지 시대에 혜성처럼 나타나 큰 인기를 누린 대표적인 작가로 염상섭과 현진건이 있다. 염상섭이 쓴 <표본실의 청개구리>, <암야>, <제야> 등 초기 단편 소설은 인물의 외적 정보를 최대한 생략하거나 축소한다. 한 개인의 내면을 진술하는, 이른바 고백체 형식을 구사했다. 주인공들은 자신의 내면을 고백하며 여행을 떠난다는 일종의 로드무비 형식을 지니고 있기도 하다. 1922년 중편 소설 <만세전>을 기점으로 그는 내면 고백체를 버리고 사실주의 소설로 넘어갔다.

1920년 <희생화>로 등단한 현진건은 초기에는 낭만적인 사랑 이야기를 주로 다루었다. 이후 그는 <빈처>, <술 권하는 사회>, <불>, <운수 좋은 날> 등에서 당대 식민지 조선의 참혹한 현실을 과감하게 드러냈다. 또한 사실주의 소설에 주력하면서 현진건은 리얼리즘(사실주의) 작가의 기수 같은 존재가 되었다.

1930년대 들어 문학은 훨씬 세련된 모습으로 예술성을 완성해 간다. 대표적 사례가 모더니즘 문학이었다. 다양한 형식으로 다양한 시도를 하면서 새로운 가능성을 여는 문학 사조를 모더니즘 문학이라고 한다. 모더니즘 성향을 가지고 조선 근대 서정시를 발표한 최초의 매체는 『시문학』이었다. 정지용, 김영랑, 박용철은 『시문학』매 호에 시를 발표했고, 번역시도 게재했다. 이들은 이때 발표한 시들을 바탕으로 시집을 발간했다. 1935년 10월 정지용은 최초의 시집 『정지용 시집』을, 11월 김영랑은 박용철의 도움을 받아 『영랑시집』을 발간했다.

박용철이 『정지용 시집』 서문에서 "많고 많던 눈물을 가벼이 휘파람 불며 비눗방울 날리던"이라고 묘사한 정지용은 섬세한 감수성을 바탕으로 다양한 비유법을 사용하면서 시사(詩史)에 기록될 만큼 비유법의 수준을 드높였다. '흙에서 자란 내 마음 파아란 하늘 빛이 그리워', '열없이 붙어 서서 입김을 흐리우니 길들은 양 언 날개를 파닥거린다', '보고 싶은 마음 호수만 하니 눈 감을 밖에'에서 느낄 수 있듯 정지용은 선명한 시각적 이미지를 자유자재로 만들 줄 알았던 이미지스트이기도 했다.

정지용이 시각적 이미지에 능했다면, 김영랑의 주특기는 청각적 이미지였다. 정지용의 시는 그림이고, 김영랑의 시는 음악이라는 말이 있을 정도다. '모란이 피기까지는 나는 아직 나의 봄을 기다리고 있을 테요', '돌담에 속삭이는 햇발같이 풀 아

◆ 시문학
1930년 정지용, 김영랑, 박용철 등이 주도해서 창간한 동인지. 이 세 사람을 묶어 시문학파라고도 부른다.

래 웃음 짓는 샘물같이', '바람은 차고 물결은 치고 그대는 호령도 하실 만하다'에서 보이듯 김영랑은 발음하기 쉬운 유음(ㄴ, ㄹ, ㅇ, ㅁ)을 애용하며 음악성을 극대화했다.

모더니즘 문학 연구는 1933년 구인회(九人會)를 통해 정점에 이른다. 순수 문학의 본질을 탐구하는 9명의 문학 모임인 구인회는 '예술이란 무엇인가', '문학이란 무엇인가'를 고민하며 다양한 전위적 시도를 했다. 이 모임을 가장 적극적으로 주도한 이는 김기림이었다. 그는 1933년 <모더니즘의 역사적 위치>라는 글을 통해 모더니즘 문학의 가치와 그 방향성을 설파했다.

뒤늦게 구인회에 합류한 박태원은 1934년 중편 소설 <소설가 구보 씨의 일일>을 발표했다. 이 소설에서 그는 도시화에 대한 염세적 시선, 인물의 고독함을 표현하기 위해 의식의 흐름과 몽타주 기법 등을 다양하게 시도했다.

구인회의 후발 멤버 김유정은 고향 춘천을 배경으로 농촌의 비극을 해학적으로 전달했다. 그의 대표작 <봄봄>과 <동백꽃>은 해학성이 돋보인 작품이지만 <금 따는 콩밭>, <만무방>, <소낙비> 등 그 외 대다수 작품들은 농촌의 현실을 매우 비극적이고 어둡게 표현했다.

구인회 창립에 함께 했던 이효석은 1936년 <메밀꽃 필 무렵>을 발표했다. 이 소설은 낭만적 서사를 환상적이고 회화적인 문체로 구사하면서, 일제강점기 최고의 단편 소설이라는 평가를 받기도 한다.

구인회 원년 멤버 이태준은 역설적으로 상고(尙古)주의적인 입장을 취하며 우리의 옛것에 주목하여 그것을 예술로 승화시키려고 했다.

♦ 김기림
시인이지만 문학 평론가로서 업적을 더 많이 남겼다.

♦ 메밀꽃 필 무렵
현행 맞춤법 규정에 따른 표기로, 발표 당시 원제는 <모밀꽃 필 무렵>이었다.

구인회 멤버이면서 모더니즘 문학의 최전선에 있던 대표적 예술가는 이상이었다. 시와 소설 등 장르를 넘나들었던 그였지만, 작품 속에는 동일한 언어관과 문학관이 깔려 있다. 이상은 언어를 기호학적 관점에서 접근했다. 지금도 이해하기 힘든 대표작 <오감도> 연작은 기호학적 관점에서 그의 언어관이 극대화된 작품이라 할 수 있다. 모더니티의 본질을 수학과 기하학에서 찾은 이상에게 '언어' 역시 기호와 숫자였다. 이런 발상으로 이상은 시에서 각종 언어 실험을 강행할 수 있었다. <오감도> 연작이 발표되자 독자들은 강하게 항의하고 반발했고, 그는 준비한 것보다 <오감도>를 축소 발표할 수밖에 없었다. 그렇다고 이상의 작품들이 과잉 실험에 함몰되어 어떤 성과도 만들어내지 못한 것은 아니다. <날개>, <봉별기> 등의 소설을 포함한 작품들에서 이상은 염세적인 세계관 안에서 도시적 이미지를 병리학적으로 담아내고 있다. 김기림은 이상을 두고 '최후의 모더니스트'라고 표현했다.

문단에서 핵심적으로 활동하지는 않았지만 시인 백석은 1936년 시집 『사슴』을 발표하여 원시적 공동체에 대한 그리움과 유랑 의식을 산문체의 형식을 입혀 서정적이고 향토적 언어로 풀어내었다.

시인 신석정은 1939년 시집 『촛불』을 통해 장자의 제물론에 입각한 도교의 철학을 시에 담아냈다.

후배 문인들은 1930년대 모더니즘을 깊게 연구하고, 비판적으로 계승했다. 새로운 세대의 모더니즘 문학인들은 그간의 모더니티는 이미지가 선명하고 과잉에 가까운 서정성을 내세웠다고 한계를 지적했다. 1936년 유치환, 서정주, 오장환, 김동리 등이 모여 『시인부락』이라는 동인지를 만들었다. 이들은 소위

'생명파'라는 기치를 내걸었다. 생명파는 시어의 과한 기교와 극단적 감정 표현을 지양(止揚)했다. 인간의 내적 정신, 형이상학적 관점의 자연과 생명의 본질을 이지(理智)적으로 표현해냈다. 모더니즘을 형식보다는 내용에서 찾으려고 한 것이다.

유치환은 생명파 기수로서 그리움이라는 정서를 전면에 내세웠다. '이것은 소리 없는 아우성'이란 구절에서 드러나듯 자칫 관념적일 수 있는 인간의 내면 세계를 구체적으로 육화시켰고, 그럼으로써 인간의 실존에 대해 사색했다.

서정주는 조선의 토착 신화, 그중에서도 신라의 화랑정신에 관심을 보이며 '영원'의 개념을 미학적으로 다루었다. 서정주는 생명의 본질을 유한한 생명의 인간이 갖는 불안에서 찾았다. 그는 토속적 언어로 그 인간의 불안을 가득 드러내며 역설적으로 강인한 생명력을 시 속에 담아냈다.

오장환은 1937년 간행한 시집 『성벽』에서 낡은 전통과 인습을 부정하고 새로운 세상의 도래를 염원했다.

1930년대 예술에 대한 다양한 관점이 담긴 모더니즘 담론 덕에 1930년대 말에서 1940년대에는 더 완숙한 작품들이 탄생할 수 있었다. 이 무렵 신인 문인들이 등장할 수 있는 길은 더 많아졌다. 그중 하나가 1939년 창간한 월간 문학잡지 『문장』이었다. 이곳을 통해 등단한 대표적인 시인들이 훗날 해방 후 청록파를 형성하는 조지훈, 박목월, 박두진이었다.

조지훈은 1939년 12월호에 <승무>를 발표하였고, 이후로 불교적 색채와 옛것을 본뜬 어조를 사용하며 유일하게 한용운의 뒤를 이을 것이라는 평가를 받았다. 시론, 민속학, 국어, 국사 등 국학적인 모든 분야를 섭렵했던 조지훈은 후일 고려대학교에 민족문화연구소를 설립하기도 했다.

1939년『문장』9월호를 통해 등단한 박목월은 해방 전까지는 도시적 삶에 환멸을 느끼고 고향의 전원과 자연 속에서 환상을 읊조렸다. 조지훈과 박목월은 무척 가까운 사이였다. 1942년 두 사람은 박목월의 고향인 경주를 여행했는데, 이후 조지훈이 박목월에게 <완화삼>이라는 시를 지어 주었다. 박목월의 <나그네>는 이에 대한 답가였다.

박두진은 1939년『문장』6월호로 등단했다. 박두진은 훨씬 더 선명한 이미지의 시어들을 적극적으로 사용하며 생명의 강인함을 당찬 어조로 노래했고, 해방 후에는 광복의 기쁨과 새로운 세상의 희망에 대한 찬사를 보냈다.

세 사람의 작품을 알아보고 세 사람을『문장』에 소개한 장본인은 정지용이었다. 당대에 이미 문학계의 큰 어른이었던 정지용은 1941년 두 번째 시집『백록담』발표하며 이전보다 절제된 언어로 정중동(靜中動)의 미학을 선보였다.

일제강점기의 마지막 서정시인은 윤동주였다. 생전에 그가 발표한 시집은 없다. 사후『하늘과 바람과 별과 시』라는 시집이 발표되었을 뿐이다. 그는 천의무봉의 순결함을 유지하며 매순간순간 삶의 방향에 대해 회한을 느낄 때마다 시를 써 내려갔다. 윤동주에게 시는 반성의 매개체였다.

윤동주를 민족시인, 저항시인이라고 표현하지만, 역설적으로 그는 나라 잃은 시대에 시인이 되고 싶어 한다는 것을 자책하고 고뇌했다. 시를 쓰고 싶지만 일본어가 아니면 시를 쓸 수 없는 현실. 비겁한 지식인이 된 것 같은 두려움. 막상 총을 잡자니 시를 포기할 수 없었던 윤동주. 시가 쉽게 쓰이는 것을 부끄러워하고, 그런 자신에게 연민을 느끼고, 하늘을 우러러 한 점 부끄럼이 없기를 고대하던 윤동주는 그의 삶 자체가 시였다.

◆ 정중동(靜中動)의 미학
'고요함 속에 움직임, 움직임 가운데 고요함'이라는 뜻으로 주변 환경과 외부의 자극에 상관없이 자기 의지대로 몸과 마음을 다스릴 줄 아는 경지를 의미.

📖 1930년대 소설

소설 쪽에서는 1930년대 들어 염상섭의 <삼대>, 채만식의 <탁류>와 <태평천하>, 홍명희의 <임꺽정> 등과 같은 장편이 많이 발표되었고, 강경애·백신애·최정희 등 여성 문인들도 활발히 활동했다.

모더니즘에 대한 다양한 논의와 접근 덕에 한국의 문단은 이제 완전히 전통 문학에서 벗어나 근대 문학으로서 확실히 자리매김했으나, 모더니즘 문학을 향한 비판의 목소리도 있었다. 식민지라는 암울한 상황에서 '예술을 위한 예술이 웬 말인가'라는 지적이었다. 모더니즘 사조의 총수라 할 김기림 역시 <모더니즘의 역사적 위치>에서 내린 결론은 모더니즘도 어느 정도는 사회의식을 투영할 수 있어야 한다는 것이었다. 김기림은 문학 또한 민족운동의 한 방편이 되어야 한다며 문학에 저항적인 사회의식과 민족의식을 반영하자고 설파했다. 일종의 항일 작품인 것이다.

심훈은 1930년 시 <그날이 오면>을 썼다. 1933년 발표하려고 했으나 일제의 검열을 받아 정식 발표되지 못하다가 광복이 되고 나서야 세상에 공개되었다. 저항시의 상징적인 인물인 이육사는 1939년 <청포도>를, 1940년 <절정>을 통해 민족적인 저항 의식을 강렬하게 표명했다. 이육사는 끝끝내 조국의 광복을 보지 못하고 사망했다. 그의 사후 발견된 유고작 <광야>가 광복 후 소개되었다. '끊임없는 광음', '큰 강물이 비로소 길을 열었다', '노래의 씨를 뿌려라' '다시 천고의 뒤에 백마 타고 오는 초인이 있어 이 광야에서 목 놓아 부르게 하리라'라는 구절에서 광복을 향한 이육사의 처절한 염원을 느낄 수 있다. 심훈과 이육사는 스스로를 시인이라고 여기지 않았다. 그렇지만 두

시인의 작품들은 '참여시'라는 장르로 분류되면서도, 고유의 예술적 아이덴티티를 인정받고 있다.

카프 문학

문학에 사회의식과 민족의식을 투영하자는 주장은 사회주의의 계급 투쟁과 극단적으로 맞물리며 카프 문학으로 탄생했다. '카프'란 에스페란토어 'KAPF(Korea Artista Proleta Federatio)'의 앞 글자를 따서 만들어진 용어로 '조선프롤레타리아예술가연맹'을 뜻한다. 카프는 1925년 김기진, 임화, 조명희, 이호, 박영희, 한설야 등이 주도하여 창설했다. 이들은 문학을 프롤레타리아 혁명에 일조하는 수단으로 여겼다.

카프 이전에도 '신경향파'라고 하여 노동자와 농민이 처한 상황을 담아내자는 사회주의 경향의 문학이 큰 신드롬을 일으켰다. 문학에 예술성을 앞세울 것인지, 사회성을 앞세울 것인지에 대한 논쟁이 1920년대 신경향파의 주도로 끊임없이 전개되었다. 신경향파는 현실을 외면한 채 낭만주의와 자연주의를 노래하는 모더니즘에 대해 가장 신랄하게 비판했다. 신경향파가 최종 도달한 단체가 카프였다.

신경향파의 한 사람인 김기진은 일찍이 무산자를 위한 문학 활동을 해야 한다고 주장했다. 그는 문학에 뚜렷한 목적의식이 있어야 한다고 강조했다. 같은 카프 출신의 박영희도 무산자 문학을 위한 작품을 만들겠다며 <철야>, <지옥순례> 등을 발표했다. 하지만 김기진은 박영희의 두 작품이 계급 투쟁으로서의 목적의식이 결여되어 있다고 강하게 비판했다. 김기진은 그

근거로 소설로서 최소한 갖추어야 하는 구조적 짜임새가 지나치게 약해 추상적이라는 점을 들었다. 이에 대해 박영희는 혁명을 위한 문학이 대체 왜 구조적 짜임새가 필요하냐며 반문하고, 그런 예술을 위한 갈증은 무산자 문학을 위한 길이 아니라고 대응했다.

한동안 잠잠했던 김기진은 진정한 무산자 문학이 되려면 대중들에게 더 보편적으로 다가갈 필요가 있기에 통속소설 혹은 세태소설들이 필요하다고 했다. 카프의 작가들은 무산자 문학이 되기 위해서 혁명의 가치를 더 강조해야 하는가, 아니면 대중들에게 더 쉽게 다가가는 요소에 주목해야 하는가를 두고 논쟁을 멈추지 않았다. 다만 조명희의 <낙동강>, 최서해의 <탈출기>와 같은 소설은 계급 문학을 지향하면서도, 도식성과 관념성을 극복한 계급 문학이라는 평가를 받고 있다.

카프는 1931년 『카프 시인집』을 발표했다. 이 중 가장 주목을 받는 시인은 임화다. 그는 자신이 가장 앞장서서 카프의 계급 문학을 이끌고 있다고 자부했다. 그만큼 사회주의자로서 자의식도 대단했다. 임화는 <네거리의 순이>, <우리 오빠와 화로>, <우산 받은 요코하마의 부두> 등의 작품을 발표했다. 이 작품들에서 임화는 연약한 존재들을 내세웠고, 이야기의 흐름 속에 계급 의식을 투영했다. 일제가 더 파쇼화되고 사회주의 단체에 대한 검열이 심해지면서 계급 문학에서 쓸 수 있는 단어들이 모두 제한됨에 따라 1935년 카프는 강제 해체되었다. 그 이후 임화는 친일파의 길을 걸었다. 친일 문인이 되고서 임화가 발표한 시가 <현해탄>이다. 언뜻 계몽적인 시로 읽히지만 일본에 대한 동경을 드러내고 있으며 친일 문인으로서의 변명이라는 해석이 지배적이다.

1930~40년대에는 조선 저작에 대한 일제의 탄압이 강화되었다. 상당수의 소설가들은 역사소설들만 쏟아냈다. 대표적으로 이광수의 <단종애사>·<마의태자>, 현진건의 <무영탑>·<흑치상지>, 김동인의 <운현궁의 봄>·<대수양>·<백마강>, 박종화의 <목 매는 여인>·<대춘부> 등이 있다.

조선총독부는 지식인과 문인들을 어떻게든 친일 문인으로 회유하려 했다. 문인들에게 식민지 조선인들을 세뇌하는 글을 강요하기도 했다. 친일화된 문인들로는 이광수, 최남선, 서정주, 김동인, 채만식, 김기진, 박영희, 임화, 주요환, 박태원, 이태준 등이 있다. 해방 후 이들은 이광수 「나의 고백」, 채만식 「민족의 죄인」, 김동인 「망국인기」, 이태준 「해방전후」 등 친일 행각에 대한 반성 혹은 변명의 글들을 발표했다.

근대적 연극과 영화의 태동

연극 분야를 살펴보자면 구한말부터 청나라인과 일본인들이 많이 거주하던 서울의 진고개, 충무로 등지에서 다양한 연극이 공연되었다. 이 두 지역은 공연 예술의 메카가 되었다. 1902년 종로 일대에 우리나라 최초의 근대 극장인 단성사가 설립되었다. 단성사, 원각사 등 초창기 근대적 공연장에서는 남사당놀이, 판소리 등 우리나라 전통 공연이 펼쳐졌다.

시간이 흐르면서 조선인들도 근대적 형태의 공연 예술을 추구하자는 움직임이 생겼다. 1908년 원각사에서 공연된 이인직의 소설 <은세계>가 그 시초였다. 하지만 이인직의 <은세계>는 여전히 우리 전통문화인 창극에 가까운 형태였다.

일제강점기 이후에 일본인 유학생들을 중심으로 서양이나 일본의 연극을 번안하며 '신파극'을 공연하였다. 대표적으로 <육혈포강도>와 <이수일과 심순애>가 있다. 다만 여전히 창극의 전통에서 완전히 벗어나지 못해 한국의 신파극은 변사가 출연하는 독특한 양식이 생기기도 했다.

연극계는 청년 유학생들의 신극 운동으로 전기를 맞는다. 일본 유학을 하며 에밀 졸라, 헨릭 입센, 버나드 쇼, 윌리엄 예이츠 등 서양의 대문호 극작가들에 대해 공부한 청년들은 신파극 특유의 경박함을 지양하며 정통 연극을, 즉 '신극'을 제작해 나갔다.

1920년 김우진, 홍해성, 조명희, 홍난파, 윤심덕 등 일본 유학생들이 중심이 되어 극예술협회를 조직했다. 이들은 연극 기획에서부터 제작, 연출, 노래, 연기 등을 도맡으면서 창작극을 만들고 전국적으로 순회공연에 나섰다. 또 한 켠에서는 토월회가 창작극은 물론 안톤 체홉이나 버나드 쇼, 톨스토이 등 서양의 연극을 공연하기도 했다. 당시 이월화라는 여배우가 선풍적인 인기를 끌었다.

◆ 토월회
박승희, 김기진, 이서구, 김복진 등이 주도했다.

조선총독부의 공연 예술 검열로 극예술협회가 공연 제작에 난항을 겪자 1931년 극예술연구회를 새로 조직했다. 홍해성, 유치진(유치환의 동생), 윤백남(기자 출신) 그리고 유럽에서 연극을 공부한 서항석, 김진섭 등이 참여했다. 극예술연구회는 초기에 홍해성을 중심으로 운영되었으나, 점차 유치진이 명성을 얻으며 유치진과 서항석이 연출을 주도했다. 유치진은 극예술연구회에서 <토막>, <소>, <풍년기> 등을 발표했다. 극예술연구회에서 나온 홍해성은 1935년부터 동양극장의 전속 연출자가 되어 대중극을 위주로 발표했다.

극예술연구회의 인지도가 높아지자 1938년 조선총독부는 극예술연구회마저 해체했다. 조선총독부는 1940년 조선인들의 연극계를 통제할 요량으로 조선연극협회를 조직했다. 이후 유치진, 함세덕, 서항석 등은 친일의 길로 접어들었다. 해방 후에도 한국 연극계에 영향이 컸던 유치진은 한국전쟁이 끝난 후 서울예술대학교를 설립했다.

근대적 연극의 시작과 함께 한국 영화 역사도 시작되었다. 한국 최초의 영화는 <의리적 구토>라는 작품이다. 1919년에 단성사에서 상영한 영화로, 연극인 출신 김도산이 기획했다. 다만 <의리적 구토>는 영화로서 완결성을 갖춘 것이 아니라 연극 공연 중 상영하는 연극적 장치의 일부였다. 이렇게 연극의 일부 요소로 기능하는 영화를 키노드라마라고 한다. 키노드라마가 아닌 영화로서 완결된 형태를 갖춘 작품은 1923년 조선총독부가 자금을 대서 제작한 <월하의 맹서>가 최초였다. <월하의 맹서>에는 토월회의 연극 무대에서 배우로 주가를 올리던 이월화♦가 출연했다. 그녀는 이 작품으로 영화배우로서의 커리어를 쌓았다.

영화는 연극에 비해 대중적 이해도나 인지도가 떨어졌다. 영화에 대한 인식의 전환을 이룬 작품이 1926년 나운규가 연출한 영화 <아리랑>이었다. <아리랑>을 계기로 비로소 한국 영화가 하나의 예술 장르로 정착할 수 있었다. 독립운동가 출신이었던 나운규는 배우로서 영화계에 뛰어들었다. 1926년 자신이 직접 연출도 하고 출연도 한 <아리랑>을 만들었는데, 피식민지인으로서 민족적 한을 다룬 <아리랑>은 공전의 히트를 친다. <아리랑>으로 성공적인 데뷔를 한 영화감독 나운규는 <풍

♦ 이월화
선풍적 인기를 끌던 배우였지만, 가난에 시달리다 젊은 나이에 사망했다. 예능인에 대한 시선이 곱지 않던 시절이라 그녀의 수입이 턱없이 적었다.

운아>, <벙어리 삼룡이>, <오몽녀> 등을 잇달아 제작했다. 이
작품들은 <아리랑>만큼 흥행에 성공하지 못했다. 아쉽게도 나
운규는 요절했고, 조선 영화는 침체기에 들어갔다. 일제강점기
말에는 일제를 찬양하는 프로파간다용 영화들만 제작되었을
뿐이다.

대중가요의 시작

음악 분야에서는 최초의 여성 성악가인 윤심덕이 1926년 <사
의 찬미>를 발표하며 한국 대중음악의 역사가 출발했다.

　일본 유학생 출신 윤심덕은 연극계에서도 활약했다. 이때 김
우진과 만나 사랑에 빠지고 세기의 스캔들을 일으켰다. 김우진
이 유부남이었기 때문이다. 이 커플은 부산에서 일본행 배를
탔는데 어찌된 영문인지 두 사람은 일본에서 내리지 않았다.
감쪽같이 사라지고 말았다.

◆ 사의 찬미

<사의 찬미>는 루마니아 노래를
우리말 가사로 고쳐 부른 노래로,
윤심덕이 작사한 것으로 추정된
다. 루마니아 출신 이오시프 이바
노비치가 작곡한 '다뉴브강의 잔
물결'이 원곡이다.

한걸음 더!

📖 윤심덕과 세기의 스캔들

김우진-윤심덕 커플은 일본으로 사랑의 도피를 하려 했다. 부산에서 배를 탔지만
도착했을 때 둘은 사라지고 없었다. 당시 신문은 불륜커플이었던 김우진, 윤심덕이
스캔들 때문에 고생하다 배 위에서 동반자살을 했다고 대서특필했다. 많은 사람들
이 둘의 자살을 믿었고 지금까지 그렇게 알려져 있다. 다만, 두 사람의 직전 행보가
스스로 생을 마감할 사람답지 않았기에 각종 설이 무성하다.

윤심덕이 한국 대중가요의 역사를 시작했지만, 대중가요 시장을 완성한 것은 이난영이었다. 이난영은 일제강점기 목포에서 아주 가난하게 태어났다. 우연히 그녀의 노래 실력을 알아본 극단 관계자들과 음반 제작자들이 그녀에게 녹음을 권했다. 1934년 발표된 <목포의 눈물>은 대국민 히트송이 되었다. 큰 성공을 거둔 이난영은 우리나라 민요, 유럽풍 트로트, 미국 재즈, 컨트리, 스윙 등 다양한 음악 장르를 두루 섭렵하면서 한국 대중가요 기반의 폭을 크게 넓혔다. 1936년 이난영은 작곡가 김해송과 결혼했다. 1939년 김해송은 제작자가 되어 이난영을 리더로 하는 한국 최초의 여자 아이돌 그룹 '저고리 시스터즈'♦를 만들었다.

♦ 저고리 시스터즈

당시 이들은 일본 측 고위장교들의 연회장에서도 노래를 불러야 할 때가 많았다. 이 때문에 해방 후 '저고리 시스터즈'는 비판을 받다가 유야무야 해체되었다.

28 관동대학살

관동대지진

1923년 9월 3차례에 걸쳐 강도 7~8 리히터의 강진이 일본의 간토(관동) 지방을 덮쳤다. 다음 날까지 10~20회의 크고 작은 여진들이 잇달았다. 일본 곳곳에서 대화재가 일어나 모든 불을 끄는 데 3일이나 걸렸다. 때마침 강풍이 불어 화재 진압을 더 어렵게 했다. 일부 지역에서는 순양함 한 척이 손쉽게 박살 날 수준의 쓰나미가 들이닥치기도 했다. 지진만으로도 약 10만 ~14만 명이 사망했다. 지진에 이은 화재로 3만 8천 명이 사망했고, 가옥 피해는 헤아릴 수조차 없었다. 사망자와 실종자 수만 따져 본다면, 2011년 동일본 대지진의 약 6배에 달하는 수치다. 특히 인구가 밀집한 수도 도쿄의 피해가 막심했다. 일본의 간토 지방은 공포로 가득 찼고 치안도 매우 불안정했다.

유언비어 유포

일본 간토 지방에는 식민지 조선인 유학생과 노동자들이 상당히 많이 있었고, 이들 또한 지진과 화재로 상당수가 사망했다. 하지만 더 끔찍한 일이 식민지 조선인들을 기다리고 있었다. 현지 일본 경찰들이 대지진으로 아비규환이 된 현장에서 조선인들이 일본인들의 집과 재산을 도둑질한 뒤 방화한다는 근거 없는 유언비어를 유포했다. 우물에 독극물을 집어던지고, 일본인들을 살해한다는 소문까지 퍼졌다. 천재지변에 따른 일본 사회의 공포와 불안감을 조선인을 향한 집단적 광기로 상쇄하려는 의도였다.

천재지변으로 인한 공포가 조선인을 향한 공분으로 폭발하기 시작했다. 일본 민간인들은 자경단을 조직하고, 일본인을 지키겠다며 지나가는 식민지 조선인들을 죽창으로 마구 찔러 죽였다. 치안을 유지하고 무질서를 수습해야 하는 경찰은 민간 자경단의 조선인 학살을 묵인해 주었다. 자경단은 조선인 학살을 자랑스러워하기도 했다. 당시 간토 지방 자경단 수는 무려 3,600개가 넘었다.

관동대학살

일본 정부는 조선인들과 관련한 유언비어에 대해 별다른 조사나 확인조차 없이 계엄령을 선포하고 군대를 동원하여 식민지 조선인들을 색출했다. 일본인의 회고에 따르면 식민지 조선인들은 3~10명씩 몸이 묶인 채 강물에 떠다녔으며, 전부가 나체 상태였다고 한다. 대부분 산 채로 강물에 내던져 버린 것이다. 두 눈을 뜨고 볼 수 없는 너무도 끔찍한 참상이 이어졌다. 자경단과 경찰관과 군인들이 조선인들을 몽둥이로 무참히 폭행하고, 온몸에 석유를 뿌려 불을 붙였다고도 한다. 현장에 있던 일본인들조차 그 광경을 보고 너무한 것 아니냐고 말하면, 곳곳에서 "이놈들이 우리의 가족과 형제를 죽였다."라는 아우성이 터져 나왔다. 일본의 신문사 등 언론 기관에서도 식민지 조선인을 '불령선인'이라고 특필하면서 조선인을 향한 일본인의 분노를 부추겼다.

학살의 규모가 더 커지자 식민지 조선인들은 신분을 숨기려고 일본인으로 위장했다. 학살자들은 식민지 조선인들이 히라가나 중 "じ(ji)" 발음을 힘들어하는 것을 알고, "じ"를 발음하도록 해서 발음이 어눌하면 그 자리에서 살해했다. 학살이 이루어지지 않은 곳에서도 일본인 사업주들은 조선인 노동자들을 내치기 일쑤였다.

관동대지진으로 발생한 조선인 피해자 수는 정확히 밝혀지지 않았다. 정식적인 사법 절차를 거치지 않은 불법적 살해, 분노한 일본인 민중들이 저지른 잔혹한 학살이었기에 정확한 사망자 수를 파악하기 어렵다. 임시정부에서는 6,000명 이상으로 집계했지만, 조선총독부와 일제는 지금까지도 그 피해자 수를 1,000명 이하로 은폐하고 있다. 현재 조사된 내용에 따르면 당시 조선인 사망자 수가 2만 명이 훨씬 넘는 것으로 보고 있다.

일본인들의 마구잡이식 식민지 조선인 학살은 당시 일본 정부 측에서도 진지하게 논의되었다. 과연 조선인들이 정말로 폭동을 일으키고 다니는지를 확인하고자 사법 기구를 통해 진상 조사에 들어갔다. 이들이 발표한 내용은 조선인들의 폭동이 '일부'

있었다는 것뿐이었다. '일부' 조선인들이 방화, 협박, 강도, 상해, 공무 집행 방해, 강간, 살인, 폭발물 소지, 교량 파괴, 독살 시도 등을 한 혐의가 있다는 논조였다. 사실의 왜곡이자 은폐다.

관동대학살에 대해서는 현재까지도 한국과 일본의 여러 학술 단체에서 진상 조사를 위한 노력을 이어 가고 있지만 일본 정부에서는 한없이 은폐 및 사건을 축소하려는 탓에 제대로 된 조사가 어려운 실정이다. 100년이 지난 지금까지도 진실이 밝혀지지 않고 있다.

독립운동가들의 ──── 어록

조선의 청년은 도덕상
지식이 있는 청년이다.

이상재

결국 세상은 선으로
악을 이길 것이다.

이상재

사람을 사랑하고,
겨레를 사랑하라.

조만식

조선의 청년들은 처음에 희망이
있다가, 중간에 비관이 있다가,
끝에 가서는 낙관을 하는 것 같아.

이상재

자기의 몸과 집을 자신이 다스리지
않고 대신 다스려 줄 사람이 없듯이,
자신의 국가와 자신의 민족을 자신이
구하지 않으면 구해 줄 사람이
없다는 것을 깨닫는 것이
바로 책임감이자 주인관념이다.

안창호

단결하면 무슨 일이든지
이룰 수 있다.

조만식

사소한 일부터 최선을 다해서 하다
보면 훌륭한 사람으로 성장할 수 있다.

조만식

용서하고, 참고, 견디고,
부지런히 나아가라.

조만식

내가 죽고 비석을 세우려거든
비문을 쓰지 말고 두 눈을 그려 달라.
저승에 가서라도 한 눈으로는 일본이
망하는 것을 보고, 또 한 눈으로는
조선의 자주독립을 지켜보리라.

조만식

독립이 성취될 때까지
우리 자신의 다리로 서야 하고
우리 자신의 투지로 싸워야 한다.

김마리아

몸이 끝나는 날까지 나에게 맡겨진
임무를 다 하는 것이
나의 소원이다.”

김마리아

나는 서기를 알 뿐,
일본의 연호는 모른다.

김마리아

조국이 무엇인지 모를 때는
그것을 위해 죽은 사람들을
생각해 보아라.”

정정화

도피도 안주도 아니다.
또 다른 비바람을 맞기 위해
스스로 떠나는 길이다.

정정화

자신의 나라를 사랑하려거든
역사를 읽을 것이며, 다른 사람에게
나라를 사랑하게 하려거든
역사를 읽게 할 것이다.

신채호

우리는 오직 시대를 개척해야
할 의무가 있고 이 숭고한 사명을
다하기 위해서 젊은이들이
적극적으로 참여해야 할 것이다.

안재홍

함께 일어나 지켜야 하고,
싸워야 하고, 고쳐가야 하고,
이를 방해하는 어떤 자들이고
부숴 치워 버려야 할 것이다.

안재홍

인생은 좋은 표준을 세우고
자동적으로 고결하게 진행하는 것이
가장 귀한 것이다.

한용운

한결같이 참되고
거짓이 없어야 한다.”

정인보

남쪽에서 오는 노동자들이 철로
길을 닦으면서 '아리랑, 아리랑' 하고
구슬픈 노래를 부르더군요.
그것이 어쩐지 가슴을 울려서
길 가다가도 그 노랫소리가 들리면
걸음을 멈추고 한참 들었어요.

나운규

조선 청년은 시대적 행운아이다.
바꾸어 말하자면 현대는 조선 청년에
게 행운을 주는 득의의 시대다.
조선 청년의 주위는 역경인 까닭이다.
역경을 깨치고 아름다운 낙원을
자기의 손으로 건설할 만한 기운에
제회(際會)하였다는 말이다.

한용운

제
4
장

—

일제의

파쇼화

—

29

문맹 퇴치 운동과
브나로드 운동

30

식민지 조선을
살찌우다

31

이봉창과
윤봉길 의거

32

한중
연합 작전

33

국가
총동원령

34

중앙아시아
강제 이주

29 문맹 퇴치 운동과 브나로드 운동

식민지 조선인의 문맹률

일제강점기 식민지 조선인들에게 교육 기회가 충분히 주어질 리 없었다. 식민지 조선인들의 문맹률은 매우 높을 수밖에 없었다. 일제강점기 때 조선총독부가 주관한 문맹률 조사는 한글, 한자는 물론 일본 글자인 가나까지 기준으로 삼았기 때문에 그 수치가 더 높을 수밖에 없기는 했다. 그러나 가나를 배제하더라도 한자는 물론 한글조차 모르는 사람들이 부지기수였다.

조선인의 보통학교(오늘날의 초등학교) 입학율은 1920년대까지 10%를 넘지 못했다. 1920년대 중반에 이르러 겨우 10%를 넘어섰지만, 20%에는 한참 미치지 못했다. 이는 일제강점기 문맹률을 정확히 추산할 수는 없어도 한글을 깨우치지 못한 조선인의 비율이 매우 높았다는 것을 짐작할 수 있는 통계다. 지

방으로 갈수록 까막눈은 훨씬 많았고, 가난한 사람들에게 글을
가르치는 일이 시급했다.

동아일보의 글장님 없애기 운동

1920년대 후반부터 언론사를 중심으로 대중들에게 글자 교육
을 시작했다. 1928년 동아일보는 '글장님 없애기 운동'을, 1929년
조선일보는 '문자 보급 운동'을 펼쳤다. 동아일보는 각 지방에
배포할 선전 포스터를 제작하고 곳곳에 팸플릿을 뿌렸다. 신문
사설을 통해 문맹률을 낮춰야 할 필요성을 알리고 지방 강연을
주도하기도 했다. 전국 300여 개의 동아일보사 지국, 분국이 모
두 이 운동에 동참하여 문단의 유명한 학자와 교수 32명을 섭
외하고, 명사들의 강연회를 주최했다. 연희전문학교의 경제학
박사 조병옥, 조선일보사 기자 안재홍, 독립운동가 홍명희, 조
선어학회의 최현배, 최남선, 방정환 등이 강연에
나섰다.

◆ 글장님 없애기 운동
글장님은 문맹자를 일컬으며 '글
장님 없애기 운동'은 문맹자 퇴치
운동의 순우리말이다.

조선총독부가 동아일보의 활동을 가만둘 리 없
었다. 조선총독부는 동아일보의 '글장님 없애기
운동'이 러시아 사회주의의 불온한 사상을 연상
케 한다며 모든 강연 활동과 선전물 배포 활동을
금지했다. 아쉽게도 동아일보의 '글장님 없애기
운동'은 몇 개월 지속되지 못하고 끝났다.

조선일보의 한글원본

조선일보의 문자 보급 운동

동아일보의 바통을 조선일보가 이어받았다. 조선일보 간부직에는 조선어학회 소속 어학자들이 많이 있던 덕분에 자연스레 한글 연구와 함께 문맹 퇴치 운동이 진행될 수 있었다. 조선일보는 "아는 것이 힘, 배워야 산다."라는 구호를 내걸며 1929년 문자 보급 운동을 전개했다.

조선일보는 방학 중인 전국의 중등학생들을 모아 교육 봉사에 나서게 했다. 조선일보가 자금을 지원하고, 중등학생들은 기초적인 한글과 산수를 농촌 사람들에게 가르쳐 주었다. 1930년까지 중등학생 자원봉사자는 900여 명, 1931년에는 1,800여 명, 1934년에는 그 수가 무려 5,000명을 넘어섰다. 또한 조선일보는 1930년 <한글원본>이라는 교재를 자체 제작하기도 했다. 4년 후인 1934년에는 <문자보급교재>라는 교재도 발간했다. <한글원본>의 경우 30만 부를, <문자보급교재>의 경우 50만 부를 배포했다.

1920년대 후반에 벌어진 문맹 퇴치 운동에는 이전의 여러 대중운동과 사회주의의 영향으로 농민과 노동자에 대한 관심도가 높아졌던 배경도 작용했다. 그전에는 농민과 노동자들의 생존권은 식민 국가의 독립과 별개라는 인식이 있었지만, 독립이 되려면 이들의 의식 수준이 높아져야 한다는 생각이 상식으로 자리를 잡았다. 사회주의 계열, 민족주의 계열 지식인들 모두 생각이 일치했고, 문맹 퇴치 운동에 함께 할 수 있었다. 교육 혜택을 덜 받을 수밖에 없는 사람들에게 충분한 교육 기회가 제공되어야 한다는 데 대한 열렬한 공감으로 문맹 퇴치 운동은 활기를 띠었고, 브나로드 운동으로까지 이어질 수 있었다.

◆ 중등학생
오늘날의 중학생과 고등학생의 통칭이다.

◆중등학생들의 교육 봉사
1930년대 초에 동아일보가 벌이는 '브나로드 운동'의 좋은 선례가 되었다.

동아일보의 브나로드 운동

1931년 조선일보의 '문자 보급 운동'에 자극받은 동아일보는 일부 지식인들을 문맹률이 높은 농촌 지역에 파견하여 글을 가르치게 했다. 이러한 일련의 농촌 계몽 운동을 '브나로드 운동'이라고 한다. '브나로드'란 '민중 속으로'라는 뜻의 러시아어로, 이 운동은 러시아에서 행해진 지식인들의 활동을 모델로 한 것이다. 1932년 동아일보는 농촌 계몽 운동을 위해 투입된 지식인 혹은 학생 자원자들을 '학생계몽운동대'라고 명명했다.

1931년 7월 여름방학부터 시작하여 1934년까지 약 4차례에 걸쳐 파견된 브나로드 대원들은 야학, 강습소, 보습반 등을 만들어 지방 어른들과 아이들을 교육했다. 물론 아무 대가도 없는 자원봉사였다. 교육은 맞춤법, 산수, 위생 교육 위주로 진행되었다. 브나로드에 투입된 교육 봉사자들은 학생계몽대(지금의 고등학생인 중등 4~5학년생으로 구성), 계몽별동대(일반인 참가자), 그리고 학생기자단으로 편성되었다.

브나로드 운동은 나름 다채롭게 펼쳐졌다. 피교육자들이 참여하는 공모전이나 사생대회, 백일장, 음악회 등이 간헐적으로 열렸다. 동아일보는 1931년부터 1934년까지 <한글 공부>, <한글 맞춤법 통일안>, <신철자편람> 등의 한글 교재 210만 부를 출판해 브나로드 운동의 교재로 삼기도 했다.

브나로드 운동을 소재로 만든 소설 심훈의 <상록수>는 현장의 생생함을 고스란히 담아냈다. <상록수>의 주인공인 채영신은 실제 브나로드 운동에 투입되었던 여학생 최용신을 모델로 만들어진 인물이다. 최용신은 심훈이라는 소설가에게 주인공의 영감을 줄 만큼 브나로드의 최전선에 있던 인물이었다. 그녀는 함경남도 덕원군의 유복한 환경에서 태어났다. 집안 자체가 근대 서구 문물과 사상에 개방적이었다. 최용신은 일찍이 기독교인의 길을 걸었고 그녀의 아버지와 할아버지 모두 사립학교의 선생님이었다. 최용신은 마을에 있던 루씨여자보통학교를 다녔고 19살 때인 1928년 루씨여자고등학교를 수석 졸업했다고 한다. 졸업 후 서울로 간 그녀는 협성신학교에서 공부하며 20대를 시작했다. 협성신학교에서 만난 황에스더 선생님은 최용신에게 브나로드 운동에 동참할 것을 제안했다. 교육자 집안에서 나고 자란 최용신은 브나로드 운동의 뜻에 깊이 공감하여 농촌 속으로 뛰어들었다.

"이 사회는 무엇을 요구하며 또 누구를 찾는가? 사회는 새 교육을 받은 새 일꾼을 요구한다. 여기에 교육받은 여성들이 자진하여 자기들의 책임의 분을 지고 분투한다면 비로소 완전한 사회가 건설될 줄로 믿는다. (중략) 그러므로 내가 절실히 느끼는 바는 농촌의 발전도 마지막엔 여성의 분투에 있다는 점이다. 오늘에 교육받은 여성들이 북데기 쌓인 농촌을 위하여 몸을 바치는 이가 드문 것은 사실인 동시에 크게 유감된 바이다. (중략) 중등교육을 받은 우리가 화려한 도시생활만 동경하고 안일의 생활만 꿈꾸어야 옳을 것인가? 농촌으로 돌아가 문맹퇴치에 노력해야 옳을 것인가? 거듭 말하노니 우리는 손을 서로 잡고 농촌으로 달려가자."
– 최용신의 〈조선일보〉 기고문

최용신은 학업을 잠시 중단하고 지금의 안산인 샘골마을에 파견되었다. 샘골마을 사람들은 처음엔 신식 교육을 받은 여학생에게 차별 어린 시선을 보냈다. 최용신은 그 숱한 차별 대우를 참으며 교육 봉사에 진정성을 보였고, 마을 사람들이 그녀의 진심 어린 열정과 능력에 감응하는 데 그리 오랜 시간이 걸리지 않았다. 최용신은 샘골마을에 학원, 야학, 강습소 설립을 주도했고, 마을 부녀회와 청년회를 결성해 주기도 했다. 최용신의 눈부신 활약으로 샘골마을의 생활이 개선되었다. 그러나 너무 무리했던 탓인지 그녀는 1935년 1월 25살의 나이에 과로로 사망했다. 죽기 전 최용신은 유언으로 "나는 갈지라도 사랑하는 천곡강습소를 영원히 경영하여 주십시오. 김군과 약혼한 후 십 년 되는 금년 사월부터 민족을 위하여 사업을 같이 하기로 하였는데 살아나지 못하고 죽으면 어찌하나. 샘골 여러 형제를 두고 어찌 가나. 애처로운 우리 학생들의 전로를 어찌하나, 애처로운 우리 학생들의 전로를 어찌하나. 어머님을 두고 가매 몹시 죄송합니다. 내가 위독하다고 각처에 전보하지 마오. 유골을 천곡강습소 부근에 묻어 주오."라는 말을 남겼다.

한 걸음 더!

📖 **최용신과 상록수**

소설가 심훈은 최용신의 일생에 감동받아 그녀를 주인공으로 한 소설 <상록수>를 집필했다. 샘골마을은 경기도 안산시 상록구에 있다. 상록구는 소설 <상록수>에서 따온 행정 지명이며, 전철역 이름인 '상록수'역 역시 여기서 유래했다. 지명으로나마 최용신의 영혼을 샘골마을에 묻은 것이다. 2007년 안산의 샘골마을에는 최용신기념관이 들어섰다.

이렇듯 브나로드의 열기가 워낙 뜨거워지자 총독부는 야학과 강습회 개최도 불법화하여 탄압했다. 동아일보 브나로드 운동도 장기적으로 지속되지는 못했다. 또한 정확하게 문맹률을 얼마나 낮추었는지도 추산하기 곤란한 점들이 많아서 그 성과를 계량화하기는 힘들다. 브나로드의 성과를 수치화하긴 어렵지만, 투입 규모를 통해 브나로드 운동의 왕성했던 활동력을 짐작할 수 있다. 1931년부터 1934년까지 매년 한 차례씩 총 4차례에 걸쳐 진행된 브나로드 운동 일수는 298일, 개강 횟수는 2만 737번, 총 투입 인력은 5,751명이었다. 수강생 총인원은 무려 97,598명으로 거의 10만 명에 달했다.

'글장님 없애기 운동'과 '문자 보급 운동', '브나로드 운동'은 양적 성과를 충분히 이루어 낸 기념비적 운동이었다.

30 식민지 조선을 살찌우다

만주사변

1920년대 일제가 식민지 조선을 상대로 문화통치를 실시하게 된 배경에는 제1차 세계대전 이후 일본 경제의 호황과 인권 의식이 싹튼 다이쇼 데모크라시가 있었다. 하지만 1929년 세계 대공황으로 한순간에 많은 것들이 거품처럼 사라졌다. 감당하기 힘든 경제적 불황을 겪게 되자 일본은 군부의 목소리가 커지면서 군국주의가 확산되었다.

일본 내에서는 군부와 정치권의 신경전이 팽팽하고 민심은 흉흉했다. 만주에 있던 일본 관동군은 류탸오후에 있던 철도를 폭파시킨 뒤 이를 만주 동북군의 소행으로 몰아갔다. 일본 관동군은 이 류탸오후 사건을 빌미로 1931년 만주사변을 일으켜 만주를 장악했다. 일본 정부의 내각에서도 관동군의 단독 작전에 강한 불만을 표출했으나, 경제 위기로 무기력감이 만연했던 일본 내 여론은 오히려 군부에 우호적이었다.

조선총독부의 농촌 진흥 운동

일본은 세계 대공황에 따른 경제 위기를 해소하기 위해 식민지 조선을 적극 이용하기로 했다. 1931년 조선총독부의 6대 총독으로 우가키 가즈시게가 부임했다. 신임 총독의 목적은 확실했다. 빼앗아 갈 것이 많도록 식민지 조선을 살찌우는 것. 아직까지 산미 증식 계획이 진행되는 가운데 1932년 조선총독부는 농촌 진흥 운동을 발표했다. 겉으로는 조선 농민들을 응원하고 힘을 주겠다면서 수확량 증진을 도모하는 듯했지만, 그들의 실제 목적은 농산물의 수확량을 증가시켜 조선인들로부터 더 많이 수탈하는 것이었다. 아울러 1920년대 이후로 갑자기 활성화된 소작쟁의를 억제하려는 의도도 있었다.

조선총독부는 농촌 진흥 운동의 일환으로 지주와 소작농 사이를 중재하기 위해 적극적으로 나서겠다고 했으나, 구체적인 정책이나 제도는 없었다. 그저 말만 번지르르한 선전일 뿐이었다. 사실 조선총독부는 소작농이 늘어나는 것을 원치 않았다. 소작농이 증가해 봤자 농업 생산량이 느는 것은 아니기 때문이었다. 농업 생산량을 늘리기 위해서는 지주나 자작농의 수가 많아야만 했다. 하지만 1910년대의 토지 조사 사업 그리고 1920년대의 산미 증식 계획 등으로 조선의 농촌 경제는 이미 파탄 날 대로 파탄 나 있었기 때문에 식민지 조선인 농부가 자작농으로 성장할 수 있는 가능성은 매우 적었고 조선 농촌의 궁핍함은 계속 심해지고 있었다. 따라서 조선총독부의 농촌 진흥 운동은 큰 효과를 보지 못했다.

군국주의의 확산

일본 내에선 군국주의가 더 강성해지고 있었다. 1932년 일본 해군 장교들이 쿠데타를 일으켰다. 그들은 일본 수상을 살해하고 모든 정당들을 부정한 뒤, 내각을 그들의 입맛대로 구성했다. 새로운 수상으로는 1920년대 조선의 3대·5대 총독을 역임했던 사이토 마코토가 취임했다. 일본 해군의 쿠데타가 일어나고 일본 육군 내부에서는 군국주의와 파시즘을 두고 찬반이 갈리고 있었다.

1936년 강경파였던 육군 황도파(皇道派)가 쿠데타를 일으켰다. 황도파들의 쿠데타는 결국 진압되었지만, 그 과정에서 온건파 핵심 멤버들이 희생되었기에 일본 육군 내에는 강경파들만 남게 되었다. 쿠데타를 진압한 세력도 군부였기에 군부의 정치 개입이 그 어느 때보다 심해지고 있었다. 사이토 마코토의 총리 취임 이후 이미 일본의 내각은 군부 출신들이 장악하고 있었다. 일본은 바야흐로 군국주의 정당으로 자리를 잡았고 이들은 만주와 중국 대륙 진출을 목표로 침략 전쟁을 계획했다.

> **한 걸음 더!**
>
> 📖 **황도파(皇道派)의 몰락**
>
> 일본 군부는 일본의 파쇼화에 대해 강경파와 온건파로 나뉘어 있었다. 일본 육군의 강경파 중에서도 극단적 팽창주의 노선을 지향했던 파벌이 황도파였다. 황도파는 천황제일주의의 파시즘을 내세우면서 강력한 반공사상을 설파한 극우 조직이었다. 점차 정지적 입지가 좁아진다고 여겼던 황도파에서는 1936년 2.26사건이라는 쿠데타를 일으켜 온건파들을 대거 숙청했다. 하지만 황도파와 파벌 싸움을 하던 다른 강경파에 의해 진압되어 황도파는 몰락했다.

대한민국 국민이 꼭 알아야 할 일제강점기 역사

조선총독부의 남면북양 운동

일제가 만주와 중국 대륙으로 진출하기 위해서는 식민지 조선을 보급 기지로 삼아야만 했다. 이제 일제에게는 쌀보다는 전쟁에 필요한 물자들이 더 절실했다. 1934년 조선총독부는 산미 증식 계획을 중단하고 공업 원료를 확보하기 위해 남면북양(南棉北羊) 정책을 실시했다. 한반도의 남부지방에서는 면화를 재배하게 하고, 북부지방에서는 면양 생산을 위해 가구당 5마리의 양을 사육하도록 강요하는 정책이었다. 한반도 곳곳에 직물 공장들이 들어섰다. 농촌 진흥 운동도 1935년부터는 농민들의 공동체주의와 국가에 대한 충성심을 강요하며 일제에 대한 세뇌 사업으로 전환되고 있었다.

조선총독부의 병참기지화 정책

더 나아가 일제는 식민지 조선을 아예 병참기지로 삼기로 하고, 병참기지화를 위한 각종 군수 공장들을 설립했다. 1936년에 설립된 공장의 수가 1931년 수치의 4배를 넘어설 정도로 공장 설립에 투입하는 일제의 자본 규모가 폭증했다. 특히 미쓰이 그룹 등 일본 재벌 기업의 자본이 많이 투입되면서 중화학 공장들이 많이 늘었다. 1936년 식민지 조선 산업 중 중공업의 비중이 28%에 달했고, 이 비율은 해를 거듭할수록 더 올라갔다. 조선총독부와 일제의 식민지 조선 병참기지화 정책으로 식민지 조선의 중공업 산업은 비약적으로 성장했지만, 그 혜택은 조선인들에게 전혀 돌아가지 않았다. 모든 물품들이 일제의 전쟁 물품으로 사용되었다. 식민지 조선에서 일본으로 반출되는 철의 비율이 무려 89%였다. 병참기지화 정책으로 중공업과 경공업의 균형이 무너져 버렸다. 그나마 경공업이 유지되고 있던 것은 남면북양 정책 때문이었다. 이것 또한 전쟁을 위한 산업이었지만 말이다.

쌀을 수확하는 농업은 쇠퇴해 버렸고, 조선의 농촌 현실은 더욱 참혹해졌다. 식민지 조선에 들어선 공장들 다수는 한반도 남부 지역보다는 북부 지역에 집중되어 있었다. 상대적으로 기후가 온화하고 평야 지대가 많은 남부 지역에는 최소한의 농업을 맡겨야 했다. 금속 공업 공장은 북부 지역이 남부 지역보다 약 10배, 화학 공업 공장은 북부 지역이 남부 지역보다 약 3배가량 많았다. 가스나 전기 등 에너지 생산은 북부 지역이 남부 지역보다 4배 정도 많았다. 남부 지역이 북부 지역보다 더 많은 공장을 보유한 분야는 식료품, 방직, 목제품 정도였다. 해방-분단-전쟁 시기 북한의 공업이 남한의 공업을 앞질렀던 이유에는 일제의 병참기지화 정책이 있었다.

1937년, 준비를 마친 일본은 중일전쟁을 일으키며 대륙 침략 전쟁을 시작했다.

이봉창과
윤봉길 의거

김구의 한인애국단 결성

상하이에 있던 대한민국 임시정부는 국민대표회의 후 와해되어 사실상 유령 기구가 되었다. 국민대표회의 후 이승만이 탄핵되고 박은식이 2대 임시 대통령으로 취임했지만 노구의 박은식은 얼마 안 있어 사망했다. 임시정부를 어떻게든 끌고 가려던 김구를 포함한 소수의 몇 인원들은 1925년부터 대통령제를 철폐하고 국무령 제도를 실시했다. 국무령이란 내각의 총책임자로, 임시정부는 대통령제 대신 내각책임제를 채택한 것이었다. 하지만 국무령과 기존의 대통령 사이에 큰 차이가 없다는 의견이 나오자 1926년 12월 국무령으로 취임한 김구는 다음 해에 국무위원들의 집단 지도 체제를 수립했다. 이러한 자체 쇄신의 노력에도 불구하고 임시정부의 위상은 땅에 떨어져 있었고, 영향력은 거의 없다시피 했다. 그럼에도 김구는 독립 후 정부의 필요성을 절감했기 때문에 임시정부를 끝까지 유지하려 했다.

1931년 만주사변으로 중국과 일본 사이의 관계는 급격히 악화되었다. 김구는 중국 내 반일 감정을 이용해 중국으로부터 임시정부 활동의 협력과 지지를 받으려고 했다. 그러나 중국의 장제스가 이빨 빠진 임시정부를 도와줄 이유는 없었다. 김구는 임시정부의 건재함과 활약상을 세상에 널리 알리기로 한다. 김구는 임시정부 직속의 비밀공작 단체를 결성했다. 1931년 10월 김구는 '한 사람을 죽여서 만 사람을 살리는 방법이 혁명 수단의 근본'이라는 기치를 내걸고 상하이에서 민족주의 성향의 청년 80여 명을 모아 한인애국단을 조직했다.

이봉창 의거

한인애국단의 첫 활동은 1931년 12월 일본 도쿄에서 있었던 이봉창의 의거였다. 원래 용산역에서 역무원으로 일했던 이봉창은 특이한 이력을 갖고 있었다. 이봉창은 일본에서 일본인 양아버지를 둘 정도로 일본에 대한 애착이 남달랐다. 일본어와 일본 역사뿐 아니라 일본 문화에 대해서도 능통했다고 한다. 그러나 역무원으로 일하는 동안 이봉창은 일본인들에 비해 여러 가지 차별을 받았고, 심지어 일본 천황의 즉위식 구경을 갔다가 한국인이라는 이유만으로 체포되는 일까지 있었다. 민족적 차별에 부당함을 느낀 이봉창은 이제 일본 제국주의에 대한

적개심을 더 크게 품었다. 이봉창은 안중근의 동생 안공근의 추천으로 한인애국단에 가입했다. 다음은 <백범일지>의 한 구절이다.

> 내가 임시정부 재무부장이면서 상하이 애국단 단장을 맡고 있던 때, 한 동포가 찾아왔다. "저는 일본에서 노동을 하다가 독립운동을 하고자 상하이로 왔습니다."
> 나는 다음 날 다시 이야기하자 하고, 애국단 사무원에게 근처 여관을 잡아 주라 하였다. 말할 때 일본어를 절반이나 섞어 쓰고, 행동 또한 일본인과 흡사하여 특별히 조사할 필요가 있다고 생각하였다.

그러나 김구의 의심은 이봉창의 파격적인 권유를 듣고는 강한 확신으로 바뀌었다. 한인애국단 사람들과 국수와 술을 먹는 도중 이봉창이 먼저 일본 천황을 암살하자고 제안했다. 김구는 한인애국단을 조직할 때 일본군 장교나 고위직 혹은 친일 간부들을 표적으로 삼았지 일본의 천황을 죽이는 일까지는 생각하지 못했다. 김구는 확인차 이봉창과 깊은 대화를 나누었다. 그때 이봉창은 이렇게 말했다.

이봉창 의사

"제 나이가 31살입니다. 앞으로 31년을 더 산다 해도 늙은 생활이 무슨 재미가 있겠습니까? 인생의 목적이 쾌락이라면 31년 동안 대강 맛보았습니다. 그러니 이제는 영원한 즐거움을 얻기 위해 독립운동에 몸을 던지고자 상하이에 왔습니다."

이봉창은 신분을 숨기고 일본인 철공장에 취직했다. 돈과 폭탄을 마련한 김구는 상하이 프랑스 조계지(租界地)로 이봉창을 불렀다. 1931년 12월 김구는 상하이 중흥여관에서 이봉창에게 돈과 폭탄을 주고 사진관에서 함께 기념사진을 찍었다.

♦ 조계지(租界地)
조약에 따라 상대방 국민의 거주와 영업 등을 허가한 지역.

내 얼굴에 슬픈 기색이 있었던지 이씨가 오히려 나를 위로해 주었다. "저는 영원한 즐거움을 누리기 위해 떠나는 것이니, 기쁜 얼굴로 사진을 찍읍시다." 이에 억지로 미소를 띠고 사진을 찍었다. 차에 올라앉은 이봉창이 머리 숙여 마지막 경례를 하자 경적 소리 한 번 내고 무정한 차는 내달렸다.
- 김구 <백범일지 >

임시정부의 다른 간부들은 이봉창이 밀정이 아니겠느냐며 끝까지 의심을 풀지 않았다고 한다. 유일하게 이봉창을 믿어 주었던 사람은 김구였다.

이봉창은 그동안 신분을 위장하며 사귀어 놓은 일본인들의 도움으로 도쿄까지 무사히 도착했다. 1932년 1월 8일 이봉창은 열병식을 마치고 황궁으로 돌아가던 일본 히로히토 천황에게 폭탄을 던지기로 했다. 문제는 여러 개의 마차 중 어떤 것이 히로히토가 타고 있는 마차인지 알 수가 없다는 것이었다. 이봉창은 두 번째 마차에 폭탄을 던졌다. 그러나 히로히토는 첫 번째 마차에 있었다. 급작스레 폭탄이 투척되었기 때문에 일본 경찰들은 범인을 오인했다고 한다. 이봉창은 자살용으로 두었던 폭탄을 자진납부하고 그 자리에서 자수했다. 1932년 9월 30일 이봉창은 사형선고를 받았고, 10월 10일 사형이 집행됐다.

중국 국민당의 기관지 <민국일보>에서는 이봉창의 의거를 두고 "안타깝게도 명중하지 못했다"는 내용의 기사를 적었고, 분개한 일본인 경찰과 군인들이 민국일보사를 쳐들어가 난장을 부렸다고 한다.

이봉창의 의거가 있던 1932년 1월 8일, 일본은 상하이 사변을 일으켰다. 1931년 만주에서 일본 관동군이 일으켰던 만주 사변이 국제적으로 규탄받자, 관동군과 일본군 내 강경파들이 국제 사회의 시선을 만주가 아닌 다른 곳으로 돌리기 위해 상하이를 침공했던 것이다. 이때 벌어진 끔찍한 학살 장면을 김구는 이렇게 묘사했다.

일본군은 상하이에서 남녀노소를 가리지 않고 모두 불에 던져 죽이는 등 차마 눈 뜨고 볼 수 없는 잔인한 만행을 저질렀다. 프랑스 조계지 안 곳곳에서도 후방 병원을 세우고 전사자의 시체와 부상병을 트럭에 가득 실어 날랐다.

- 김구 <백범일지>

윤봉길 의거

상하이에서 일본인이 일으킨 만행은 조선인, 중국인 할 것 없이 일본을 향한 반감을 걷잡을 수 없게 키웠다. 반인륜적 불의가 촉발시킨 분노는 청년들의 가슴 속 불을 활활 타오르게 했다. 상하이 사변이 있고 얼마 뒤인 1932년 1월 28일, 훙커우 시장에서 채소 장사를 하던 청년 윤봉길이 김구를 찾아왔다.

> "제가 날마다 채소 바구니를 등에 메고 훙커우 쪽으로 다니는 것은 큰 뜻을 품고 상하이에 온 목적을 달성하기 위해서입니다. 선생님께서는 도쿄 사건(이봉창 의거)과 같은 계획이 또 있을 줄 믿습니다. 저를 지도하여 주시면 죽어도 은혜를 잊지 않을 것입니다."

때마침 김구는 상하이 사변 승리를 기념하는 전승식 겸 일본 천황의 생일을 기념하는 4월 29일 행사에서 거사를 일으킬 사람을 찾고 있었다. 계획을 들은 윤봉길은 크게 기뻐했고 준비에 들어갔다. 행사 장소는 훙커우 공원으로 정해졌고, 일본 영사관은 행사에 참석할 경우 물병과 도시락, 그리고 일장기를 지참해 달라는 내용의 기사를 신문에 실었다. 김구와 윤봉길의 목표는 육군대신 시라카와 요시노리 대장이었다. 김구는 지참

한 걸음 더!

📖 **상하이 병공창**

병공창장은 이봉창 의거 때도 폭탄을 만들어 주었는데, 의거가 실패한 것을 자책하며 윤봉길의 의거에 쓰일 폭탄 제조에 심혈을 기울였다고 김구는 회고한다.

물품인 물병과 도시락에 폭탄을 숨기기로 하고 상하이에 있던
군수 공장인 병공창에 폭탄을 의뢰했다.

윤봉길은 몇 번씩 훙커우 공원을 답사하며 동선을 확인했다.
이때 '이화림'이 윤봉길과 함께했다. 그녀는 윤봉길과 부부로
위장해 그의 사전 답사에 힘이 되어준 동료였다. 이화림은 한인
애국단 소속 단원으로, 김구의 비서로 일하고 있었다. 이봉창이
상하이를 떠나기 전 속옷에 주머니를 만들어 그곳에 폭탄을 숨
기면 어떻겠냐는 아이디어를 제시한 것 또한 이화림이었다.

마침내 거사를 감행할 날이 목전에 다가왔다. 거사 당일 새벽
김구는 윤봉길과 만나 마지막으로
작전을 검토했다. 오전 7시 종이
울리자 윤봉길은 갑자기 김구에게
이렇게 말했다.

"제 시계는 어제 6원을 주고
산 것인데, 선생님의 시계는
2원 짜리입니다. 저는 이제
1시간밖에 더 소용이 없습
니다. 저와 시계를 바꾸시는
게 어떻습니까?"

이렇게 두 사람은 시계를 교환했
다. 김구가 받은 윤봉길의 시계는
금색이었고, 윤봉길이 받은 김구
의 시계는 은색이었다. 그리고 김
구는 마지막 작별 인사를 고했다.

윤봉길 의사

"후일 지하에서

　만납시다."

　본래 계획은 행사장에 윤봉길과 이화림이 같이 들어가기로 되어 있었다. 다만 거사 직전 김구는 사람을 보내 이화림을 행사장에 들여보내지 못하게 했다. 이화림이 일본어에 유창하지 않아 발각 가능성이 있다는 이유였다. 이화림은 행사장 입구에서 대기하고 있었고, 윤봉길만 물통 폭탄 하나와 도시락 폭탄 하나를 가지고 행사장 안으로 들어갔다. 그는 행사장으로 들어가 천천히 무대로 향하다 물통 폭탄을 던졌다. 원래 목표였던 시라카와 육군대장은 즉사하지 않았으나 후유증으로 결국 사망했다. 시라카와 주변에 있던 몇 사람이 죽거나 심한 부상을 당했다. 윤봉길은 거사 후 도시락 폭탄으로 자결하려 했으나 불발했다. 일본 경찰들이 들이닥쳐 윤봉길을 구타한 후 연행해 갔다. 여론 악화를 염려한 일제가 현장에서 즉각 그를 총살하지 않은 것이다. 윤봉길은 재판을 거쳐 1932년 12월 19일 총살형을 당했다. 그때 그의 나이 24살이었다.

　거사 전 윤봉길은 두 아들에게 쓰는 유서를 남겼다.

"너희도 만일 피가 있고 뼈가 있다면 반드시 조선을 위하여 용감한 투사가 되어라. 태극의 깃발을 높이 드날리고 나의 빈 무덤 앞에 찾아와 한 잔 술을 부어놓으라. 그리고 너희들은 아비 없음을 슬퍼하지 말아라. 사랑하는 어머니가 있으니 어머니의 교양으로 성공자를. 동서양 역사상 보건대 동양으로 문학가 맹가가 있고 서양으로는 프랑스 혁명가 나폴레옹이 있고 미국에 발명가 에디

순이 있다. 바라건대 너희 어머니는 그의 어머니가 되고
너희들은 그 사람이 되어라."

1932년 1월 이봉창의 의거에 이은 1932년 4월 윤봉길의 의
거로 한반도는 물론 중국인들까지 충격에 빠졌다. 중국 국민당
의 장제스는 윤봉길을 일컬어 "2억만 중국인도 해내지 못한 일
을 조선인 1명이 해냈다."라며 그를 극찬했고 '역사상 가장 장
렬한 사람'이라는 뜻의 '장렬천추(壯烈千秋)'란 휘호를 유족에
게 전달해 주었다. 장제스는 이후 대한민국 임시정부를 적극
후원하기로 하였고 국제 정상들이 모이는 카이로 회담에서 적
극적으로 한국의 독립을 논의했다. 또한 미주, 하와이, 멕시코,
쿠바 등의 한인 교포들이 임시정부에 후원을 보내오기 시작하
면서 임시정부엔 막대한 재정이 쌓이게 되었다. 이봉창과 윤봉
길의 의거는 동아시아를 흔들었으며 적어도 대한민국 임시정
부의 역사에서 가장 중요한 변곡점을 만들어냈다.

32 한중 연합 작전

만주의 독립군 – 한국독립당과 조선혁명당

자유시 참변 이후 서간도, 남만주, 북만주 일대에 각각 참의부, 정의부, 신민부가 들어섰다. 1925년에는 중국의 만주 군벌 장 쭤린이 일정한 현상금을 받는 조건으로 한인 독립군을 일본 군 경에 넘기기로 한 미쓰야 협정을 맺으면서 3부(참의부, 정의부, 신민부)의 독립군 투쟁이 어려워졌다. 더군다나 3부의 독립군 내부에서도 독립운동의 방향성에 대한 의견 차이, 민족주의 진 영과 사회주의 진영의 대립 때문에 갈등이 많았다. 어려운 상 황을 타개하기 위해 3부를 통합하기로 하였다. 다만 전쟁에 주 력할 것인지 아니면 전쟁보다는 내정을 다지는 활동에 더 주안 점을 둘 것인지를 두고 합의하지 못했다. 3부는 결국 혁신의회 (1928년 북만주)와 국민부(1929년 남만주)로 나뉘어졌다. 북만주 혁신의회는 김좌진 암살 후 한국독립당으로 개편되었고 산하에 한국독립군을 두었다. 남만주 국민부도 조선혁명당으로 조직을 확대 개편하면서 산하 조직에 조선혁명군을 두었다.

당시 만주는 일제가 중국인과 재만주 한인들을 이간질하기 위해 조작한 만보산 사건으로 중국인과 만주 거주 한인 사이에 혐오감이 팽배해 있었다. 그러한 상황에서 1931년 일본은 만주사변을 일으켰고, 이로 인해 일본인에 대한 중국인들의 분노와 적개심이 어느 때보다 높이 치솟았다. 여기에 1932년 이봉창과 윤봉길의 의거가 전역에 퍼지면서 두 청년들에게 감동한 장제스는 일본을 공공의 적으로 삼고는 만주와 상하이를 비롯한 중국에서 독립운동을 하는 한국의 독립군 단체를 적극적으로 지원하겠다는 입장을 보였다. 이로써 만주에서는 한중 연합 작전이 펼쳐지게 되었다.

◆ 한국독립당
김좌진 암살 후 무너질 뻔했던 세력을 지청천이 규합해 만든 단체.

◆ 만보산 사건
만주로 대량 이주한 조선인과 중국인 농민 사이에 수로(水路) 문제가 발단이 되어 일어난 충돌 및 유혈사태로, 만주사변을 촉발했다.

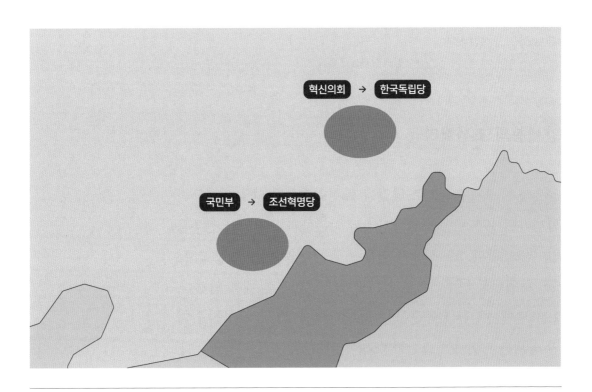

지청천의 한국독립군

지청천이 총사령관이 되어 이끌던 한국독립당의 한국독립군은 만주 일대에서 항일 중국 무장 단체인 길림자위군, 길림구국군 등의 호로군과 힘을 합쳐 여러 차례 일본 관동군과 전투를 벌였다. 이들 독립군은 1932년 9월 19일 1차 쌍성보 전투, 1932년 11월 7일 2차 쌍성보 전투, 1933년 4월 15일 사도하자 전투에서 일본 관동군을 패퇴시키고 군수 물자를 노획하는 기염을 토했다. 1933년 6월에는 옛 발해의 수도 동경성에 주둔하던 일본 관동군의 기지를 직접 공격했으며, 6월 말에는 대전자령이라는 험준한 골짜기에 매복하여 일본군을 섬멸했다. 이 대전자령 전투에서 살아 돌아간 일본군은 극히 소수였으며 독립군은 무려 10문의 박격포와 3문의 대포, 1,500정의 소총, 마차 200개를 확보할 수 있었다. 1933년 9월에는 한국독립군이 중국 공산당 계열의 부대와 연합해 동녕현성을 공격하고 물자를 확보하기도 했다.

양세봉의 조선혁명군

양세봉이 총사령관으로 있었던 조선혁명군은 중국의용군과 합세하여 1932년 3월 영릉가에서 일본군과 5일 동안 전투를 벌여 승리했다. 5월 신개령 전투, 6월 제1~2차 신빈현성 전투, 9월 청원현성 전투에서도 일본군에게 연이은 패배를 안겼다. 1933년에는 일본 관동군이 몇 번이고 영릉성으로 돌격해 왔지만 양세봉 지휘하에 조선혁명군은 일본군을 모두 무찔러냈다.

조선혁명군과 중국의용군은 흥경성 일대에서 일본군이 동원한 폭격기의 공격에도 버텨냈다. 1934년에는 조선혁명군이 중국 공산당 부대와 부대와 연합해 홍묘자, 대청구 등지에서 승리를 거두었다. 지청천의 한국독립군과 양세봉의 조선혁명군은 각각 북만주와 남만주에서 종횡무진 누비며 그 명성은 날이 갈수록 높아져 갔다.

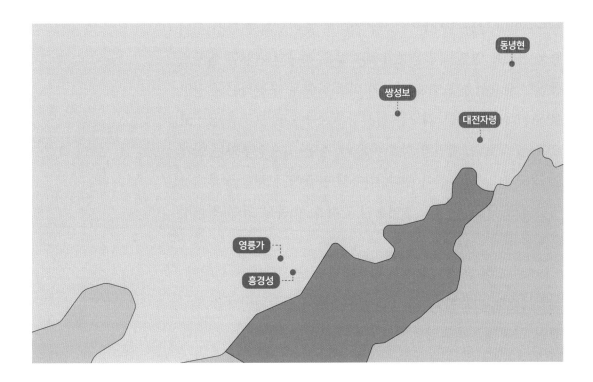

5개당 통합! 민족혁명당 결성

병력과 무기 지원이 계속되면서 관동군의 군사력은 점점 커졌다. 중일전쟁이 터지면서 전선은 더 확대되었다. 독립군 내부에서는 만주에서 활동하는 것이 효과적인가에 대한 회의적 목소리가 쏟아졌다. 1932년 이봉창과 윤봉길의 의거로 김구가 이끄는 임시정부의 존재감이 도드라지자, 중국 본토로 들어가자는 여론이 우세해졌다. 지청천의 한국독립군은 이미 1933년부터 본토로 움직이기 시작했다. 만주에서 활동을 고집하던 조선혁명군 총사령관 양세봉 암살을 계기로 조선혁명군 역시 1935년 만리장성을 넘었다. 이로써 10년 넘게 독립군의 주요 기지이자 격전지였던 만주는 비게 되었다.

만주의 독립군 부대들이 중국 관내로 들어오기 전부터 이미 중국 본토에 있던 독립운동가 세력들은 하나의 거대한 단체로 통합할 필요성을 느끼고 이념과 파벌을 모두 포괄하는 유일당을 준비하고 있었다. 김구는 임시정부 소속으로 모두를 끌어모으고 싶어 했다. 반면 안창호, 이동녕 등은 임시정부와는 별개의 정당을 만들고 싶어 했다. 때마침 만주에서 독립군 부대들이 차례로 중국 관내로 들어오자 안창호, 이동녕 등이 적극적으로 주선에 나섰다.

1935년 7월 중국 난징에서 한국독립당·조선혁명당·의열단·신한독립당·미주한인독립당 5개당이 모여 민족혁명당을 결성했다. 하지만 민족혁명당은 오래가지 못했다. 잠시나마 이념대립이 잦아들었다고 생각했던 독립군 부대 내에서 김원봉 등의 아나키스트 그리고 좌경화된 사회주의자들이 민족혁명당을 장악하자 이념 대립이 다시 격렬해졌다. 김원봉이 지청천을 제명해 버리는 사건까지 터지면서 분노한 조소앙, 김규식, 신익희 등의 우익 민족주의자들이 민족혁명당을 대거 이탈하여 김구의 임시정부에 합류했다.

33 국가 총동원령

1937년 중일전쟁이 시작되면서 일제의 병참기지였던 한반도 전역이 전시 체제로 편입되었다. 1938년 일제는 조선총독부를 통해 50개 조문의 국가 총동원령을 하달했다. 전쟁의 효율적 수행을 위해 식민지 조선의 대대적인 인적·물적 자원 수탈을 본격화했다. 기획자는 1936년 부임한 7대 총독 미나미 지로였다.

> **제1조** 국가 총동원이란 전시(전시에 준하는 사변의 경우도 포함)에 국방 목적을 달성하기 위해 국가의 전력을 가장 유효하게 발휘하도록 인적 및 물적 자원을 운용하는 것을 말한다.
>
> **제4조** 제국 신민을 징용하여 총동원 업무에 종사시킬 수 있다. 단 병역법의 적용을 방해하지 않도록 한다.
>
> **제5조** 제국 신민 및 제국 법인, 기타 단체가 국가, 지방 공공 단체 또는 정부가 지정하는 자가 행하는 총동원 업

무에 협력하게 할 수 있다.

제6조 종업자의 사용, 고용 또는 해고 또는 임금, 기타 노동조건에 대하여 필요한 명령을 할 수 있다.

제8조 물자의 생산·수리·배급·양도·기타 구분·사용·소비·소지 및 이동에 관하여 필요한 명령을 할 수 있다.

제13조 총동원 업무인 사업에 속하는 공장, 사업장, 선박, 기타 시설, 또는 이로 전용할 수 있는 시설의 전부 또는 일부를 관리·사용 또는 수용할 수 있다.

제22조 학교·양성소·공장·사업장·기타 기능자의 양성에 적합한 시설의 관리자 또는 양성되는 자의 고용주에게 국가 총동원상 필요한 기능자의 양성에 관하여 필요한 명령을 할 수 있다.

제23조 총동원 물자의 생산·판매 또는 수입에 종사하는 자에게 해당 물자 또는 그 원료 또는 재료의 일정 수량을 보유하도록 할 수 있다.

제50조 본 법 시행에 관한 중요 사항(군사기밀에 관한 것은 제외)에 대하여 정부의 자문에 응하기 위하여 국가 총동원 심의회를 설치한다.

- 국가 총동원령의 일부 조문

공출과 배급 제도

국가 총동원령으로 일본 본토와 일본 식민지 전 지역에서 공출과 배급 제도가 시행되었다. 공출이란 식량과 각종 물자들을 강제로 헌납하게 하는 제도다. 일제는 식민지 조선에서 쌀 생산량의 절반 가까이를 공출해 갔다. 식량 통제 정책을 통해 식민지 조선의 농업을 강력하게 규제하며 그간 살찌워 놓은 식민지 조선을 탈탈 털었다. 조선총독부가 온갖 정책으로 식민지 조선의 농업 생산량을 늘리면서 농촌은 이미 피폐해진 상황이었다. 공출 제도로 농촌 사회는 회복이 불가능할 정도로 황폐해졌다. 시간이 흐를수록 공출량은 점점 많아졌다. 1942년이 되면서 사실상 생산량의 전량을 공출해 갔다. 이외에도 각종 명목의 잡세들을 추가로 만들고 국채를 무분별하게 발행했으며, 전국의 쇠붙이란 쇠붙이는 전부 몰수해 갔다.

공출과 더불어 일제는 1940년부터 식량 배급 조합을 통해 식량 배급을 시작했는데, 당연하게도 조선인 농민들에게 배급되는 식량은 턱없이 부족했고 조선인들은 기아에 허덕일 수밖에 없었다.

강제 징용과 강제 징병

일제는 인력까지 수탈했다. 조선총독부는 국가 총동원령의 연장선으로 조선인 남성들을 강제로 징용 및 징병했다. 징용은 노동력 확보를 위한 목적으로, 징병은 군인 확보를 위한 목적으로 민간인들을 동원하는 것을 말한다. 1939년 국민징용령이 선포되면서 16세~22세 나이의 청년들이 공장이나 군대로 끌려갔다. 전쟁이 끝나는 1945년까지 약 113만~146만 명의 조선인 청년들이 강제 징용되었다.

조선인 노무자의 40%는 일본 본토와 태평양 부근의 탄광에 배치되었으며, 나머지는 대부분 공업소에 배치되었다. 조선인 노무자들은 총 22만 명이 근무지에서 도주할 정도로 인권을 유린당하며 열악한 환경에서 근무했다. 극악한 노동 환경을 견디지 못하고 사망한 이들도 부지기수였다. 일제는 각종 거짓말로 임금을 아예 지불하지 않거나 아주 소액만 지급했다.

가장 악명 높은 근무지는 규슈섬 나가사키현 소속의 하시마섬이었다. 조선총독부는 조선인 노무자들을 납치하거나 속여서 군함도로 보냈고, 군함도의 조선인 노무자들 상당수가 구타, 폭행, 영양실조에 시달렸다. 1941년 12월부터 태평양 전쟁이 개시되자 '남양군도'라고 불리는 태평양에 파견된 조선인 노무자들은 전쟁에 휘말려 억울하게 희생되었다. 전쟁이 끝나고 일제는 전쟁 범죄를 숨기기 위해 조선인 노무자들을 끔찍하게 살해하기도 하였다.

국가 총동원령이 선포된 1938년부터 육군 특별 지원병령이 동시에 시행되어, 1944년까지 조선 청년 약 1만 7천여 명이 조선 지원병이 되었다. 일본은 현재도 강제성 없이 조선인들이 직접 지원했다고 주장한다. 물론 징병 초기에는 자원입대하는 조선인들이 더러 있었다. 그러나 이들은 조선총독부의 수탈이나 가난을 도저히 견디지 못하여 어쩔 수 없는 선택으로 징병에 지원한 경우가 대부분이다. 혹은 각종 사기와 회유로 속아서 지원하는 경우도 많았다.

1943년부터는 학도지원병 제도가 시행되어 10대 학생들도

◆ 강제 징용

일본 정부에서는 강제 징용된 조선 청년의 수를 66만 명으로 추산하고 있다.

◆ 하시마섬

본래 무인도였으나, 일제가 작정하고 공업과 광업 설비를 조성한 섬이다. 멀리서 봤을 때 흡사 군함과 비슷하여 군함도(軍艦島)라고 불렸다.

동원되었고 1944년~1945년까지는 공식적인 강제 징병에 따라 약 20만 명 이상이 동원되었다. 징병된 대부분의 조선인들에게는 혹시 모를 반란을 방지하고자 총기를 지급하지 않았다. 말 그대로 총알받이 역할에 불과했다. 고등교육을 받은 조선인들은 장교로 선발되는 경우가 간혹 있었는데, 이들 중 일부는 자살특공대 가미카제로 발탁되기도 했고 18명이 전사했다. 심지어는 전쟁이 끝나고 일제에 부역했다는 이력 탓에 129명이 전범 재판에 기소되었고 14명이 억울하게 사형을 선고받았다.

식민지 조선의 지식인들 일부는 조선인 청년들의 징병을 독려하기도 했다. 춘원 이광수는 "조선인은 피와 살과 뼈가 일본인이 되어야 한다."라고 했으며, 육당 최남선은 신라의 화랑정신과 일본의 사무라이 정신을 일치시키면서 징병을 신격화했고, 미당 서정주는 가미카제 특공대로서 조선 청년 최초로 전사한 마쓰이 히데오를 미화하는 시를 발표했다. 동아일보의 창간주 인촌 김성수는 신문에 "조선에 징병령 실시의 쾌보는 실로 반도 2천 5백만 동포의 일대 감격이며 일대 광영이라."라는 글을 실었다.

일제의 인력 수탈은 남성에게만 국한되지 않았다. 여성의 경우 정신대와 위안부로 동원했다. 정신대의 본래 명칭은 '여자 근로 정신대'로 여성들의 노동력을 확보하는 조직이었다. 1939년 이미 남성들을 대상으로 강제 징용이 이루어지다가 1944년부터는 여자정신근로령을 발표하여 12~40세 미혼 여성을 대상으로 전쟁이 끝날 때까지 약 5~7만 명을 동원했다. 처음에는 자원을 받았으나 당연하게도 자원자가 없자 조선총독부는 전국의 각 학교에 그리고 각 지방의 읍면장에게 할당량을 배정했다.

위안부는 군인들의 성욕을 해소시킬 목적으로 만든 조직이다. 징용, 징병, 정신대의 경우 전시 특성을 감안하면 어느 정도 용인할 수 있을지는 모르지만, 위안부는 명백한 전쟁 범죄다. 위안부 중에는 미성년자도 포함되어 있었다. 일본 측은 위안부의 평균 연령이 23세였다며 이를 전면 부정하고 있다. 브로커들이 12~40세 미혼 여성을 대상으로 각종 인신 매매와 취업 사기로 여성들을 끌고 갔다. 브로커 중에는 친일파였던 조선인들이 많았다고 한다.

일본은 식민지 조선뿐 아니라 중국, 대만, 미얀마, 태국, 캄보디아, 베트남, 말레이시아, 인도네시아 등지에서도 위안부를 동원했다. 동원된 위안부 총인원을 40만 명으로 추산하는데, 그 중 조선인은 20만 명으로 추정된다. 정확한 수치를 알 수 없는 것은 현재 일본이 진상 조사에 임하지 않고 있기 때문이다. 현재까지 발견된 일본군과 관동군이 운영했던 위안소는 중국에 약 130여 개, 태평양 남양군도에 약 120여 개다. 증언자들의 회고에 따르면 조선인 위안부 30명이 일본군 4,000명을 상대했다고 한다. 건강이나 위생은 제대로 관리 못했고 폭행 및 구타가 잇달았다. 현재까지 정부에 등록된 한국인 피해자는 240명, 북한은 218명이지만 이미 세상을 떠나신 분들, 공개하지 않으신 분들의 수가 셀 수 없을 정도로 훨씬 더 많다.

1938년부터 1945년까지 일제와 조선총독부가 자행한 국가 총동원령으로 조선인들은 몸과 마음에 씻을 수 없는 상처를 입었다. 이 상처는 아직까지도 여물지 않은 채 희생자분들은 하나둘 별세하고 계신다.

34 중앙아시아 강제 이주

나라 없는 설움은 타지에서 부당한 대우를 받을 때 더 커진다. 부당한 처사를 막아 주고, 나를 지켜 줄 정부가 없기 때문에 차별과 부당함은 더 처절하고 극심하기 마련이다. 단적인 사례가 1920년대의 관동대학살, 그리고 1930년대에 벌어진 소련의 중앙아시아 강제 이주 정책이었다.

소련 내 스탈린의 집권

1924년 레닌에 이어 스탈린이 소련의 2대 최고지도자가 되었다. 그는 1928년부터 1932년까지 제1차 경제개발 5개년 계획을 실행했다. 사회주의 혁명에 성공한 소련은 사실상 농업 중심 국가였기에 공업 생산력을 조속히 끌어 올려야 했다. 스탈린의 경제개발 5개년 계획은 모든 힘과 공권력을 동원해 5년 안에 비약적으로 중공업을 육성하겠다는 정책이었다. 중공업 중에서도 철강과 전기 산업 육성에 집중했다. 전 세계가 대공황으로 경제 붕괴의 위기마저 느끼고 있을 때, 소련 홀로 제1차 경제개발 5개년 계획으로 경제성장률을 매년 자체 갱신하고 있었다. 가시적 성과를 위해 소련 국민들을 쥐어짤 대로 쥐어짜면서 이룬 성장률이었다. 그나마 중공업에 치중한 성장 정책이었기에, 소련 농업은 일순간 파탄이 났다. 공산주의 특유의 비효율적 집단 농장 체제 운영으로 농업 생산량이 급락했다. 소련 정부는 엉망이 된 집단 농장에서 있는 곡식 없는 곡식 할 것 없이 모두 다 털어 갔다. 농민들에게 식량 배급을 했지만, 중간에 관료들과 공무원들이 거의 다 빼돌렸다.

중공업은 눈부시게 발전하는 반면 외곽과 지방에서는 해결되지 않는 기근에 수많은 아사자가 나왔다. 인육까지 먹는 사태가 도처에서 발생했다. '우크라이나 대기근' 때는 무려 300만 명이 굶어 죽었다. 카자흐스탄에서 100만~150만 명, 그 외 중앙아시아에서도 아사자가 속출했다. 오늘날에는 이때의 대기근을 '홀로도모르'라고 명명하고, 명백한 인재로 인한 제노사이드로 규정하고 있다.

고려인 강제 이주

'홀로도모르'로 중앙아시아 지역에 심각한 인력 부족 사태가 벌어졌다. 인구 공백을 수습하기 위해 스탈린은 시베리아 대륙에 퍼져 있던 여러 소수 민족들을 카자흐스탄과 우즈베키스탄 일

◆ **홀로도모르(Голодомор)**
우크라이나어로 아사(餓死)라는 뜻이다. 우크라이나 정부는 매년 11월 네 번째 토요일을 추모일로 정해 기념하고 있다.

◆ **제노사이드(genocide)**
특정 집단을 고의적, 제도적으로 학살·말살하는 행위.

대로 강제 이주시키기로 했다. 만주와 극동 러시아 지역에서 독립운동을 하거나 거주하고 있던 우리 조선인들도 강제 이주 대상자에 포함됐다. 더군다나 대륙 침략을 꾀하던 일본이 극동 러시아 거주 조선인들을 이용해 소련에 대한 정보를 캐 간다는 소문이 퍼지면서 스탈린을 비롯해 소비에트 정부는 조선인들을 좋지 않은 시선으로 보고 있었다. 1937년 약 17만 명의 고려 인들이 중앙아시아로 강제 이주 당했다. 이주 통보 후 집합 명 령 때까지는 고작 일주일밖에 주어지지 않았다.

소비에트 정부는 극동 러시아에 있던 고려인들 가운데 공산 당 당원이거나 그간 소비에트가 눈여겨보고 있던 민족지도자 들을 포섭하고 속여서 빠른 속도로 고려인들을 모아 열차에 태 웠다. 그중엔 홍범도 같은 독립운동가들도 있었다.

17만 명 중 9만 명 이상이 카자흐스탄으로, 7만 명 이상이 우 즈베키스탄으로 끌려갔다. 중앙아시아행 열차는 매우 혹독하 고 열악했다. 연행하는 소련의 군인과 관리인들은 고려인을 가 축 칸에 두어 전염병이 퍼지기도 했다. 가는 길에서만 약 4만 명이 사망했다. 정차하는 역마다 그들의 시체는 열차 밖으로 던져졌다. 오늘날까지도 그 시신의 숫자를 정확히 파악하지 못 하고 있다. 죽을 고비를 넘겨 목적지에 도착해서도 많은 이들 이 사망했다. 낯선 환경과 기후, 풍토병을 견디지 못했기 때문 이다. 저항하던 조선인들 중 약 2,500명이 체포되었고, 이들 중 일부는 처형되거나 수용소로 끌려갔다.

소련 정부는 고려인들에게 이주 비용을 약속했지만 지키지 않았다. 지불이 지연되거나, 약속한 금액보다 적었다. 강제로 끌려온 고려인들이 중앙아시아 일대에 정착할 수 있는 시설은 전혀 마련되어 있지 않았다. 소련 정부는 자신들이 원하는 곳에 고려인들을 떨쳐 놓고 방치한 것이다. 고려인들이 급히 극동 러시아를 떠날 때 처분하지 못한 토지, 말, 자동차, 기계설비, 그 외 재산 등도 그대로 빼앗았다. 심지어 현지화 명분으로 고려인에게 조선어 사용을 한동안 금지하기도 했다. 기본적인 생활 기반조차 마련되지 않아, 고려인들은 현지인들의 헛간에서 잠을 자거나 토굴을 파서 잠자리를 해결해야 했다.

하지만 고려인들은 견뎌냈고 누구도 예상치 못한 결과를 만들어냈다. 생존력과 농업 기술에 대한 이해도가 높았던 고려인들은 황무지 개간에 성공했다. 어떤 작물도 자랄 수 없었던 척박한 중앙아시아 황무지에서 고려인들은 농사를 시작했다. 심지어는 이들의 농장이 모범 농장으로 지정되면서 고려인들 덕에 소련은 쇠퇴해 있던 농업을 회복할 수 있었다.

기본적인 생계를 해결한 고려인들은 그들만의 커뮤니티를 형성해 갔다. 고려인들은 점차 안정을 찾았고, 오늘날에는 농업 인구뿐 아니라 교육열도 높고 도시에 거주하는 중산층의 비율도 나날이 증가하는 추세다.

독립운동가들의 ────── 어록

우리나라가 세계에서 가장
아름다운 나라가 되기를 원하지 가장
강한 나라가 되기를 원하지 않는다.

김구

나는 적성(赤誠)으로써 조국의 독립과
자유를 회복하기 위하여
한인애국단의 일원이 되어 적국의
수괴를 도륙하기로 맹세하나이다.

이봉창

겨레의 후손들아, 위대한 사람이
되는 데 네 가지 요소가 있나니,
첫째는 가난의 훈련이요,
둘째는 어진 어머니의 교육이요,
셋째는 청소년 시절에 받은 큰 감동이요,
넷째는 위인의 전기를
많이 읽고 분발함이라.

최용신

내가 남의 침략에
가슴이 아팠으니 내 나라가
남을 침략하는 것을 원치 않는다.

김구

네 소원이 무엇이냐 하고 하느님께서 물으신다면
나는 서슴지 않고 '내 소원은 오직 대한독립이오.' 하고
대답할 것이다. 그다음 소원은 무엇이냐 하고 물으시면
나는 또 '우리나라의 독립이오.' 할 것이요.
또 그다음 소원이 무엇이냐 하고 세 번째 물으셔도
나는 더욱 소리를 높여 '내 소원은 우리나라
대한의 완전한 자주독립이오.' 하고 대답할 것이다.

김구

눈길을 걷더라도 함부로 걷지 마라.
내 발자취에 뒷사람이
이정표를 삼아 따라온다.

김구

내 영원한 쾌락을 위해
가는 길이니 웃으면서 사진이나
하나 찍읍시다.

이봉창

죽음을 택해야 할 오직 한 번의
가장 좋은 기회를 포착했습니다.
백 년을 살기보다 조국의 영광을
지키는 이 기회를 택했습니다.

윤봉길

대장부는 집을 나가 뜻을
이루기 전에는
살아 돌아오지 않는다.

윤봉길

해야 할 일을 했으니
떳떳하다.

윤봉길

나는 조선인으로 태어나
조선인으로 죽는다.

이화림

아직 우리가 힘이 약하여 외세의
지배를 면치 못하고 있지만 세계
대세에 의하여 나라의 독립은
머지않아 꼭 실현되리라 믿어
의심치 않으며 대한 남아로서
할 일을 하고 미련 없이 떠나가오.

윤봉길

싸우다 싸우다 힘이 부족할 때는
이 넓은 만주 벌판을 베개 삼아
죽을 것을 맹세합시다.

지청천

모름지기 조국의 독립을 위해 싸우는 군인은
생각이 바로 되어야 하고 바른 생각은
바른 언어에서 나온다. 조국의 말도 제대로
모르는 군인이 어떻게 조국을 찾겠는가.

지청천

총알 한 개 한 개가 우리 조상 수천수만의 영혼이
보우하여 주는 피의 사자이니, 제군은 단군의 아들로
굳세게 용감히 모든 것을 희생하고
만대 자손을 위하여 최후까지 싸우라.

지청천

여러 사람의 일은 여러 사람의
뜻대로 이루어져야 한다.

신익희

조국 광복군과 동만 백만 동포들의
생명을 두 어깨에 짊어진 우리는
일당백의 용감한 정신과 아울러
이번 전투에 승리의 믿음을 선포합니다.

양세봉

세계의 역사는 인간의 존엄성을
인정하는 민주주의의
큰 길로 전진하고 있다.

신익희

사람을 상대하여 이야기 할 때에는
태도는 온화 태평하고 주장은
견결 명료해야 한다.

신익희

제
5
장

—

마지막

싸움

—

35

민족 말살 정책

36

한글을 지켜라,
조선어학회

37

문화 대통령
간송 전형필

38

임시정부의
마지막 라운드

39

해방 직후의
뒷이야기

40

재일 조선인

35 민족 말살 정책

조선어 금지

일제는 조선을 더 강압적으로 수탈하기 위해 통치 방식을 바꾸기로 했다. 조선인을 세뇌하여 민족성을 완전히 멸각해 버리기로 한 것이다. 1930년대 들어 조선총독부는 문화 통치기를 끝내고, 민족 말살 정책을 실시했다. 1938년 조선총독부는 3차 조선교육령을 발표해 기존에 필수 과목이던 조선어를 선택 과목으로 바꾸었다. 곧이어 1943년에는 4차 조선교육령으로 조선어 사용을 전면 금지했다. 아울러 모든 교육 과정은 전쟁 수행 교육 중심으로 개편되었다. 조선총독부는 어린아이부터 세뇌할 요량으로 기존의 '소학교'라고 부르던 초등 교육 기관을 '황국신민의 학교'를 줄여 '국민학교'로 바꾸었다.

♦ 국민학교
국민학교라는 명칭은 해방 이후로도 한참 사용되다가 1996년 지금의 '초등학교'로 바뀌었다.

언론 탄압

조선총독부는 조선인들의 대표적인 민족지였던 조선일보와 동아일보를 친일 언론 신문으로 포섭했다. 그동안 조선일보와 동아일보는 조선총독부의 심기를 건드리는 기사들을 종종 실었고, 두 신문사 모두 정간과 폐간 그리고 기사 압수를 당하면서 만성적인 경영난에 시달렸다. 그나마 동아일보는 창간주 김성수의 재력으로 수습할 여력이 있었지만, 조선일보의 경영난은 매우 심각했다. 1933년 당시 광산업계의 거물이자 친일파였던 방응모가 조선일보를 인수했다. 이후 조선일보는 이봉창, 윤봉길 등의 독립운동가들을 테러리스트라고 비난했고, 일제의 파쇼화 정책과 대륙 전쟁을 칭송하는 데 누구보다 앞장섰으며, 조선 청년들의 자원입대를 독려하는 기사들을 쏟아냈다.

동아일보라고 상황이 좋은 것은 아니었다. 동아일보의 일장기 말소 사건에 분노한 조선총독부는 동아일보를 정간시키고 김성수, 송진우를 포함해 동아일보의 주요 임원진들을 전부 교체해 버렸다. 친일파 백관수가 사장이 된다는 조건으로 동아일보는 1937년 복간되었고 송진우, 김성수 등도 다시 복귀할 수 있었다. 물론 예전의 동아일보가 아니었다. 동아일보 역시 일제를 치하하는 신문사로 전락해 버렸다. 자발적이었는지 총독부의 협박이었는지는 알 수 없지만 김성수, 송진우 등도 동아일보에 학도병을 권유하는 기사들을 실었다.

한 걸음 더!

📖 **일장기 말소 사건**

1936년 한국의 손기정 선수가 베를린 올림픽 마라톤 경기에서 금메달을 땄지만 그의 유니폼에는 일장기가 그려져 있었다. 동아일보는 금메달 수여식 당시 손기정 선수가 입고 있던 유니폼에서 일장기를 지운 사진을 관련 기사와 함께 신문에 실었다.

황국신민화 정책

1936년부터 미나미 지로 총독은 내선일체를 표어로 내걸었다. 식민지 조선인들을 완전한 일본 국민으로 만들기 위한 프로파간다였다. 내선일체는 얼핏 식민지 조선인을 일본인들과 동등하게 대하겠다는 의미로 들리기도 하지만, 일제의 수탈과 약탈과 강제동원을 정당화하려는 논리에 불과했다.

　미나미 지로의 조선총독부는 단순한 프로파간다를 넘어 더 표독스러운 방식으로 '내선일체'를 실현해 나갔다. 1937년부터 미나미 지로 총독은 식민지 조선인들에게 일본 천황의 충성스러운 신민(臣民)이 되겠다는 맹세문인 '황국신민의 서'를 암송하게 했다. 일본의 국수주의적인 가사를 반영한 기미가요를 부르도록 했고, 특정한 날에는 전 조선인들이 일본의 천황이 머무는 도쿄 방향으로 90도로 허리를 숙여 절을 하는 궁성요배를 강요했다. 학생들은 매일 아침 학교에서 궁성요배를 행했으며, 전쟁이 격해지면서 궁성요배를 하는 빈도도 잦아졌다.

> 하나, 우리는 대일본 제국의 신민입니다.
> 둘, 우리는 마음을 합하여 천황폐하에게 충의를 다합니다.
> 셋, 우리는 인고 단련하여 훌륭하고 강한 국민이 되겠습니다.
> － <황국신민의 서>

　궁성요배와 더불어 조선총독부는 신사참배를 강요하기도 했다. 신사(神社)란 일본의 토착 종교 신앙인 신토 사당으로, 식민지 조선에는 신궁 2곳, 신사 77곳이 있었다. 조선총독부는 학교의 학생들은 물론 기독교, 불교 등 다른 종교 단체에도 신사참

◆ 내선일체(內鮮一體)

내선의 '내'는 '내지' 곧 일본을 의미하고, '선'은 '조선'을 뜻한다. 즉 내선일체란 일본과 조선은 결국 하나라는 뜻이다. 내선일체를 조선인과 일본인은 같은 조상을 가졌다고 하여 일선동조론이라고도 한다.

◆ 신토

신도(神道)의 일본식 발음.

배를 강요했으며, 종교적인 이유로 신사참배를 거부한 종교인들을 탄압하고 해당 종교 시설들을 강제 폐쇄했다.

1939년부터 조선총독부는 조선인들의 성과 이름을 일본식으로 바꾸는 창씨개명(創氏改名)을 강요했다. 1940년 2월부터 6개월간을 창씨개명 기간으로 정했으나 창씨개명의 신고자는 10%도 채 되지 않았다. 조선총독부는 친일파들을 내세워 창씨개명을 하도록 회유했다. 동시에 창씨개명을 거부하거나, 개명 사실을 신고하지 않을 경우 사회생활을 할 수 없도록 불이익을 주었다. 창씨개명을 하지 않은 학생은 정학이나 퇴학 처분했다. 배급을 하지 않거나, 거주 이전의 자유를 박탈하기도 했다. 강제 징용으로 전선(戰線)에 보내겠다는 협박도 했다. 강압적인 창씨개명 정책으로 개명 신고자가 80%까지 올라가기도 했다. 광기 어린 일본 제국주의와 조선총독부의 파쇼화 정책은 식민지 사회를 더욱 험악하게 만들었다. 그러나 억압의 강도가 높으면 높을수록 우리 민족은 더 강하게 저항했다.

한글을 지켜라, 조선어학회

언어결정론

강도 높은 민족 말살 정책의 하나로 조선총독부는 조선어 사용을 금지했다. 언어학자 에드워드 사피어와 벤자민 홀프는 '언어결정론'이라 하여 언어에는 그 언어를 사용하는 민족의 세계관이 담겨 있다는 이론을 소개했다. 식민지 피지배 민족의 정신을 와해시키고 지배 민족의 세계관을 주입하는 가장 효과적인 방법은 언어를 통제하는 것이다. 피지배 민족의 언어를 금지하고 지배 민족의 언어를 강제로 쓰게 하면, 지배 민족에게 동화될 수밖에 없기 때문이다. 전 세계 식민 지배를 받은 민족들 중 자기들의 고유어를 잃어버린 사례는 허다하다.

언어의 힘과 중요성은 구태여 강조할 필요 없이 그때나 지금이나 모두가 알고 있었다. 당시의 수많은 언어학자와 국어학자들은 조선어, 즉 한국어와 한글을 지키려고 했다. 언어와 글자를 잘 지켜내 후손들에게 전달하기 위해서는 이를 체계화할 필요가 있었다. 조선의 언어학자와 국어학자들은 한국어의 원리와 한글의 현대화 방안을 연구하고 문법을 정리하는 등 현대 국어의 근간을 형성하는 눈부신 성과를 이루어냈다. 일제의 감시가 극심했던 시기였기에 이들의 활동은 더욱 의미가 있었다.

  잠시 일제강점기 이전으로 돌아가 보자. 훈민정음이 창제되었지만, 한글은 한자보다 위상이 낮았다. 양반 사대부들은 한자를 쓰는 것을 특권으로 생각하고 있었다. 서세동점의 시기, 서양 제국주의의 침탈로 당장 내일을 가늠할 수 없었던 조선 말에 이르러 변화가 생기기 시작했다. 근대화 시기이기도 했던 이때, 한글의 위상이 부상하고 한자의 중요도는 점차 옅어지게 되었다. 이전까지 우리 고유의 글자 '한글'에 대한 국가 주도의 연구와 성과는 거의 없었다. 실학자들의 개인적 연구와 논의가 있었을 뿐이다. 그러나 일제강점기 민족의식이 소멸될 위기를 맞게 되면서 한글과 한국어 연구는 필수 과제였다.

◆ 서세동점(西勢東漸)
서양 세력이 동양의 세력 범위에 점차 침투하여 정치, 경제, 문화 등 여러 부문을 지배하는 시대적 흐름이나 경향.

대한제국의 국문연구소

일제강점기 이전부터 일부 학자들 사이에서 한국어의 문법과 한글의 맞춤법에 관한 일련의 논쟁이 오갔었다. 1907년 고종 황제는 학부대신의 건의에 따라 규범화된 언문(諺文)의 체계를 마련하고자 국문연구소를 설치한다. 국문연구소는 2년간 총 23번의 회의를 하여 한글을 사용하면서 불편한 점을 개선하려 하는 등 기존 한글을 대대적으로 수정하기로 했다. 수정 작

◆ 언문(諺文)
예전에 한글을 이르던 말.

업의 결과 우리가 <훈민정음>에서 보는 해독하기 어려운 한글이 오늘날 우리가 읽을 수 있는 글자의 모체가 되었다.

　해독이 어려운 <훈민정음>을 개선한 사례란 다음과 같은 것들이다. 'ㆁ ㆆ ㅿ ◇ ㅱ ㅸ ㆄ ㅹ'는 쓰지 않기로 했다. 된소리는 'ㅺ, ㅼ, ㅽ, ㅾ'처럼 기존의 'ㅅ'을 붙이던 방식에서 'ㄲ, ㄸ, ㅃ, ㅉ, ㅆ'처럼 병서(竝書)하는 방식으로 바꾸었다. 중세 국어에 존재하던 국어의 성조를 없애고 장단음만 남기기로 했다. 다만 'ㆍ'는 폐지되지 않고 그대로 쓰기로 했다. 이외에도 국어학적인 현대적 문법을 정리한 후 1909년 12월 국문연구소는 회의 결과를 『국문연구의정안』이라는 이름으로 학부대신에게 제출했다. 하지만 몇 개월 후 한일합방이 진행되면서 공포되지는 못했다. 따라서 국어의 언문에 대한 논의는 여전히 미완의 과제로 남아 있었고 더 발전시켜야 할 영역도 상당했다.

지석영과 주시경

비록 『국문연구의정안』이 힘을 발휘하지는 못했지만 그 연구 성과와 노력마저 휘발된 것은 아니었다. 국문연구소에서 일하던 학자들이 일제강점기 이후에도 제자들을 양성해 가며 국어를 체계화하기 위한 노력을 이어 나갔다. 현대 국어학의 아버지로는 지석영과 주시경 쌍두마차가 있었다. 지석영은 본업이 의사임에도 불구하고 국어학에 대한 방대한 지식과 식견을 가지고 있었다. 국문연구소 설치 이전에도 국어와 관련한 몇 편의 논문을 발표해 파장을 일으키며 관 주도로 한국어와 한글을 정리할 필요성을 자극하기도 했을 정도이다. 다만 일제강점기 시기 지석영의 행적은 묘연하다.

　일제강점기 때 빛을 발한 건 주시경이었다. 주시경은 배제학당 학생 시절 서재필에게 발탁되어 독립협회 내 독립신문의 교정 작업을 하며 본격적으로 국어학 연구에 뛰어들었다. 독립협회 내에 국문 연구 학회를 조직해 국문을 연구하기도 했으며 강습원을 만들어 국어 교육에도 힘썼다. 주시경은 이곳저곳 강연을 다니고 가르치는 분야도 다양해서 들고 다니는 교재 수가 상당했다고 한다. 그래서 사람들은 주시경을 '주보따리'라고 불렀다. 지석영과 마찬가지로 주시경은 국문연구소에 소속되어 작업을 했으며, 그가 독립협회 내에 설치했던 학회는 이후 '국어연구회'로 독립했다. 국어연구회는 다시 '조선어연구회'로 이름을 바꿔 활동했는데, 이곳에서 김두봉, 권덕규, 신명균, 이규영, 이병기, 장지영, 정열모, 최현배 등 일제강점기 조선어 연구를 선도한 인물들이 배출됐다.

한걸음 더!

📖 주시경 선생께서 노하실 일

최근 인터넷상에 신조어들이나 줄인 말, 혹은 외국어와 결합된 이른바 콩글리시가 쓰일 때마다 '지하에서 세종대왕께서 노하실 일'이라는 댓글들이 달린다. 세종대왕은 한글을 창제했지 한국어를 만들지 않았다. 신조어, 줄인 말, 외국어와 결합된 콩글리시는 오히려 한글이 그 어떤 방식으로든 조어가 가능하다는 점을 반증하는 것일 수도 있다. 한글의 과학적 우수성과 실용성이 확인된다는 점에서 오히려 세종대왕께서 반기실 일일지도 모른다. 하지만 주시경 선생만큼은 국어와 문법을 파괴한다며 노하실 게 분명하다. '지하에서 세종대왕께서 노하실 일'보다는 '지하에서 주시경 선생께서 노하실 일'이란 표현이 맞을 듯하다.

사전 편찬 작업

1910년 한일병합 직후 최남선, 현재, 박은식 등을 중심으로 한국 고전 문학을 정리하고 간행하기 위한 조선광문회가 조직됐다. 조선광문회의 가장 특기할 만한 활동은 조선어 사전인『말모이』의 편찬 시도였다. 조선광문회의 사전 편찬 사업은 회원이었던 주시경과 그의 제자 김두봉이 주도했다. 1911년부터 시작된 이 사업은 1914년 무렵 원고 집필이 거의 마무리되었다. 그러나『말모이』편찬 시기가 조선총독부의『조선어 사전』편찬 시기와 맞물렸다.『말모이』는 최초의 조선어 사전이 될 수 있었지만 조선총독부 측에서 선수를 치는 바람에『말모이』의 편찬이 성공적으로 마무리되기 어려웠으며, 상업적으로나 정치적으로나『말모이』의 출판이 실현될 수 없었다. 비록 출간으로 세상에 빛을 보지는 못한 원고였지만,『말모이』는 우리말을 우리말로 풀이한 최초의 사전이라는 점에서 역사적 의의가 매우 크다.

조선어연구회 창립

1914년 7월 주시경은 자택에서 38세의 나이로 숨을 거두었다. 주시경이 걸어온 궤적 그리고 아직 꽃을 피우지 못한 한국어의 미래를 생각할 때 너무 이른 나이에 세상을 떠났다는 아쉬움이 있다. 주시경의 후배들과 제자들은 주시경이 생전에 늘 강조했던 "한 민족의 언어가 사라지지 않으면 민족의 정신은 보존할 수 있다."라는 말을 되새기며 그의 연구를 계승하고 확장해 갔다. 1921년 신명균, 이병기 등 주시경의 제자들이 주도하여 조선어연구회를 창립했다. 조선어연구회는 1920년대 중반 조선어 강습회 활동을 시작으로 조선어사전편찬회를 창립하고 (1929년), 조선어 규범화 사업 등을 주도했다. 조선어연구회는 기관지 『한글』을 발행해 한글 보급에 크게 힘썼고, 훈민정음해례본 원본에 창제일이 세종 28년 9월 상순이라 적힌 것을 근거로 음력 9월 29일을 '가갸날'로 제정했다. '가갸날'은 1928년부터 '한글날'로 이름이 바뀌었고, 광복 후 한글날은 양력 10월 9일이 됐다.

조선어학회

1931년 조선어연구회는 이름을 '조선어학회'로 개칭했다. 조선어학회는 전신인 조선어연구회의 기관지 『한글』을 계속 발행하고, 맞춤법 통일안과 표준어 제정 작업을 위해 노력을 멈추지 않았다. 하지만 조선총독부가 꾸준히 일본어 상용화 정책을 추진했기에, 조선어학회 활동은 벽에 부딪힐 수밖에 없었다. 1920년대에 총독부가 발표한 제2차 조선교육령에서 조선어를 필수 과목으로 규정하고는 있었다. 하지만 조선어를 제외한 모든 교과서 내용이 일본어로 적혀 있었기에, 한반도 안의 학생들은 조선어와 일본어 2개를 병용해야 했다. 조선어 사용이 제한된 여건에서 조선어학회의 활동은 크게 두 가지 방향으로 진행됐다. 한글 강습 활동 등 대중적인 사업과 사전 편찬이나 표준어 제정 등 조선어를 규범화하는 연구 사업이었다.

1938년 제3차 조선교육령으로 조선어가 선택 과목이 되었다. 조선총독부가 일본어를 상용화하도록 강제하는 상황에서 조선어학회는 1940년 10월에 1933년의 철자법 통일안을 개정한『한글 맞춤법 통일안』을 발간했다. 이어 1940년 6월 로마자 표기법과 외래어 표기법을 제정하고 1941년 1월『외래어 표기법 통일안』으로 출간했다.

조선어학회 활동의 하이라이트는『우리말 큰 사전』이라는 사전 편찬 작업이었다. 사전 편찬이란 국어 규범화의 최종 단계였다. 조선어학회의 전신을 거슬러 올라가면 이 사업은 국문 연구소의 규범화 사업과 주시경의『말모이』편찬 사업 등 미완의 과제를 의식한 것이었다는 점에서 국어 정립 활동의 연장선이었다.

조선어학회 사건

조선어학회 결성과 동시에 시작했던『우리말 큰 사전』편찬 프로젝트는 1940년대까지 이어졌으나 '조선어학회 사건'으로 인해 미처 발간되지 못하고 중단되어 버렸다.

1941년 함경남도 함흥에서 여고생 박영옥이 기차에서 조선어를 사용했다는 이유로 붙잡혔다. 경찰은 고문 취조 결과 박영옥으로부터 조선어학회의 사전 편찬 프로젝트에 대해 알아내고 조선어학회를 습격했다.(박영옥 학생의 진술이 경찰들의 조작 진술이라는 의견도 있다.) 조선어학회는 자신들의 활동이 연구의 일종이며 결코 독립운동이 아님을 주장했으나, 조선총독부는 치안유지법에 의거한 '내란죄'를 적용하여 조선어학회 간부진들을 모조리 체포했고 조선어학회는 해산되어 버렸다.

체포된 조선어학회 회원들은 해방 전까지 구금되어 있거나 옥중에서 사망하니 이 사건이 '조선어학회 사건'이다.

조선어학회 사건으로 혼란스런 와중에 『우리말 큰 사전』의 원고를 분실해버렸다. 다행히 해방 후 조선어학회 구 회원들이 그 원고를 찾아냈다. 조선어학회 회원들은 다시 모여 『우리말 큰 사전』 원고를 몇 차례에 걸쳐 수정하고, 1947년 마침내 『큰 사전』이란 이름의 공식 국어사전 1권을 출간했다.

1948년 한반도가 분단되자 조선어학회도 남북으로 갈리게 되었다. 남한에서는 1949년 명칭을 '한글학회'로 바꾼 후 6.25 전쟁이 끝나고 난 시점인 1957년 『큰 사전』의 마지막 6권이 출간되었다. 1963년 학교 문법 통일안이 마련되면서 공식적인 한국어의 기준 체계가 잡혔다. 북한도 1962년 사전 편찬이 종결되고 1964년 표준 문법이 정립되었다. 북한은 정부 수립 후 이른바 '문화어'라고 해서 대대적인 언어 개편 작업을 실시했다.

분단 이후 남북이 독자적으로 사전 편찬 작업을 했지만, 남한과 북한이 의사소통함에 큰 어려움은 없었고 문법 체계도 큰 틀에서 벗어나지는 않았다. 그 이유는 해방 후 각각 남한과 북한의 국어학을 정리한 두 사람 최현배, 김두봉이 같은 조선어학회 출신이고 똑같이 주시경의 제자였기 때문이다. 결국 남북한이 지금까지 쓰는 한국어의 쓰임 체계는 거슬러 올라가면 주시경으로 수렴된다고 볼 수 있다. 남한의 한글학회는 지금까지도 이어지고 있다.

37 문화 대통령
간송 전형필

문화란 민족의 역량을 평가하는 바로미터다. 그리고 문화재
는 민족의 역사를 몸 안에 그대로 품고 있는, 그 어떤 역사서보
다 현장감 있고 생생한 역사의 증거다. 현재 우리가 지닌 가치
를 평가하거나 민족의 성장 가능성을 가늠할 때 문화재만큼 좋
은 지표가 없다. 이런 이유로 국가는 문화재를 철저하게 관리
보호한다. 관리와 보호를 받지 못하는 문화재는 아무리 귀중한
가치를 지니고 있더라도 단지 골동품(骨董品)에 지나지 않게
된다.

불행히도 구한말부터 일제강점기까지 문화재에 대한 우리의
인식은 일제나 서양 열강들에 비해 한참 뒤떨어졌다. 일제는
1909년 덕수궁에 이왕가(李王家) 박물관을 만들고, 1915년 경
복궁 안에 조선총독부 관할의 조선총독부박물관을 세워 조선
의 문화재들을 모으기 시작했다. 조선총독부는 이렇게 모은 문

화재를 식민 사관을 입증하는 도구로 활용했다. 문화재를 발굴하거나 복원하는 과정도 야만적이어서 원형을 훼손하거나 파괴하기 일쑤였다. 그나마 수도 경성에 있는 문화재는 조선총독부의 관리를 받았지만, 지방은 불법 도굴꾼이나 밀매업자들의 표적이 되었다. 특히 신라와 고려의 고도였던 경주와 개성에서는 도굴꾼들이 벌건 대낮에도 무수히 많은 고분들을 드나들며 파헤쳤다. 그때 국외로 빠져 나간 문화재들이 어떤 것들이었는지, 얼마나 빠져 나갔는지 피해 규모조차 짐작하기 힘들다.

한 걸음 더!

📖 **오구라 다케노스케**

대구에서 활동하던 재계 거물 오구라 다케노스케는 한국에서 마구잡이로 빼돌리거나 불법적으로 구매한 우리 문화재들을 수집했다. 그가 1981년 도쿄국립박물관에 기증한 작품만 1,100여 점에 이른다. 오구라 외에도 일본인을 포함해 서양인들이 공공연하게 가져간 우리 문화재 수는 27개국 22만 9,655점으로 파악되고 있다.(2023년 국외 소재 문화재 재단 기준)

간송 전형필과 위창 오세창

일제강점기 몇몇 지식인들과 감정사들 중에는 문화재에 대한 안목이 높은 조선인들도 있었다. 이들은 유출되는 우리 문화재들을 안타깝게 지켜볼 수밖에 없었다. 문화재를 보호할 수 있는 국가 행정 권한이 없다는 것이 식민지의 현실이었다. 이 일을 개인이 대신 해 내려면 문화재를 알아보는 뛰어난 안목은 물론 막대한 재산까지 있어야 했다. 이러한 두 가지 능력을 두루 갖춘 사람이 바로 간송 전형필이었다.

"조선 제일의 수장가! 그것은 멀고도 험한 길이다. 돈이 있다고, 안목이 있다고 쉽게 갈 수 있는 길이 아니다. 돈과 안목뿐 아니라 명확한 책임의식과 과감한 결단력이 함께하지 않으면 갈 수 없는 길이다. 전형필은 24살 때 조선 거부 40명에 들어갈 정도로 엄청난 유산을 물려받았다. 그러나 그는 편안히 유유자적 사는 대신 젊음과 재산을 다 바쳐 아무도 가지 않은 길을 갔다. 조선의 문화예술사에 관한 연구가 거의 없던 시기였기에 외롭고 어려운 길이었다. 일제가 흔적까지 지우려고 했던 조선의 혼을 지키는 일이었기에 곤혹스러운 일도 겪어야 했다. 그러나 간송 전형필은 허허 웃으며 그 길을 갔다."
– 이충렬 저, 『간송 전형필』, 김영사, 2010

전형필은 1906년 지금의 종로4가 99칸의 거대한 가옥에서 태어났다. 그의 친가 쪽은 장사를 겸하던 무관 출신이었다. 전형필 특유의 그 큰 풍채는 아마 집안 내력인 듯하다. 조선시대에는 무인들에 대한 지원이 빈약했기 때문에 장사를 겸하며 군비를 마련하는 무관들이 더러 있었다. 전형필의 증조부가 미곡상을 운영하며 큰 재산을 모았고, 그 돈으로 구입한 땅에서 나오는 수입이 또 어마어마했다고 한다. 1년 치 수확량으로만 기와집 150채를 사고도 남을 정도였다. 외가 쪽은 밀양 박씨로, 가문 자체도 튼튼하지만 높은 무관직 벼슬을 역임한 집안이기도 했다. 그러니까 전형필은 전형적인 다이아몬드 수저로 태어났다. 그는 휘문고보를 졸업하고 아버지의 권유로 와세다대학교 법학과에 입학했다. 졸업을 목전에 두고 진로를 고민하던 전형필은 휘문고보 시절 큰 영향을 받았던 미술 교사 춘곡 고희동을 찾아갔다. 고희동은 우리나라 최초의 근대 화가 안중식의 직속 제자로, 당시로선 유일하게 일본에서 미술을 공부했고 미술계에서는 그를 거물급 화가로 인정하고 있었다. 전형필은 학생 시절 역사와 미술에 특히 관심이 많았던 터라 고희동은 전형필을 눈여겨보고 있었고 그렇게 둘은 사제지간이 되어 가까워질 수 있었다.

전형필은 고희동을 찾아가 진로 상담을 했다. 아버지는 변호사가 되라 하지만 본인은 회화와 서예 작품, 고서적 등을 모으는 게 좋다며 고민을 이야기했다. 고희동은 전형필을 위창 오세창에게 데려갔다. 오세창은 3.1운동을 적극 주도했던 민족대표 33인 중 한 명이다. 그의 아버지 오경석은 김옥균, 박영효, 김홍집 등 개화파들의 스승이자 추사 김정희의 제자였다. 그런 아버지 밑에서 배우고 자란 오세창은 고미술과 문화에 대한 깊은 안목을 지니고 있었고, 당대 큰 어른 중 한 명이었다. 고희동은 그런 오세창에게 전형필을 인사시켰고, 오세창은 20대 초반의 젊은 청년 전형필이 코흘리개 때부터 수집해 온 고서적의 양을 보고 깜짝 놀랐다고 한다.

한번은 오세창의 아버지 오경석이 떠놓은 탁본(拓本)이 유실된 적이 있었다. 전형필이 인사동에서 우연히 이것을 발견하고 사들인 후 오세창에게 건네주었다. 오세창은 답례로 전형필에게 아호를 지어 주었는데, 그것이 바로 간송이었다. 산골짜기에서 흐르는 맑은 물(澗)과 사시사철 푸르른 소나무(松)라는 뜻이다. 검은색 중절모에 흰 두루마기의 전형필이 비로소 '간송'이 된 것이었다.

◆ 탁본(拓本)

비석 따위에 새겨진 글씨나 무늬를 그대로 떠낸 종이. 탁본할 곳에 종이를 대고 먹물을 묻힌 솜뭉치로 종이를 두드려 글씨나 무늬를 찍어낸다.

간송의 문화재 환수

간송은 24살 때 선친을 여의고, 전 재산을 상속받았다. 당시 간송 집안의 재산은 토지 수확량만 현재 가치로 약 450억 원이었다. 황해도-경기도-충청도에 걸쳐 소유하고 있던 땅은 현재가로 환산하면 6천억 원이었다고 한다. 간송은 다시 한번 오세창을 찾아가 변호사의 길을 접고 앞으로 재력을 활용해 서화 전적(典籍)과 한국의 문화재를 수집하는 일을 하겠다는 포부를 밝히며 조언을 구했다.

  오세창은 간송에게 해외로 빠져 나가는 문화재를 지키겠다는 뜻은 가상하나 왜 굳이 그런 길을 가려는지 그 이유를 물었다. 간송은 이렇게 대답했다.

> "서화 전적과 골동은
>   조선의 자존심이기 때문입니다."

  이 말을 들은 오세창은 자신이 평생에 걸쳐 신라시대부터 조선 철종 대까지 서화가들을 정리하고 그들의 미술사적 가치를 평가한 『근역서화징』과 역대 191명의 작품 251점이 담겨 있는 『근역화휘』를 간송에게 주었고, 간송은 이 두 책을 교과서로 삼아 미술 작품에 대한 이론과 감정 안목을 더 키워 나갔다.

  오세창은 젊은 간송에게 당대 미술계 인사들을 두루 인사시켜 주며 인맥을 넓혀 주었다. 대표적으로 경성 미술구락부의 조선인 주주 이순황과 진고개에서 골동품 상점을 운영하며 경매 주관자로 일하고 있던 일본인 신보 기조를 만나면서 간송은 경매장에서의 내공도 차곡차곡 쌓아 갔다. 이제 간송은 본격적

◆ **전적(典籍)**
일정한 목적, 내용, 체재에 맞추어 사상, 감정, 지식 따위를 글이나 그림으로 표현하여 적거나 인쇄하여 묶어 놓은 것.

으로 식민지 조선 땅 어딘가에서 나돌고 있는 서화 전적과 골
동품들을 사들이기 시작했다.

🖺 간송, 고서점을 인수하다

1932년 간송은 종로 관훈동의 고서점을 인수했다. 서점주 백두용이 경영에 어려움
을 겪고 있었기 때문이다. 간송이 인수한 서점의 가치는 가게뿐 아니라 백두용이 평
생에 걸쳐 모아 놓은 만여 권의 서적에 있었다. 백두용이 1926년 신라시대 김생부터
역대 명필 700인의 글씨를 모은『해동역대명가필보』는 간송에게 큰 자산이 되었다.
이맘때쯤 간송은 성북동 일대의 건물과 부지를 구입했다. 그는 최초의 사립 박물관
을 건설할 계획을 하고 있었다.

　간송의 수집 활동이 점차 명성을 얻자 좋은 마음을 갖고 간
송에게 와서 문화재들을 싼값에 파는 사람들이 나오기 시작했
다. 그럴수록 간송은 문화재 수집에 더 열을 올렸다. 혜원 신윤
복의 화첩이 일본에 있다는 소식을 들은 간송은 일본으로 건너
가 5만 원을 제시한 수장가에게 2만 5천 원에 흥정을 한 이후
혜원의 풍속화 30점이 담긴 화첩을 한국으로 가지고 돌아왔다.
일련의 경험은 수장가 간송의 승부사 기질도 다져 놓았다.
　간송의 거래 역사에 있어서 최고의 명장면은 존 개츠비와의
승부일 것이다. 존 개츠비는 일본에서 변호사로 일하던 영국인
으로, 조선의 고려청자에 흠뻑 빠졌다. 그는 고려청자를 사들
였고 그의 컬렉션은 하나 같이 명품의 반열에 든 작품들이었
다. 그는 일본에서 20년이나 근무했기에 일본 곳곳을 오가며
문화재를 수집했고, 출장 핑계로 조선을 직접 방문하면서 최고
로 우수한 고려청자를 수집하고 있었다.

1930년대 후반 일본의 대륙전쟁이 본격화되자, 일본에 있는 것이 위험하다고 판단한 존 개츠비는 영국으로 귀국할 준비를 한다. 그동안 수집한 고려청자를 모두 영국으로 가져갈 수 없었던 존 개츠비는 일본인 골동품상 미야카와 다카요시에게 처분하겠다는 의사를 밝혔다. 미야카와 다카요시는 다행히 신보 기조의 지인이었고, 신보 기조를 통해 소식을 접한 간송이 도쿄로 건너갔다. 개츠비 컬렉션은 총 22점이었는데, 간송은 33만 원을 제시했고 개츠비는 55만 원을 불렀다. 첫 흥정은 성사되지 않았다.

얼마 후 간송은 개츠비를 서울로 초대한 후 간송미술관 건설 현장을 보여주었다. 개츠비는 간송이 자국의 문화를 사랑하는 마음 하나로 거래에 임했다는 것을 그제서야 깨달았다. 개츠비는 컬렉션 22점 중 2점은 자신이 개인 소장을 하고 나머지 20점을 간송에게 40만 원에 양도하겠다는 뜻을 전했다. 간송이 이를 수락했고, 거래가 성사됐다. 40만 원은 당시 기와집 400채를 살 수 있는 돈이었다. 현재 시세로 약 1,200억 원이라고 한다. 우여곡절을 거쳐 간송이 구입한 개츠비 컬렉션 20점 중 7점은 현재 국보로 지정되어 있다.

이듬해인 1938년, 간송미술관 공사가 어느 정도 끝나 가자 간송은 오세창, 고희동, 박종화 등의 지인들을 불러 상량식을 가졌다. 박물관의 이름은 '빛나는 보배를 모아 두는 집'이라는 의미에서 '보화각'으로 지었다. 이후 간송은 평양 출신의 수집가 김동현으로부터 지금의 국보 72호 금동계미명삼존불을, 골동품계의 거상 이희섭으로부터 지금의 국보 73호 금동삼존불감을, 외과의사 박창훈으로부터 추사 김정희의 서체를 구입하는 등 문화재 수집 활동을 이어 나갔다. 간송의 수집품들 상당수가 광복 후 국보 혹은 보물로 지정되었다는 점에서 그의 안목이 얼마나 탁월했는지 알 수 있다. 또 지켜내겠다고 마음먹은 문화재는 어떻게든 지켜내려 했던 그의 뚝심이 실로 감탄스러울 뿐이다.

훈민정음 해례본

무엇보다 우리 한국인이 간송에게 큰 빚을 진 사건이 있었다. 바로 간송의 훈민정음 해례본 구입 사건이다. 훈민정음 해례본은 한글의 창제 원리를 설명한 책으로, 조선 중기 이후 사라져 버렸다. 훈민정음을 부녀자와 서민층이 쓰던 글자로 폄훼하던 시절이라 이 책을 찾기 위한 국가 차원의 노력은 없었다. 존재했었다는 사실만 전해지던 훈민정음 해례본을 안동의 진성 이씨 가문에서 대대로 물려받아 지니고 있다는 정보를 간송이 우연히 전해 들었다. 간송은 친분이 있던 문학인 김태준에게 중개를 부탁했다. 김태준은 진성 이씨 집안 서예가 이용준의 스승이었다. 김태준을 통해 간송은 이용준을 만날 수 있었다. 단 김태준과 이용준이 사회주의자였던 터라 그들과 거래한 이력이 있으면 추후 문제가 불거질 우려가 있었다. 더구나 김태준이 치안유지법으로 체포되면서 거래가 흐지부지될 뻔하였다. 김태준 출소 후 다시금 간송은 그를 통해 이용준과 꾸준히 연락을 이어 갔다. 그리고 마침내 1943년 김태준, 이순황 등을 중개자로 내세워 이용준으로부터 훈민정음 해례본을 구입했다. 사회주의자로서 활동 자금이 필요했던 이용준은 간송에게 천원의 가격을 제안했다. 이에 간송은 이렇게 대답했다.

"이 1,000원은 사례비이며 훈민정음 값으로는 10,000원을 쳤습니다. 훈민정음 같은 보물은 적어도 이런 대접을 받아야 해요."

해방 후 간송은 문화재 보존위원회 위원으로 활동했다. 한국전쟁이 터지자 대지주로서 사회주의자들의 1차 제거 대상이 된 간송은 차마 보물들을 버리지 못하고 서울 모처에 숨어 지냈다. 그 사이 오세창이 보화각을 지켜 주었고, 서울이 수복되고는 희망을 가졌으나 이내 다시 중공군이 밀려오면서 간송은 휴대하기 편한 몇 점의 보물들만 가지고 부산으로 피난을 갔다. 이때 훈민정음 해례본만큼은 늘 품고 다녔으며 잘 때도 베개로 삼았을 정도로 애지중지했다.

다행히 전쟁은 휴전되었지만 내전으로 국토가 황폐화되고 농지 개혁과 더불어 간송이 투자했던 재단이 몰락하면서 간송은 하루아침에 빚더미 위에 올라앉게 되었다. 그럼에도 간송은 유적지답사회를 조직해 『고고미술』이라는 학술지를 간행했으며 꾸준히 빚을 갚아 가면서도 고고미술사학과 대학생들에게 장학금을 수여하기도 했다.

1962년 간송 전형필은 57세의 나이에 신우염으로 사망했다. 1966년 보화각은 이름을 '간송미술관'으로 개칭했고, 1971년부터 일반인에게도 작품을 공개하기 시작했다. 2014년부터는 서울 동대문디지털플라자(DDP)에서 별도의 전시를 이어 나가고 있다. 간송미술관이 소장 중인 문화재 중 국보는 12점, 보물은 10점이다.

♦ 훈민정음 해례본
간송이 이렇게 해서 지켜낸 훈민정음 해례본은 1997년 유네스코 세계기록유산으로 등재되었다. 아쉽게도 보존 문제로 오늘날 직접 열람은 거의 불가능하다.

38

임시정부의
마지막 라운드

대한민국 건국 강령

중국 내 김구의 임시정부도 최종 라운드를 위한 준비에 나서고 있었다. 1932년 윤봉길의 훙커우 공원 의거 이후 일제는 눈에 불을 켜고 김구를 수배하고 있었다. 더 이상 중국 동남부에서 활동을 이어 나갈 수 없었던 김구의 임시정부는 1932년 4월 상하이를 떠나 1932년 5월부터 1935년 11월까지는 항저우에서, 1935년 11월부터 1937년 11월까지는 전장에서, 1937년 11월부터 1938년 7월까지는 창사에서, 1938년 7월부터 10월까지는 광저우에서, 1938년 10월부터 1939년 6월까지는 류저우에서, 1939년 5월부터 1940년 9월까지는 치장에서 활동하다가 최종적으로 1940년 9월 충칭에 도착했다.

민족혁명당을 이탈한 민족주의 계열 독립 정당과 단체들도 김구의 임시정부가 있는 충칭에 모여들었고, 마침내 대한민국 임시정부 직속의 유일 여당 한국독립당이 창당되었다. 임시정부의 완전한 부활이었다. 재기에 성공한 대한민국 임시정부는

◆ **한국독립당**

만주에서 쌍성보 전투와 대전자령 전투를 승리로 이끌고 민족혁명당을 구성했던 지청천의 독립군 단체와는 같은 이름의 다른 정당이다.

대통령제가 아닌 주석제를 채택하기로 하고, 주석으로 김구를 선출했다.

1940년 9월 17일 대한민국 임시정부는 한국독립당 산하 부대인 한국광복군을 창설했다. 창설 과정에서 중국 국민당의 적극적 도움을 받았는데, 장제스와 우호적 관계를 맺고 있던 김구의 역할이 컸다. 한국광복군 총사령관은 지청천이었다. 대한민국 임시정부의 유일 여당으로서 한국독립당은 독립 전쟁을 준비하면서 임시정부가 아닌 공식 정부를 수립하기 위한 정책에도 힘을 쓰고 있었다. 1941년 11월 외무부 부장이었던 조소앙은 삼균주의에 입각한 건국 강령을 반포했다. 삼균주의란 정치, 경제, 교육 세 분야의 평등을 의미한다.

[대한민국 임시정부 건국 강령 제1장]

1. 우리나라는 우리 민족이 반만년 이래로 공통한 말과 글과 국토와 주권과 경제와 문화를 가지고 공통한 민족 정기를 하나의 민족으로서 형성하고 단결한 고정적 집단의 최고 조직이다.

2. 우리나라의 건국 정신은 삼균제도에 역사적 근거를 두었으니, 선민의 명명한 바 '수미균평위(首尾均平位)'하면 '흥방보태평(興邦保泰平)'이라 하였다. 이는 사회 각층의 지력과 권력과 부력의 가짐을 고르게 하여 국가를 진흥하며 태평을 보전, 유지하려 함이니 홍익인간과 이화세계 하자는 우리 민족의 지킬 바 최고의 공리이다.

1941년 12월 한국독립당의 산하 부대 한국광복군은 정식으로 전쟁을 치르겠다며 일제에 선전포고하였다.

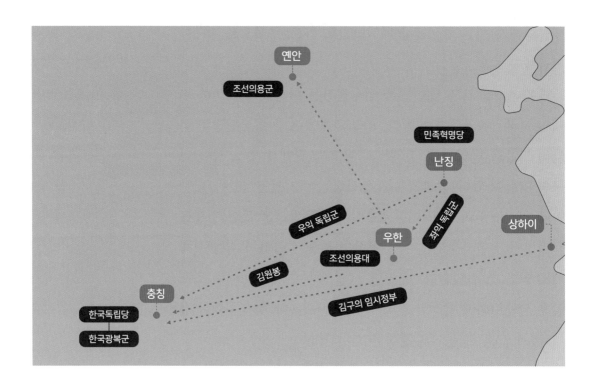

김원봉의 임시정부 합류

1942년 김원봉과 그 무리들이 임시정부에 편입되었다. 사연은 이렇다. 좌우익을 막론하고 5개의 당이 다 합쳐 민족혁명당을 조직했지만 좌우익의 이념 대립에 민족주의 진영 독립 계열들이 민족혁명당을 이탈한 후 임시정부로 귀속했다. 민족혁명당은 서기장 김원봉과 조직부장 김두봉이 지휘했고 이제 사회주의 계열만 남게 되었으니 단체의 이름 앞에 '조선'을 붙여 조선민족혁명당이 되어 사회주의 독립군 부대의 단체로 지속되는 줄 알았다.

　김원봉은 사회주의만의 독립군 부대로서 정체성을 더 확고히 하기 위해 1938년 우한에서 조선의용대로 부대를 재편했다. 조선의용대의 대장은 김원봉이었고 부대 재편 과정에서 그와 개인적인 친분이 있던 장제스의 도움이 있었다. 그러나 장제스는 엄연히 반공주의자였고 김원봉과의 친분만큼이나, 민족주의 계열의 대표자였던 김구와도 사이가 가까웠다. 장제스는 정치적으로는 김구와 김구의 임시정부를 지지했고 김원봉에게 임시정부로 통합하라는 권유를 반복했다.

당시는 중일전쟁이 중국 본토에서도 한창이던 와중이었다. 조선의용대가 있던 우한마저 전장이 되자 김원봉은 무리들과 함께 임시정부가 있던 충칭까지 밀려났다. 결국 조선의용대가 임시정부 산하로 편입되는 것이 아니냐는 우려가 내부적으로 들끓었다. 김원봉도 고심하지 않을 수 없었다.

김원봉이 이전부터 반공주의자인 장제스와 친하고 중국 공산당이 아닌 중국 국민당의 지지를 받는 형국에 불만이 많던 최창익, 김두봉 등은 무단으로 조선의용대를 이탈해 충칭을 벗어났다. 이들이 향한 곳은 중국 공산당이 있던 옌안이었다. 결국 조선의용대는 둘로 쪼개진 것이었다.

충칭에 남아 있던 김원봉과 그를 따르는 90여 명의 조선의용대 대원들은 장제스의 회유와 협박으로 임시정부 소속으로 편입되었다. 김구의 대한민국 임시정부도 의결 과정을 거쳐 1942년 조선의용대 대원들을 한국광복군으로 받아들이기로 했다.

조선의용대가 한국광복군 소속이 되면서 민족혁명당 때부터 사이가 매우 좋지 않아 군부대를 해체하기에 이르렀던 김원봉과 지청천이 다시 만나게 되었다. 민족혁명당 활동 당시에는 김원봉의 서열이 더 높았지만, 한국광복군에서 김원봉은 총사령관 지청천의 명령을 따라야 했다. 임시정부와 한국광복군 내부적으로도 김원봉과 조선의용대 출신 병력은 껄끄러운 존재들이었다.

한국광복군의 활약

한국광복군은 지청천의 지휘하에 이전의 독립군과는 완전히 다른 군 조직으로 거듭나고 있었다. 1945년 1월 젊은 조선인 장정 47인이 한국광복군에 자원입대했다. 김구는 일본의 검문을 피해 만주에서 충칭까지 목숨을 걸고 찾아온 장준하, 김준엽 등 젊은 청년들의 합류를 크게 기뻐했다.

> "우리는 어렸을 때부터 일본의 교육을 받았습니다. 그런 까닭에 우리 역사는 고사하고 언어에도 능숙하지 못합니다. 그런데 일본 유학 중 징병으로 전쟁에 나가게 되어 가족과 이별하러 집에 들렀더니 부모와 조부모께서 우리 독립정부가 충칭에 있으니 왜군 앞잡이로 끌려 다니다가 개죽음 당하느니 차라리 우리 정부를 찾아가서 독립전쟁을 하다가 영광스럽게 죽으라고 비밀히 말씀하였습니다. 이 말씀을 듣고 일본 부대에서 도망하다가 더러는 죽고 더러는 살아 우리 정부를 찾아온 것입니다."

47인 청년들의 준열한 인터뷰에 연합국 기자들의 관심이 폭발했다고 한다. 장준하는 해방 이후까지 김구의 개인비서로 일했고, 정계에 진출하여 박정희의 정치적 라이벌이 됐다. 김준엽은 해방 후 고려대학교 사학과 교수를 거쳐 고려대학교 총장을 역임했다.

대한민국 임시정부와 한국광복군은 국제적 흐름을 읽어 가며 미래를 준비했다. 김구는 임시정부가 해방 이후 한국의 공식 정부로서 역할을 차질 없이 수행하려면 중국은 물론 서양

국가들과도 외교적 관계를 돈독히 해둘 필요가 있다고 판단했다. 그 일환으로 김구는 영국과 미국, 두 국가와 인연을 맺는다.

인도와 버마(현 미얀마)에서 일본군과 격렬하게 대치하던 영국군은 중국의 장제스에게 지원군을 요청했다. 이에 장제스는 김구에게 인도와 버마로 한국광복군을 보낼 수 있는지 물었고, 김구는 수락했다. 이렇게 1943년 김구는 대장 한지성을 포함해 김성호, 송철, 문응국, 김상준, 박영진, 최봉진, 나동규 등 8인과 캐나다 육군 출신의 롤랜드 베이컨을 합쳐 총 9명의 특수부대를 인도-버마 전선에 투입했다. 이 9명을 인도-버마전구공작대, 줄여서 인면전구공작대(印緬戰區工作隊)라 부른다.

인면전구공작대는 1945년 5월까지 콜카타-아라칸-임팔-만달레이 전지 등에서 감청, 전단(삐라) 살포, 포로 심문 등을 통해 큰 성과를 냈다. 인면전구공작대의 도움으로 연속해서 승리를 거두었을 뿐 아니라 죽을 위기에서 벗어날 수 있었던 영국군은 임시정부 측에 증원군을 계속 요청하기도 했다.

김구가 두 번째로 접촉한 국가는 미국이었다. 미군과 성공적으로 접촉한 김구와 한국광복군은 중국의 시안과 부양에서 미국의 전략사무국(Office of Strategic Service. 이하 OSS.)과 함께 3개월간 합동 비밀 훈련을 실시했다. OSS는 미군의 특수임무반을 조직하고 훈련시키는 정보국이다. 백범일지에 의하면 미국의 여러 전문학자들까지 OSS에 투입되어 파괴술, 정탐술, 무전기 사용법, 폭파술, 비밀도강술 등을 훈련시켰다고 한다. 한국광복군은 미 OSS와 함께 비밀리에 국내로 들어가 조선총독부를 무너뜨리자는 국내 진공 작전을 계획했다. 김구가 OSS 국장 윌리엄 도노반과 국내 진공 작전에 합의를 본 시점이 1945년 8월 7일, 일제의 패망 약 일주일 전이었다.

♦ 인면전구공작대
(印緬戰區工作隊)
인도-버마 전쟁지구 공작대란 뜻이다. 여기서 인면은 인도와 버마를 뜻한다.

♦ 미국의 전략사무국
제2차 세계대전 기간 동안 활동했던 미국의 전시 첩보기관. 오늘날 CIA(중앙정보국)의 전신이다.

39

해방 직후의
뒷이야기

여운형의 건국준비위원회

1945년 8월 6일과 9일에 각각 히로시마와 나가사키에 원자폭탄이 투하됐다. 일본은 더 이상 전쟁을 이어 나갈 수 없다고 판단했고, 8월 10일 연합군 측에 항복 의사를 전달했다. 8월 10일 당일 조선총독부에도 이 정보가 전해졌다. 조선총독부는 일본이 공식 항복 발표를 하게 되면 조선인들이 일본인들에게 보복할 것을 우려했다. 조선총독부는 항복 발표 전에 조선 땅에 있는 일본인들을 무사히 귀국시키려 했다. 당시 조선에는 약 80만 명의 일본인들이 거주하고 있었다. 1944년 부임했던 조선총독부 마지막 총독 아베 노부유키는 조선 땅에 있던 지도자급 독립운동가들과 교섭하려 했다.

조선총독부의 제안을 송진우는 거절했고, 여운형이 교섭에

응했다. 아베 노부유키 총독은 조선 땅에서의 모든 행정권과 치안 유지권을 넘기는 대신 조선인들의 무질서를 막아 주고 일본인들에 대한 보복 행위를 삼가 달라고 여운형에게 부탁했다. 여운형은 이 제의를 수락했다. 며칠 후 8월 15일, 라디오 전파를 통해 일본 히로히토 천황의 무조건 항복 선언 소식이 전해졌다. 비로소 조선이 해방을 맞이했다.

8월 15일 일본의 항복이 공식 발표되자 여운형은 당일 바로 건국준비위원회를 발족했다. 이어 투옥됐던 민족운동가 모두를 석방하고, 조선총독부로부터 넘겨받은 행정권을 활용해 치안대를 조직했다. 치안대는 전국 경찰서를 접수하여 치안 유지 업무를 맡았다. 그런데 바로 다음 날인 8월 16일 조선총독부가 엉뚱한 소식을 알려 왔다. 한반도에 미군이 들어올 때까지 조선총독부가 계속 행정권과 치안 권한을 행사하겠다는 통보였다. 조선총독부는 "민심을 교란하고 치안을 해치는 일이 있으면 일본군은 단호한 조치를 취할 방침이다."라고 하며 한반도에 남아 있던 병력을 동원해 경찰서와 신문사, 학교 등을 다시 접수했다. 조선총독부가 행정권과 치안 유지권을 조선의 독립운동가들에게 넘기겠다고 약속할 당시, 일본 본국에선 한반도의 행정 권한 일체를 미군에게 넘기겠다는 약정을 한 상태였다. 일본 본국 결정에 따라 조선총독부가 약속을 번복한 것이었다.

9월 6일 한반도 남쪽에 미군이 들어왔다. 9월 9일에는 조선 주둔군 사령관 하지 중장과 아베 노부유키 총독이 만나 항복 조인을 체결했다. 조선인이 배제된 채 행정권은 미군에게로 이양되었다. 여기에 더해 미군은 김구의 대한민국 임시정부를 공식적인 정부로 인정하지 않았다.

잔류 일본인의 일본 귀국 문제

미군이 들어오기 전 한 달여 동안 조선총독부는 종전 사무 처리 본부를 설치해 일본인의 귀환 준비, 잔류 일본인 단체 조직, 기타 개인과 법인의 권익 보호 등의 업무를 처리했다. 한반도 내 일본인들의 귀국을 책임져야 할 아베 노부유키 총독은 가장 먼저 한반도를 빠져나갔다. 그냥 도망친 것도 아니었다. 본국으로 가기 직전 그는 '조선은행권' 화폐를 상당량 발행하고 그 돈을 챙겨 몰래 도망갔다. 한국 땅에 거주하던 일본 민간인들은 스스로의 힘으로 본국 귀환을 할 수밖에 없었다. 미군이 들어오기 전 도움이 될 만한 조선총독부의 조치는 없었고, 행정권이 미군에게 넘어간 뒤에는 일본 민간인들의 귀국 준비가 더 까다로워졌다.

잔류 일본인들은 본국으로 돌아가기 위해 자체적으로 '세화회'를 조직했다. 해방 다음 날인 8월 16일 수도 경성에서 처음 세화회가 결성됐고, 이후 전국 곳곳에 우후죽순 세화회가 만들어졌다. 세화회는 1946년 8월까지 계속 조직됐고, 1947년 7월경에 공식 해산했다. 1945년 8월 20일 잔류 일본인들을 태운 첫 귀환선이 부산을 출발한 이래, 그들이 일본으로 돌아가기까지 1~2년 정도의 시간이 걸린 셈이다. 이 기간 동안 부산은 귀국하려는 일본인들로 북새통이었다고 한다.

잔류 일본인들이 자국으로 돌아가는 데 오랜 시간이 걸린 이유와 배경은 무엇일까? 첫째, 조선인들의 보복 행위가 많지 않았기 때문이다. 다만 북한 쪽 사정은 남한과 조금 달랐다. 세화회의 지역별 분포를 보면 남쪽보다 북쪽에서 상대적으로 더 많이 결성된 것을 알 수 있다. 미군 통치 지역인 남쪽보다 소련 통

◆ 조선은행권

아베 노부유키 총독의 조선은행권 발행으로 해방 직후 한국에선 인플레이션이 일어났다.

◆ 잔류 일본인

한국을 포함해 중국, 대만, 동남아시아 등 일제의 점령지에 거주하다가 일제 패망 후 일본으로 귀국한 일본인들을 잔류 일본인이라고 하며, 일본에서는 '히키아게샤(ひきあげしゃ)'라고 부른다.

치 지역인 북쪽에서 조선 거주 일본인들에 대한 사적 보복 행위가 더 많았다는 것을 추측할 수 있다.

자연스레 한반도 북부 혹은 만주에 거주하던 일본인들이 38선을 넘어 미군의 영역인 남쪽으로 몰려들었다. 미군정이 담당해야 하는 일본인 수는 점점 많아졌다. 이 일본인 난민들을 받아 주는 것은 여러모로 골치 아픈 일이었다. 일본인 관련 미군의 업무는 계속 늘어났고, 일본인들의 귀국이 늦어질 수밖에 없었다.

둘째로 미군정의 의도적 지연도 있었다. 잔류 일본인 상당수가 기술자나 경영자들이었다. 미군정은 짧은 기간에 많은 잔류 일본인들이 본국으로 돌아갈 경우 행정 공백이 생길 것을 우려했다. 이를 막기 위해 의도적으로 일본인들을 느리게 순차적으로 귀국시켰다.

그렇다면 일본으로 돌아간 일본인들은 편안하게 살았을까? 결코 아니었다. 조선뿐 아니라 세계 각지에서 일본인들이 본국으로 귀환했기 때문에 당시 귀국 일본인 수는 수백만 명에 이르렀다. 일본 내 일본인 귀환자 문제를 처리하고 있던 '연합국 최고사령관 총사령부' 일명 GHQ의 힘만으로는 감당하기가 대단히 어려웠다. 또한 자국으로 귀환한 일본인들은 외국에서 모은 재산들을 다 포기하고 돌아와야만 했다.

식민지 조선에 거주했던 일본인들은 보통 10년에서 길게는 30년 동안 일본을 떠나 있었다. 일본의 고향 땅을 찾아가더라도 연고도 없고, 생활 기반도 없었다. 한국에서 일본으로 귀국할 때 미군은 개인이 가지고 나갈 수 있는 지참금의 상한선을 정했다. 귀환자 상당수가 하루아침에 알거지가 되기도 했다. 귀환 일본인들의 재외 재산 보상 문제, 주택 문제, 식량 배급 문제가 매우 심각했지만, GHQ의 적절한 대책은 없었다. 귀환 과정에서 가족이 생이별을 하는 경우도 비일비재했다. 동남아에서 귀환한 일본인들 사이에서는 콜레라가 퍼졌다. 이 전염병이 다른 외국에서 들어오는 일본인들한테까지 퍼지면서 귀국과 관련한 행정은 혼란 그 자체였다.

현실적 어려움에 더해 사회적 차별도 만연했다. 식민지 조선으로 넘어갔던 일본인들은 대체로 어느 정도의 재산을 가진 사람들이었다. 조선총독부에서 일본인들에게 부를 증식할 많은 기회를 주었고, 이 기회를 노리고 출국한 사람들이었기 때문이다. 일제가 식민지 조선을 지배한 일제강점기(1910~1945년) 동안 항만, 철도, 전신, 전화, 건설업 등의 분야에서 일본인들의 취업과 사업이 굉장히 용이했다. 조선총독부가 조선을 수탈하기 위해 많은 사업을 벌였기 때문이다. 돈 벌러 나갔던 사람들이 한꺼번에 일본으로 되돌아오자, 현지 일본인들은 귀환한 일본인들에게 좋지 않은 시선을 보냈다. 전쟁 패배로 경기가 침체되었는데, 국가 예산이 그들을 위해 사용되는 것에 대한 불만이었다. 식민지 조선에서 태어난 아이들은 문제가 더 심각했다. 부모들 대부분이 조선에서 10년 이상을 거주하다 귀환했으니, 이 아이들의 나이는 10대 안팎이었다. 조선을 고향으로 둔 10대의 일본인들은 일본에 적응하기가 더 어려웠다.

시간이 지나 일본은 GHQ로부터 주권을 다시 돌려받았다. 미소 냉전의 여파로 미국은 일본을 적극 지원하기 시작했다. 일본 내부 사정이 호전되면서 일본 내 귀환자들에 대한 인식이 바뀌기 시작했다. 전쟁의 피해자라는 동정 여론이 형성되었다. 시간이 더 흘러 2세대 귀환자들이 40-50대가 됐을 때는 동정 여론이 더욱 공고해졌다. 일본의 경제 성장과 우경화로 일본인

스스로를 원폭과 전쟁의 피해자라고 규정하는 사회 현상의 반영이었다. 야스쿠니 신사와 평화기념전시관에선 귀환자들을 전쟁의 피해자라고 묘사하고 있다. 그러나 일본인들은 그 어느 곳에서도 자신들이 식민지 시절 조선인들에게 행한 가혹한 행위에 대해서는 언급하지 않는다.

그렇다면, 광복 후 일본에 남아 있던 한국인들은 어떻게 되었을까?

㊵ 재일 조선인

일본으로 넘어간 식민지 조선인들

일제가 패망한 1945년, 약 200만 명의 조선인이 일본에 남아 있었다. 일제강점기 많은 청년 지식인들이 일본으로 유학을 떠났다. 이것을 제외한다면 일제강점기 동안 조선인들이 일본으로 이주한 이유는 두 가지다. 먼저 경제적 이유다. 1910년대와 1920년대를 거치며 일제는 토지 조사 사업으로 조선의 토지 상당수를 국유화했고, 농민들은 소작농으로 몰락했다. 조선 총독부의 산미 증식 계획은 대규모 쌀 증산 사업이라는 명분을 내걸었지만, 생산되는 쌀 거의 모두를 일본으로 보내면서 조선 농민을 착취했을 뿐이다. 심지어 쌀 증산 사업에 들어간 비용을 조선 농민들에게 전가해 버려 농민 상당수가 빚더미에 올라앉았다. 여기에 친일 지주, 일본인 지주, 각종 수리조합과 금융

조합들의 횡포로 인해 식민지 조선 땅에서 농민으로 도저히 살아남을 수 없는 형편이었다.

1920년대부터는 농촌 이탈 현상이 심해졌다. 가족을 책임지고 하루하루 먹고 살기 위해 도시로 가서 막노동을 했지만 임금은 형편이 없었다. 안락한 집은커녕 제 한 몸 누일 변변한 공간도 마땅히 없었다. 1931년 총독부의 통계에 따르면 식민지 조선 인구 전체의 25%가 절대 빈곤으로 허덕이고 있었다. 거지 수만 16만 명이었고 전체 소작농 가운데 75%가 부채를 안고 있었다.

1920년대 후반에는 살기 힘든 조선을 떠나 외국으로 떠날 수밖에 없는 이들의 수가 급격히 불어나기 시작했다. 1930년대 들어 1년에 10만 명 이상의 식민지 조선인이 일자리를 찾아 일본으로 넘어갔다. 일본 내에서도 값싼 노동력의 조선인들을 마음껏 부려먹었다. 일본 유입 조선인 수가 너무 많아지자 일본 정부는 이를 통제하려 했지만 역부족이었다.

1932년에 일본으로 넘어간 조선인의 직업은 노동자 48%, 무직자 35%, 상인 5%로 구성되어 있었다. 일본에 가서도 일자리를 구하지 못하는 경우가 태반이었다. 어렵게 일자리를 구하더라도 임금 차별, 노동 환경 차별 등 극심한 민족 차별 대우를 받아야만 했다. 그나마 조선인 노동자들이 일할 수 있는 곳은 건설 현장이나 광산 등 위험한 곳뿐이었다. 일본 경찰들은 수시로 조선인들에게 트집을 잡았다. 일본 내 조선인들은 식민지 국민으로서 모든 불합리한 대우들을 참고 견뎌야만 했다.

일본으로 조선인들이 이주하게 된 두 번째 이유는 강제 동원이었다. 조선총독부는 1938년 국가총동원령을 발표해 1945년까지 조선인들을 마음껏 동원하고 부려먹었다. 1941년 일본이 태평양 전쟁을 일으키고 태평양 일대 여러 섬들을 군사 기지로 만들었다. 이 작업 대부분을 강제 동원된 조선인 노역자들이 맡았다. 여성들은 정신대와 위안부로 끌려갔다. 이렇게 강제 동원된 조선인 노역자들과 여성들은 태평양 섬 곳곳에 배치되었다.

탄광에서 가장 위험한 일은 채굴 작업이다. 탄광 채굴 작업을 일본어로 '사키야마'라고 한다. 일본 자료에 따르면 사키야마 노동자 가운데 60%가 조선인이었다. 일본은 전시에 동원됐던 사람들에게 1인당 100엔을 지불하기로 했지만 조선인에게는 지급하지 않았다.

우키시마호 폭침 사건

일본에 만들어진 연합국 최고사령관 총사령부 일명 GHQ가 조선인 귀국 송환 조치를 담당했다. 일본 내 조선인들은 귀환 여부를 놓고 의견이 나뉘었다. 하루빨리 조선으로 귀국할 수 있게 해 달라며 소요를 일으킨 사람들이 있었지만, 반면에 귀국을 주저하는 사람들도 있었다. 한국으로 가더라도 살 집도, 생계를 유지할 일도 없는 사람들은 열악하더라도 생활의 터전이 있는 일본에 남으려 했다.

조선인들이 귀국하는 과정에서 큰 사건이 터졌다. 한국으로 돌아가기 위해서는 GHQ가 마련한 공식 배편을 이용해야만 했지만, 그 수가 터무니없이 적어 일본 지방 당국에서 마련한 배편을 이용하는 경우도 있었다. 1945년 8월 22일 부산을 목적지로 오미나토를 출발한 우키시마호가 이틀 후인 8월 24일, 교토의 마이즈루만 해역을 지나던 중 원인을 알 수 없는 폭발로 침

몰했다. 이 우키시마호 안에는 강제 동원되었던 조선인이 최소 4,000명 이상 승선해 있었는데, 전원 사망했다. 의심스러운 것은 사건이 벌어지기 며칠 전 오미나토 해군 경비부에서 강제 동원되었던 조선인을 우키시마호에 태워 부산으로 보내라는 지시가 있었다는 것이다. 이 사건이 '우키시마호 폭침 사건'인데, 일본 당국은 사고로부터 일주일이나 지난 후에야 미적지근하게 대응했고, 사체도 제대로 인양하지 않았다.

◆ **우키시마호 폭침 사건**
일본 측은 우연한 사고라고 주장하고 있으나, 생존자 및 유가족들은 강제 동원을 은폐하려는 일본 정부의 고의적 폭침이었다고 의심한다.

우토로 마을

일본 잔류를 결정한 사람들은 마을 공동체를 만들고 세대를 거듭하며 재일 교포가 되었다. 일본에서는 이들을 '자이니치'라고 부른다. 재일 교포들도 해방 후부터 일본 사회 내에서 온갖 차별을 받아 왔다.

대표적으로 일본 교토에 위치한 우토로 마을이 있다. 1942년 교토 남쪽에 비행장이 건설될 때 그곳에서 일한 2,000명의 인부들 중 1,300명이 강제 동원된 조선인이었다. 그 조선인 인부들의 합숙소가 해방 후 미처 한국으로 돌아가지 못한 조선인들의 합숙소로 사용되었다. 이 합숙소와 합숙소 인근에 있던 조선인 마을이 합쳐져 우토로 마을로 발전하였다. 우토로 마을 소식이 여기저기로 퍼지면서 한국으로 돌아갈 길을 찾지 못한 조선인들이 이곳으로 몰려들었다. 당시 우토로 마을은 상하수도 시설조차 없는, 매우 열악한 합숙소였다. 사람들이 살기에 적합한 곳이 아니었고, 해방 후 당연하게도 일본 정부의 지원은 없었다.

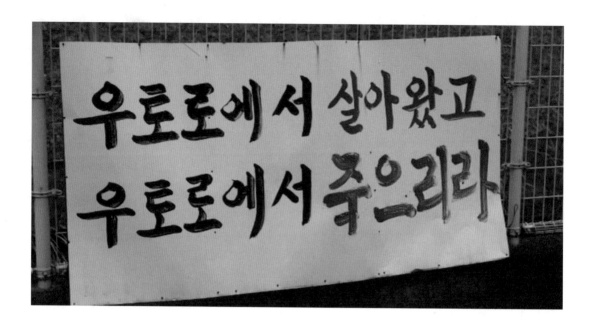

　우토로 마을뿐 아니라 현재 일본 전국 곳곳에 퍼져 있는 코리아타운 대부분은 이 시대 조선인들끼리 모여 살았던 구역이 마을이 된 경우다.

조총련과 민단

해방 후 1946년 재일 교포 자이니치들은 서로를 지켜 주고 보호하기 위해 '재일본조선인연맹'을 조직했다. 그간 재일 교포, 즉 자이니치들은 조선어를 까먹지 말자며 10대 아이들에게 조선어를 가르치는 국어 강습소를 '조선학교'란 이름으로 명칭을 변경하여 운영했다. 그러나 국내에서 좌우익의 이념이 극단으로 치닫고, 남북으로 분단되는 상황에서 재일본조선인연맹도 이념 선택을 강요받았다. 자이니치 가운데 북한을 국적으로 선택한 자이니치를 재일조선인이라 하고, 남쪽을 국적으로 선택한 자이니치를 재일한국인이라고 한다.

1946년 반공주의자 재일한국인들은 재일본조선인연맹을 나와, 재일본한국민단을 따로 조직했다. 재일본한국민단, 일명 '민단'의 초대 단장은 일제강점기 시절 희대의 문제아였던 박열이었다.

박열과 가네코 후미코

박열은 10대 후반 일본으로 넘어가 일본에서 아나키스트로 활동했다. 그는 일본에서 독립운동 단체와 아나키즘 단체를 여러 번 조직했다. 박열은 이때 일본인 여성 아나키스트 가네코 후미코를 만나 교제했는데, 비록 일본인이었으나 어릴 적부터 불우한 가정 환경에서 자란 가네코 후미코는 3.1운동을 기점으로 식민지 조선에 큰 관심을 갖게 되었고, 어느샌가부터 한국의 독립운동을 응원하고 있었다. 우연한 계기로 아나키즘에 푹 빠진 가네코 후미코는 박열의 시 <개새끼>를 읽고 그를 찾아갔고, 박열은 가네코 후미코와 동거하며 함께 일본에서 아나키즘 활동을 주도했다.

1923년 관동대지진 당시 박열과 가네코 후미코는 경찰에 체포됐다. 일본 경찰 당국은 두 사람의 이전 아나키즘 활동을 천황 테러 사건으로 확대해 재판에 회부했다. 박열과 가네코 후미코는 재판 내내 조선의 옷을 입겠다고 주장했고, 일본어가 유창하지만 조선말만 쓰겠다며 통역관을 불러 달라고 고집을 부렸다. 두 사람의 재판이 신문 기사로 실릴 때 기자가 사진을 찍으려고 했는데, 박열과 가네코 후미코는 여유로운 표정과 자세를 취하며, 심지어 박열이 가네코 후미코의 가슴에 손을 올리는 파격적인 연출을 하기도 했다. 두 사람의 행동은 세간의 화제를 불러일으켰다.

박열과 가네코 후미코는 최종적으로 무기징역을 선고받았다. 1926년 가네코 후미코는 옥중에서 알 수 없는 이유로 사망했다. 박열의 부탁을 받은 그의 형이 어렵게 가네코 후미코의 유해를 인계 받아 박열의 고향인 문경에 매장했고, 박열은 1945년 10월 해방 2개월 후 석방되었다. 석방된 후 박열은 국내에 있던 김구의 부탁으로 이봉창과 윤봉길 유해 본국 송환 사업을 주도했다. 그런데 무슨 영문인지 이후 박열은 철저한 반공주의자가 되었고 일본 내 반공주의자 자이니치들을 규합해 민단을 조직했던 것이다. 다만 박열은 민단 내 친일파의 비율이 점점 많아지자 민단을 나온 뒤 귀국했는데, 6.25전쟁 중 납북되었다.

한편 반공주의자들이 대거 이탈하면서 공산주의자들만 남은 재일본조선인연맹은 일본 당국의 탄압을 받아 해체되었고, 일본 당국은 조선학교 폐교령을 내렸다. 조선학교 졸업생들과 조선학교 재학생들은 격렬한 폐교 거부 운동을 벌였지만, 1949년 조선학교는 결국 폐교되었다.

재일조선인들은 그들만의 커뮤니티를 만들 필요성을 절실하게 느꼈다. 한국전쟁이 끝난 후 1955년 그들은 재일본조선인총연맹 일명 '조총련'을 창립했다. 하지만 일본은 북한을 미승인국으로 여기기에 북한 국적을 공식적으로 인정해 주지 않고 있으며, 따라서 일본 당국은 재일조선인을 무국적으로 분류하고 편의상 '조선적'이라는 임시 국적을 부여하고 있다.

좌우익의 이념에 따라 남북한으로 분단되던 때에 민단은 반공주의적 목적이 가장 뚜렷했다. 다만 재일조선인과 조총련은 사상보다는 민족을 앞세우며 자이니치의 기본권 보장을 위해 노력했다. 이념을 떠나 일반 자이니치 상당수는 권익 보호에 힘쓴다는 사실 하나 때문에 재일조선인을 선택하는 경우가 많았다. 재일조선인의 수가 재일한국인의 수보다 많은 건 그 때문이다.

◆ 폐교 거부 운동
'한신교육사건'이라고 부른다.

재일조선인의 현재

사상과 이념을 떠나 재일조선인이든 재일한국인이든 '코리안 디아스포라'로서 일본 사회에서 민족적 멸시를 받아야만 했다. 다만 자이니치들이 대박을 터트린 사업이 하나 있었으니, 바로 파친코 사업이다. 다른 사업에 비해 진입 장벽이 낮은 파친코는 전후 피폐해진 일본 사회에 급속히 붐을 일으켰다. 자이니치들 대부분은 외국인의 신분으로 막노동에 종사하면서 아주

◆ 코리안 디아스포라
외국에 거주하는 한국인을 뜻한다.

적은 임금을 받거나 아니면 파친코 사업에 손을 뻗칠 수밖에 없었다. 일본 정부가 파친코 사업을 규제하면서 많은 일본인 사업가들이 파친코 사업을 포기했다. 반면 파친코 사업이 아니면 취직조차 어려웠던 자이니치들은 이 사업을 포기할 수 없었다. 현재까지도 일본의 파친코 사업의 80%는 자이니치 소유이다.

1959년 재일조선인의 조총련은 북한의 재정적 지원을 바탕으로 조선학교를 부활시켰다. 1961년 기준 조선학교는 160여 개로 4만 명의 학생들이 있었다. 일본은 북한의 사상을 가르치며 북한 정부가 지원하는 학교를 정식적인 교육 기관으로 인정하지 않았다.

민단 측에서도 한국학교를 운영하지만 극소수다. 재일한국인들조차도 민족학교에 입학하길 원할 경우 조선학교에 입학하는 경우가 허다했다. 일본 정부는 10대 학생들에게 무상 교육을 제공하고 있지만, 무상 교육 혜택 범위에 조선학교는 들어가 있지 않다. 조총련 측에서는 조선학교도 무상 교육 대상으로 포함해 달라고 요구하고 있지만, 일본은 계속 거부하고 있다.

2014년 기준 일본에 거주하는 재일 교포 자이니치는 50만 명이며, 감소 추세를 감안하면 현재는 약 46만 명으로 추정하고 있다. 전체 자이니치 중에서 일제강점기부터 해방 직후까지 일본으로 넘어온 1세대는 약 5%, 2세대는 41%, 3세대는 45%를 차지한다. 현재 10대~20대에 속하는 4세대는 9% 정도이다.

독립운동가들의 ——— 어록

한 나라가 잘 되고 못 되는
열쇠는 그 나라의 국어를
얼마나 사랑하느냐에 있다.

주시경

의심하는 마음을 바꾸면 신뢰하는
마음을 가질 것이고 두려워하는
마음을 바꾸면 용맹한 마음이
생길 것이니 신뢰와 용기가 합쳐지면
민심이 성(城)처럼 굳게 되니
나라를 안정시키는 것이 손바닥
뒤집듯이 쉽게 됩니다.

지석영

말은 사람의 이성이 맨 첫째로
만들어낸 문화의 아들이다.

최현배

나라의 바탕을 보존하기에
가장 중요한 자기 나라의 말과 글을
이 지경을 만들고 도외시한다면,
나라의 바탕은 날로 쇠퇴할 것이다.

주시경

말이 오르면 나라가 오르고,
말이 내리면 나라가 내린다.

주시경

우리말은 다만 지적 연구의 대상으로 생각하지 않고
그것은 배달겨레의 얼이요, 목숨으로 생각하여
이를 사랑하고, 이를 기르고, 이를 밝히고, 이를 보존하고,
이를 보급시켜서 겨레의 생존과 문화를 유지 및 발달시키어
자유와 행복을 누리게 하는 태도가 필요하다.

최현배

기필코 이 위대한 문화유산들이
흩어져 사라지지 않도록
내 모든 것을 바쳐 지켜 내리라.
이것이 금생에 내게 맡겨진 의무이다.

전형필

글이란 한번 인쇄되면
스스로의 생명을
지니게 되는 법이다.

최현배

정치, 경제, 교육의 균등 제도와
개인과 개인, 민족과 민족,
국가와 국가 간의 호혜평등으로
민주국가 건설하자.

조소앙

우리 조선은 꼭 독립되네.
동서고금에 문화 수준이
높은 나라가 낮은 나라에
영원히 합병된 역사는 없고,
그것이 바로 문화의 힘이지.

전형필

우리 조국을 광복하오리다.
만일 그렇지 못하게 되면 나의 몸을
불에 태워 죽여주시오.

조소앙

광야에서 돌베개를 벨지언정
못난 조상이 될 수는 없다.

장준하

현실에 살지 말고 역사에 살아라.
긴 역사를 볼 때 진리, 정의, 선(善)은
반드시 승리한다.

김준엽

인간은 날 때부터 자유롭고 평등하며
생존권은 신성한 것이다.
시대의 조류는 조만간 인간 세계의 여러 모순을
그대로 두지 않을 것이다.
서둘러 이 과거의 껍데기를 벗지 못하면
국가도 개인도 이내 망하고 말 것이다.

여운형

나는 사고하고 행동한다.
온 몸을 바쳐온 독립운동의
일꾼으로서 한 병졸로서 일한다.

박열

유리할 때에는 의리를 말하고
불리할 때는 배반하는 것은 불가하다.

여운형

나는 박열을 사랑한다.
우리 둘을 함께 단두대에 세워 달라.
함께 죽는다면 나는 만족할 것이다.

가네코 후미코

나 자신의 정당성 여부가 문제이지
참새 떼들의 입방아는
그리 신경 쓸 필요가 없다.

여운형

자신의 행위의 주체가 온전히
자기 자신임을 자각해야 한다.

가네코 후미코

내 육체야 자네들이 죽일 수 있지만
내 정신이야 어찌하겠는가?

박열

미완의 독립운동

우리는 어릴 때부터 독립운동가분들 덕분에 이 나라가 있다며, 항상 그분들에게 감사해야 한다는 교육을 받고 자랐다. 하지만 매일매일 독립운동가에게 감사하는 마음을 다지며 살아간다고 자신 있게 답할 사람이 몇이나 될까? 독립운동가분들 덕분에 지금의 우리가 있다는 말이 무수히 회자되다 보니 그 진정성이 옅어지는 듯하다. 더 근원적인 질문을 해 보자. 애당초 독립운동가분들에게 '감사'한다는 것은 무엇을 의미하는가? 독립운동가들을 기리기 위해 국경일에 묵념을 하는 것으로 최선을 다한 것일까?

냉정히 말해서 대한민국의 독립은 우리 손으로 쟁취하지 못했다. 불편한 진실이지만 대한민국의 독립은 미국의 원자폭탄이 가져왔다. 일제강점기 때 다양하게 진행한 독립운동도 한계가 많았다. 의열단 단원이 암살한 일본 간부들은 다른 간부들로 대체되었고, 그들이 파괴한 건물은 보수 공사를 거쳐 다시 제 기능을 했다. 조선인을 위한 대학교를 만들어 보자는 민립 대학 설립 운동과 국산품을 애용하자는 물산 장려 운동은 조선인들끼리의 입장 차이와 조선총독부의 방해로 실패했다. 우리나라의 역사와 언어를 지키기 위한 노력도 조선총독부의 철저한 탄압을 받았다. 독립군은 청산리 대첩이라는 기념비적인 승리를 거두었지만, 일제의 식민 통치를 끝장 낼 결정적인 승전고를 울리지 못했다. 사회주의자 계열의 독립운동은 이념의 원론에서 벗어나지 못했다. 일부 민족주의자 독립운동가 중에는 자치론을 주장하며 친일 노선을 걷는 변절자도 생겨났다. 좌우 합작 운동인 신간회는 오래 운영되지 못하고 금세 해산되었다.

여기서 드는 의문점은 '당대의 독립운동가들은 그 결과를 예상하지 못했을까?'라는 것이다. 그분들은 나 하나 목숨 바친다고 독립이 되지 못한다는 걸 몰랐을까? 내가 친일파 한 명을, 일본 고위 정치인 한 명을 제거해 봤자 다른 사람으로 대체될 거란 걸 몰랐을까? 거리에 나가 목청이 터져라 "만세"를 불러 봤자 돌아오는 건 고문뿐이고, 독립되지 못한다는 현실을 정말 그분들은 몰랐을까? 우리는 이 미완의 독립운동을 어떻게 받아들여야 하는가.

결론부터 말하자면 독립운동가들의 불굴의 투쟁은 무의미하고 가치 없는 일이 아니었다. 일본 식민지들 가운데 오키나와처럼 일제 패망 후 독립을 이루지 못한 곳들도 있다. 우리 독립운동가들이 목숨 걸고 일제에 저항하고 국제사회에 독립의 의지를 적극적으로 알렸던 덕에 제2차 세계대전을 승리로 이끈 연합국들은 한국의 독립을 진지하게 거론할 수 있었다. 이봉창과 윤봉길의 의거와 김구의 임시정부 활약 덕에 장제스의 도움을 이끌어낼 수 있었고, 장제스는 카이로 회담 등 국제회의에서 한국의 독립을 회담 의제로 제시하기도 했다.

한국의 독립은 연합군이 일제를 패망시킨 덕에 저절로 이루어진 것이 아니다. 독립운동가들의 격렬한 저항이 있었기에 얻을 수 있었던 값진 전리품이었다. 끊이지 않는 여러 형태의 민족운동이 있었기에, 조선총독부의 우민화 정책에도 우리의 의식은 쇠퇴하지 않을 수 있었다. 일제강점기 처절한 민족운동, 독립운동이 아니었다면 해방 후 한국전쟁을 겪고도 그토록 빠르게 국력을 회복할 수는 없었을 것이다.

또 한 가지, 미완의 독립운동을 통해 얻어야 하는 중요한 교훈이 있다. 당시의 독립운동가분들 역시 독립운동의 한계를 잘 인지하고 있었다. 한계를 잘 알고 있었지만, 그들은 싸웠다. 언제 독립이 될지도 모르고, 나 하나 희생한다고 독립이 되지는 않는다는 것을 뻔히 다 아는 상황에서 좌절하거나 낙담하지 않고 불가능한 꿈을 꾸며, 올바르다고 믿는 그 꿈을 실현하기 위해 행동했다. 파급력이 작더라도, 불가능한 꿈을 실현하기 위해 목숨을 걸고 싸웠다. 이것이 지금의 우리가 기억하고, 계승하고, 기념해야 할 의미이다.

다시 처음의 질문으로 돌아가 보자. 우리가 독립운동가분들께 감사하며 살아가는 방법은 무엇인가? 독립운동가들이 목숨 걸고 지켜낸 대한민국을 이어받은 우리도 각자의 자리에서 불가능한 꿈을 꾸어 보는 것은 어떨까? 현실이 절망적일수록 불가능해 보이는 더 큰 꿈을 꾸어 보자. 더 간절하게 꿈을 이루기 위해 실천해 보자. 나에게 주어진 자리에서, 지금보다 나은 미래를 만드는 꿈을 꾸며 노력해 보자. 지금 내가 있는 곳을 더 나은 곳으로 바꾸기 위해 노력하는 것이 미완의 독립운동을 완성하는 일이다. 현실의 장벽에 부딪혀 무기력하게 실패할 수도 있다. 그러나 절망적인 상황에도 옳다고 믿는 신념을 위해 기꺼이 목숨을 걸었던 독립운동가들이 있었고, 우리는 그들의 후손이다.